社会经济的力量

甄红军◎主编

燕山大学出版社

·秦皇岛·

图书在版编目（CIP）数据

社会经济的力量 / 甄红军主编．—秦皇岛：燕山大学出版社，2022.9
ISBN 978-7-5761-0214-7

Ⅰ．①社… Ⅱ．①甄… Ⅲ．①企业责任－社会责任－研究 Ⅳ．①F272-05

中国版本图书馆 CIP 数据核字（2021）第 151725 号

社会经济的力量
甄红军 主编

出 版 人：	陈 玉		
责任编辑：	刘馨泽	**策划编辑：**	唐 雷
责任印制：	吴 波	**封面设计：**	方志强
出版发行：	燕山大学出版社 YANSHAN UNIVERSITY PRESS	**地　　址：**	河北省秦皇岛市河北大街西段 438 号
邮政编码：	066004	**电　　话：**	0335-8387555
印　　刷：	英格拉姆印刷(固安)有限公司	**经　　销：**	全国新华书店

尺　　寸：	170mm×240mm　16 开	**印　　张：**	16.75
版　　次：	2022 年 9 月第 1 版	**印　　次：**	2022 年 9 月第 1 次印刷
书　　号：	ISBN 978-7-5761-0214-7	**字　　数：**	260 千字
定　　价：	66.00 元		

《社会经济的力量》编委会

序

社会公益事业是增进民生福祉、惠及社会大众的事业，关系经济社会协调发展，对于保障和改善民生、促进社会和谐稳定、传承民族精神、引领社会风尚具有重要意义。近年来，我国社会公益事业建设取得显著成就，社会各界参与热情和关注度越来越高，但是很多有识之士认识到，做公益，仅凭热情是不够的。资金短缺、物资匮乏、组织结构松散等都是民间公益事业的致命伤，做公益仅靠“化缘”不行。

一些人开始思考并实践，可不可以通过办企业的方式，当企业有了一定发展，力所能及地从盈利中拿出一部分来帮助弱势群体?

这就是社会企业的内涵。

社会企业旨在解决社会问题、增进公众福利，而非追求自身利润最大化。在中国，社会企业和社会企业家还是一个非常新的概念。当传统公益不能持续开展，真正的公益不能得到理解，社会企业不以挣钱为目的，而是通过商业手法运作，赚取利润用以贡献社会，此种运行模式引起了人们的关注。这种商业模式下的公益行为，凸显了企业家们的责任担当，在社会上也引起了一批青年学生的思考。

本书所选论文，是在校大学生结合社会企业的运行发展模式，谈理论，讲事实，一些认识和思考还比较粗浅稚嫩，但难得的是这些青年学生开始关注社会企业、了解社会企业，传递出当今青年一代的责任与担当。

编写本书，在于传递承担责任的情怀与价值。以社会主义核心价值观为引领，依托深厚的责任积淀，紧抓责任理念，塑造责任文化，做好责任传播。

编写本书，在于传递承担历史使命的精神。始终把个人的前途与党的前途紧紧联系在一起，把个人的命运同国家民族的命运深深融合在一起，只有这样，奋斗才能获得无穷的精神力量，奋斗才能化成巨大的物质财富，奋斗才能在宏伟蓝图中熠熠生辉。企业要有意识地将社会责任融入企业发展战略，塑造责任文化，开展责任管理，推动责任践行，实现承担历史使命、履行社会责任和推动企业可持续发展的有机统一，逐步走出一条以使命为引领的履责之路。

历史长河奔腾不息，有风平浪静，也有波涛汹涌。我们不惧风雨，也不畏险阻。

无论是国家发展、企业发展，还是我们每一个人的发展，都要有责任担当和实际行动，哪怕改变的只是一点点，也会为整个世界和整个社会带来巨大的变革。

甄红军

2022 年 3 月 1 日

目　录

社区治理视域下的社会企业发展与公众参与问题研究

徐 蕊

摘要：随着社会企业的兴起和蓬勃发展，社会企业已逐步融入社区治理的实践中，在社区中发展壮大。因此，社区治理和社会企业都需要通过自身调整来相互适应。公民在社区建设中处于主体地位，公民对社区治理及社会企业发展的参与程度直接影响了社区治理效果和社会企业的发展趋势。本文通过研究这三者的良性互动关系，探讨社会企业如何在社区建设中促进社区治理的同时获得公众支持以长久发展。

关键词：社区治理；社会企业；公众参与

引言

“社区”的概念已被学者们提出和讨论许久，现代社区与传统社区不同，现代社区的发展需要政府和社会的共同成长，政府的主动推进与公众的积极参与是关键。社区治理近年来也受到学界的广泛关注，是治理理论在社区范围内的实践，无论是在国内还是国外都在进行着深刻的实践和理论总结。而社会企业在国内的研究还处于初级阶段，社会企业在中国的发展也处在起步探索阶段。社会企业虽已涉足社区发展领域，但关于社会企业的发展如何融入社区治理中来，形成良性的互动，促进共同进步这一现实问题，相关的研究和文献并不多，对这一问题的研究显得十分有必要。

公众参与是我国民主政治建设和城市基层治理的重要内容。在我国经历社会转型后，多元利益主体形成，公民在社区治理中的角色和地位更加鲜明，公民成为社区治理的重要主体，因此公民对社区建设的认可、支持、参与程度直接关乎着社区治理成效，公众参与理应受到重视。此外，社会企业的发展也非常需要公众的积极参与，公众对企业文化的认同、对企业所作出的行为决策的支持、对企业公益活动的参与，都利于社会企业的蓬勃发展。同时社会企业作出的社会价值贡献也需要使公众有所感知、对其肯定，因此公众参与程度对于社会企业的发展也起到至关重要的作用。本文着眼于社区治理、社会企业发展以及公众参与这三个关键点，思考三者如何形成良性互动，形成在社区治理视域下社会企业发展的可持续性，作出初步的探究。

一、理论背景

（一）社区治理理论

“社区”这一概念由德国社会学家滕尼斯最早引入，他在 1887 年出版的《Community and Society》这一著作中，对“社区”和“社会”进行了比较、分析，首次提出了“社区”这一概念，即社区是基于亲族血缘关系而结成的社会联合，而社会是由人们的契约关系和由“理性的”意志所形成的社会联合。“人们在社区里与同伙一起，从出生之时起，就休戚与共，同甘共苦。”[1]

社区治理的理论是在现代公共管理理论的研究中得到重视和深化的，是由治理理论衍生出的理念，确切地说，是治理理论在社区建设层面的应用，国内外学者都对其进行了大量的讨论和理论研究。国内对于社区的研究起始于 20 世纪 30 年代，“社区”的概念被引入中国，以费孝通、吴文藻两位学者为代表，但对社区研究真正的兴起时间是伴随城市建设发展的 20 世纪 90 年代。陈剩勇教授认为，社区治理应当是“在一定的贴近公民生活的多层次复合的地理空间内，依托政府组织、社会组织、民营组织以及民间公民组织等各种组织化的网络体系，应对地方公共问题，共同完成和实现公共服务和社会事务管理的改革和发展的过程”[2]。史柏年教授认为，社区治理是指一种由共同目标支持的社区公共事务方面的活动或管理机制。它是由社区的各类主体，依据正式法规或者人们愿意遵从的规范约定，通过协商谈判、资源交换、协调互动，共同对涉及社区居民利益的公共事务进行有效管理，从而增强社区凝聚力、增进社区成员福利、推进社区全面发展的过程。[3] 国外对于社区治理的研究要早于国内，已形成了丰富的研究理论。如美国芝加哥经验社会学派的代表人物 R. E. 帕克和 E. W. 伯吉斯提出的人文区位学理论，德国社会学家齐美尔（G. Simmel）和沃思（L. Wirth）提出的社区失落论，以刘易斯和甘斯为代表的社区继存论，以费金尔、韦尔曼和富顿为代表的社区解放论，以亨特为代表的精英理论，等等。

（二）社会企业概述

“社会企业”的概念对于中国来讲是一个舶来品，我们难以对社会企业作出精准的定义。宽泛来谈，只要是运用商业手段来解决社会问题的组织机构，都可以称为社会企业。其本质是创新的、区别于传统的一种组织形态，它使市场与社会原本清晰的边界变得模糊，也颠覆了人们对企业只是为了营利而存在的传统认知。与传统意义上的企业具有相似之处，即它仍保持企业的显著特征——商业化的运作模式，但与一般传统意义上的企业不同的是，它的运营目的主要在于创造社会价值而并非单一获取利润，获取的利润也是为了再次投资维持运转来实现社会企业的社会目标，是以社会价值为重的，也可以简单理解为提供社会服务、解决社会问题。

从社会企业在各国的发展情况来看，我们不可否认它对社会发展具有积极的作用。由于社会企业运转灵活，涉及面广且公益性强，可以弥补政府部门的缺陷与不足，同时还可以为市场失灵提供解决之道，它对减轻社会贫困程度、扩大就业岗位、提高公共服务水平和改善公共服务质量、促进社区发展和推动社区治理、保护生态环境等多方面都起到了重要的影响作用。社会企业这一陌生的概念逐渐地被大家所接受，其重要性也慢慢地被社会所认知。

二、社区治理中的社会企业发展与公众参与

（一）社区治理中社会企业发展与公众参与的必要性

1. 社会企业发展引领社区治理创新

社会企业已经是引领社区治理创新的重要途径之一，尤其是在我国政府简政放权、社会治理创新、供给侧改革的大背景环境下，社会企业的发展环

境得到了很大程度的改善，在促进我国治理机制创新、改善民生等方面也发挥着越来越大的作用。越来越多的地方政府认识到其重要性，并出台相关政策给予社会企业发展的支持。首都北京也在作出相关的尝试，增强扶持力度，《北京市“十三五”时期社会治理规划》中提出，要“大力发展社会企业”，“大力推动以服务民生和公益为重点的社会企业发展”，目前正在探索开展社会企业试点工作。[4]

在我国多地已经进行着社会企业经营社区的实践，武汉的百步亭社区就是一个典型的先进事例代表。百步亭社区在社区党建和治理创新方面进行了有益探索，百步亭社区的管理机构与传统社区截然不同，是一个基层政府和房地产企业的混合体，在区政府直接管理社区的同时，企业也参与社区管理，企业做起了原本政府该做的事情。其社区治理结构如图 1 所示。

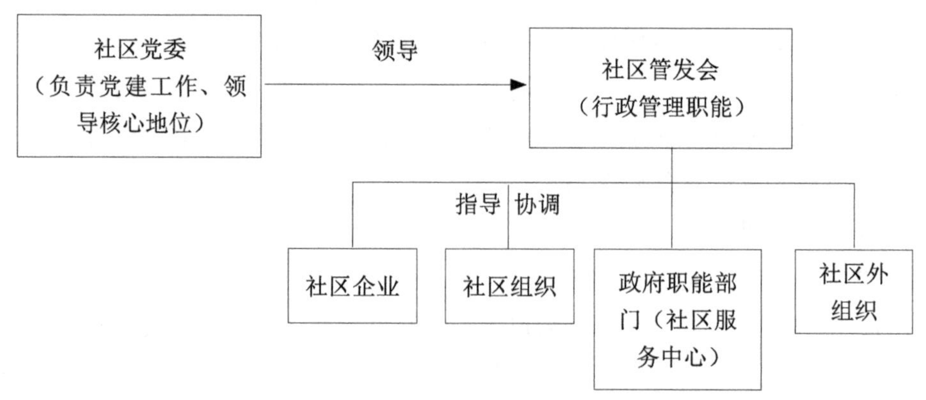

图 1　百步亭社区治理结构

百步亭集团董事局主席茅永红的行动也让我们看到了社会企业的社会责任感所在。在房地产行业的黄金十年中，所有企业家都在寻求最大的利益，而他在建设百步亭一期时，放弃了一亿多元人民币的直接收入，把原本规划好要建设的六万平方米的房屋改建为四万平方米的社区公园。在他看来，企业的社会责任才是立企之本，他的事业追求“三个回报”，那就是回报企业、回报社会、回报国家。社会企业家强烈的社会责任感对社会企业建设与促进社区治理都是一剂强有力的良药。

从百步亭社区的建设来看，由企业提供社区服务，解决了很多传统社区存在的困难，如在应对居家养老的难题上，百步亭社区通过建立社区养老服务平台，将众多老人纳入试点，配备相应的服务，各种需求都可以通过手机一键联系服务平台，还为老人提供家政、理发、送餐上门等多种免费的服务。此外，社区倾力推行“感情再就业”这一用来解决居民就业和生活困难的工程项目，通过多种方式和渠道来帮助失业人员和下岗人员实现再就业，从业主入住开始，就对社区存在生活困难的用户进行登记，社区的物业和酒店等提供了一千多个岗位，避免了居民家庭出现双下岗、就业难的状况。

当然，百步亭集团没在做赔本生意，反而在为社区居民提供服务中实现了健康快步发展，社会企业的服务性质更能获得政府和老百姓的支持，对于提高社区治理的效果，十分明显，是创新社区治理方式的有效途径。

2. 社会企业发展中公众参与的重要性

社会企业的发展，很大程度上受到公众认知度的影响，而公众在社区治理层面也是治理的重要主体，拥有很大的自主权与影响力。因此，在社会企业推动社区建设中，既需要社区居民的热情参与，同时也需要更大范围的民意支持。从社会企业的运营目标来看，社会企业是为了创造社会价值而存在的，而对社会企业贡献的感知、对社会企业创造的社会价值的评定都是由社会公众来完成的。他们对社会企业改善公共服务、解决自身就业难题等方面的体验，决定了他们对社会企业的认知深度、广度和支持程度。社会企业在实现社会责任的同时，若能通过多种方式调动公众的积极性，使其参与到社会企业建设中来，参与到社会公益活动中去，极力支持社会企业并向身边人大力推广，其积极影响不仅在于推动社会企业建设和维持其可持续性发展上，而且在社会也能形成良好的公益氛围。

在我国，社会企业的概念并没有被世人所熟知。目前来讲，公众对社会企业的了解还远远不够，它还存在于为数不多学者的研究和地方试点的探索中。在社会企业建设中，较高的公众参与度意味着公众对社会企业有了更多深入了解的机会，人们在社会企业建设的实践中，能够体会到社会企业存在的有益价值和重要程度。这样一来，可以帮助社会企业吸引更多投身于社会企业领域的人才，也为更多有志于在社会企业领域发展的人士提供经验和发展思路。如此看来，积极的公众参与能够间接地为社会企业提供可持续发展的动力，进行人才储备，扩大群众基础。在这其中，扩大群众基础是最为重要的一个环节，只有获得群众的广泛支持，社会企业才能在我国遍地开花，拥有光明的发展前景。公众参与的程度在促进社会企业建设方面的影响可见一斑，在社会企业建设中，务必要重视公众参与这一重要环节。

3. 社区治理、社会企业发展、公众参与的良性互动

社区治理、社会企业发展、公众参与若能形成良性的互动关系，即在社区建设中，社区为社会企业提供发展的平台和依托，社会企业为社会治理提供创新的思路，公众参与到社会企业活动中来，给予社会企业发展的支持，公众同时又能积极参与到社区治理中去，为社区治理出谋划策，做社区的主人，那么就可以打造社区治理的合力，也可以使社会企业长久的发展。三者的良性互动关系如图 2 所示。

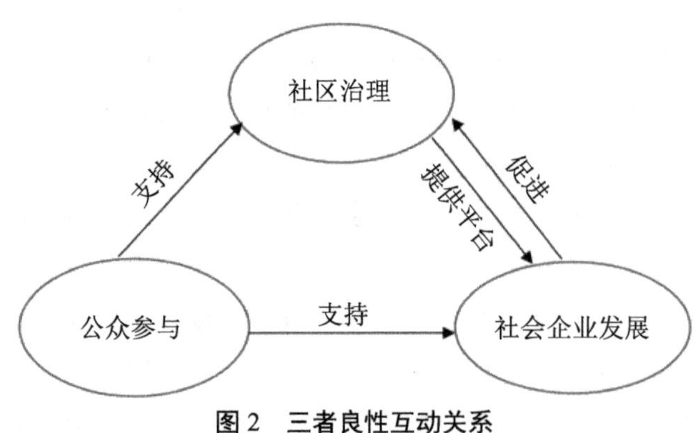

图 2 三者良性互动关系

（二）社区治理中社会企业发展与公众参与存在的困境分析

1. 社会企业发展融资困难

鉴于社会企业的特殊性质，它不是以营利为目的而存在的，它所追求的是为社会服务。而所有企业的运转势必需要资金的投入和直接的收入来源，这一点就会使社会企业在融资上面临较大的困难。据调查显示，在中国社会企业发展过程中，有 63% 的社会企业认为他们在融资上存在困难，融资困难是社会企业发展急需解决的问题之一。[5]

从大环境看，世界上许多国家都在对公共开支进行严格的限制和缩减，将有限的公共资金拿出来一部分支持发展前景尚不明确的社会企业，这个决定是很值得商榷并带有风险的。但是，社会企业的主要收入来源都是依靠公共资金的，这样的大环境不利于社会企业的融资。即使在社区建设层面，社会企业能够筹措的资金也是不太充足的。首先，在社区建设中，社会企业的发展方向和领域已经固定，即为社区居民服务，帮助社区弱势群体并对社区进行管理，发展面较为狭窄，很难吸引更多的投资者。其次，社会企业并未被广泛认知，传统的投资者抑或是贷款人不能深入了解、理解社会企业的双重任务，社会企业的社会价值，投资社会企业是否能为自己带来收益以及社会企业的混合商业模式，这些重重疑惑很难吸取大量投资人投资，社会企业的外部融资渠道也会受到较大的阻碍。总之，无论是在传统融资渠道还是外部融资渠道方面，社会企业都面临着较大的考验和挑战，而长期的经济压力会使企业超负荷运行或放弃经济目标，走上偏离社会企业轨道的道路。有的运行良好的社会企业也面临着过度扩大规模、追求利益、忽略社会目标的风险，社会企业要寻求经济目标和社会目标的平衡。

2. 社区治理中社会企业的发展规范不完善

目前来讲，很多国家或地区都很难从法律上对社会企业进行清晰的定义，这是一个艰难的过程。对于社会企业发展所需要依托的相关法律法规、制度保障、发展规范都是非常不足的，甚至是处于缺乏的状态。尤其在我国，社会企业处于起步的探索阶段，缺乏合法地位，大多数的社会企业都是以企业和社会组织的形式登记在册的。而国家对社会企业合法性的认同是助力社会企业参与社区治理的基础前提，完备的法律制度保障是社会企业健康快速发展的必备条件，只有社会企业发展需要的基础条件配备以后，才能在社区治理中发挥出更大的作用。因此，完善社会企业法律制度、行业规范势在必行。现实中，无论是在学术圈里还是在社会上，大家对社会企业的定义都是较为混杂的，没有形成统一的认知，尤其是关于社会企业特有的公益性的讨论和意见冲突更为激烈，需要通过法律法规来形成对社会企业合理的认知。

同时，国家对社会企业的运行是否规范的监管和审查力度也不够，社会企业创造的经济价值、社会价值都没有明确的衡量标准。从社区治理层面来讲，社会企业参与社区治理的治理效果也没有明确的考证。政府缺乏对社会企业的年度审查和淘汰制度，社会企业缺少来自政府、社会、公民多元主体的监管。社会企业发展缺少明朗的行业规范，也不利于其走向健康发展的轨道。相关政府主管部门理应尽早厘清社会企业的概念内涵，科学合理地制定社会企业认证门槛和标准，及时出台社会企业认证标准的文件，建立合理的量化考核标准和淘汰制度以规范社会企业的运行。

3. 公众对社会企业认知度较低

上文提到，公众参与对社会企业发展的影响格外重要，然而现实情况是社会企业面临着巨大的社会认知压力。目前社会企业的概念在我国也只是在公益领域接受度较高，还没有被公益界、企业界、投资界等了解，更不用说被公众广泛地接受。[6] 社会企业在英国、美国、日本、韩国、意大利等国已经盛行，而在我国算是新生事物，现有的理论框架和实践经验都不够成熟，所以对社会企业的类型划分和归类还不够清晰。社会企业的公益属性模糊了营利性和非营利性的边界，处于这二者间的过渡地带，模糊的边界也使人很难深入理解社会企业的性质。还有一个方面是社会企业作为社会治理的主力军作用还未凸显，公众认可度偏低。

受到传统观念的影响，公众眼里的社会组织和企业要么是单纯营利性质的“一心赚钱”，要么是单纯公益性质的“一心行善”，这种“非黑即白”的观念长期充斥在社会公众的脑海中，会阻碍他们对新型组织——社会企业的理解。人们由于对社会企业认知不够、相关知识储备不足，容易认知偏差，对社会企业有了片面的理解，而且很难认同社会企业这种既“赚了钱”又做了公益的经营模式。此外，近年来慈善丑闻比比皆是，对社会企业的形象也有所影响，人们会对会“赚钱”的慈善即社会企业更加警惕，保持怀疑的态度。总之，社会公众对社会企业的认知有待于进一步深化。

4. 社区治理中社会企业发展领域狭窄以及人才引进不足

社会企业的服务对象多为弱势群体，公益特性强的企业在发展模式和发展领域上都不是很宽泛。再从社区建设的层面来看，社会企业在参与社区治理中的服务对象比较固定，一般都是社区内的居民，对社区内有生活困难、就业难题的居民进行救助或提供工作岗位。社会企业对社区以外的辐射性较少，因此对其他社会公众的影响较小，这就暴露出社会企业发展的领域较为狭窄且具有局限性的弱点，在激烈的市场竞争中并不占优势地位。

社会企业的发展领域多为酒店、餐饮等服务领域。在我国，普遍来讲社会企业规模较小、企业营利性也比较低，给职员的工资水平和福利待遇水平都相对较低，再加上服务领域自身的特殊性，社会企业在人才引进方面后劲不足，组织规模很难继续扩大。尤其是在当代公民受教育程度普遍提高的环境下，很多年轻人不愿意去做在他们眼中是“略微低级”的服务行业，这使得社会企业在人力资源招聘的环节上也受到限制。而事实上，社会企业的发展是很需要专业人才支持的，专业的人才队伍才能提高社会企业创办的质量。社会企业在招揽人才方面遇到的困难，也需要政府出台扶持政策来，吸引专业人才投身于社会企业建设中来。

（三）促进社区治理、社会企业发展及公众参与良性循环的对策

1. 多融资渠道助力社会企业走上健康发展轨道

与众多西方国家不同，在我国，政府是影响社会企业发展最为主要的外部因素。因此，首先政府方面要对社会企业发展给予足够的重视，认识到社会企业的重要价值，增加对社会企业的财政拨款和支持力度，引导更多的社会企业关注社区治理领域的同时，为参与到社区治理的社会企业提供政策倾斜。社会企业的性质决定了公共资金是社会企业的最主要收入来源，这属于社会企业最传统的融资渠道。从社会企业的发展历程来看，英国、韩国等国家的社会企业发展到中后期的阶段，都具有显著的共同特点，即社会企业在资金上对政府提供资金的需求和依赖性较大，在我国也不例外。即便对公共资金依赖过强属于社会企业发展的短板，但是在未来的发展中可以不断摸索以寻求其他出路。就我国现实情况看，社会企业属于发展初期，发展初期必然需要政府在资金上给予援助，才能站稳脚跟，在探索拓宽多个融资渠道的同时，政府财政拨款也要供给充足。社会企业参与到社区治理中来，在企业自身发展的同时，还能帮助政府进行社区管理，这可以减轻政府的负担，尤其是在我国幅员辽阔、人口密集的情况下，政府无法做到面面俱到、事无巨细，因此提倡多元主体参与社区治理，公众参与已成为必备的一环，若社会企业也能加入其中成为多元主体的其中之一，必定会改善社区治理的效果，

为政府和社会减负，这是一件对社区建设有益的事情，政府引导社会企业关注社区治理领域以及加大资金扶持力度的做法无可厚非。

在争取政府资金扶持的同时，为了社会企业可持续性发展，还要打造社会金融支持体系。多元的融资渠道才能保证社会企业的资金链不出现断裂的情况，单一地依靠政府资金投入是远远不够的。“应该运用多元主义观点，有的放矢、有针对性地为社会企业提供融资良方。”[7]通过提供优惠政策、大力宣传社会企业等方式吸引投资界的注意力，引导投资者通过购买股份、债权的方式投资社会企业。在英美等国家，采取了灵活多样的社会企业投融资方式，包括小额信贷、公益风险投资、股权融资、准股权融资、社会投资机构定向发行债券、社区发展金融等。[8]我国可以根据实际情况来借鉴吸收国外社会企业社会融资的方式和渠道。目前，我国北上广深等发达城市都开展了多届公益创投大赛，是为探索资助创新模式的有益之举。公益创投、社会影响力投资等资助模式为社会企业融资提供了新的思路，我国其他地区也可以借鉴和效仿。通过扩展多融资渠道可以助力社会企业走上健康发展轨道。

2. 健全社会企业参与社区治理的制度

每个行业都有各自的行业发展规范，社会企业参与社会治理是社区治理的创新模式，处于初步探索阶段，仅在发达城市有试点项目，并未普及，它的发展与不断健全相关制度，有利于这一创新健康发展。完善是一个长期的过程。

首先，在初始阶段最需要的是为社会企业发展创造适宜的法律环境，制定出科学合理的行业规范。如在社区建设层面，对社会企业在社区治理中的一切行为进行规范，制定清晰的条例，明确规定哪些行为合法、哪些行为不符合规定，尽可能详细。可以量化的指标要有具体的数据，不仅要从行为上规范，还要对社会企业参与社会治理的治理效果进行考核并规定考核时间，如年度审查制度，对社会企业的资金运作、员工管理、市场营销等进行全方位多方面考察，以作为对社会企业参与社会治理的治理效果科学评定的依据。

其次，笔者认为有必要建立社会企业淘汰制度。遵循市场法则，优胜劣汰，可以提高整个社会企业的创办质量。在对社会企业行为进行规范时，发现有问题、偏离轨道或者对社区治理效果无益的社会企业，政府可以减少对其的资金支持，避免社会企业行业出现鱼龙混杂的现象，打击以创办社会企业服务社会为口号浑水摸鱼、套用政府资金的不良企业，整顿行业风气。淘汰制度可以使社会企业家有危机感从而更好地创办企业。总之，政府需出台相关文件，设立行业规范，在法律和政策上对社会企业予以要求。

3. 加大对社会企业的宣传力度，提高公众认知和参与度

近年来，社会企业走入公众视野，得到了一定程度的宣传和推广，但总体上讲，公众对社会企业的认知度是非常低的，可以说是非常小众。社会主流媒体应率先垂范，增加对社会企业的推广、宣传和报道，对优秀的社会企业创办经验大力宣扬。现代信息媒体的发达，可以使社会企业的宣传覆盖范围大面积扩大，当报道的质量和数量都升高以后，这不仅可以扩大社会企业的知名度，也会潜移默化地增加社会企业的公信力，使社会公众对社会企业的认可度更高。

另外，社会企业也需要自身通过多渠道加大宣传力度，如通过新闻媒体、网络平台等渠道宣传社会企业文化、企业家精神、对社会的贡献和业绩等。在社区层面，对社区治理的效果提升和居民满意度的提高也是一种变相的宣传手段。在企业运行中，要高度发扬企业家精神，即创新发展、敢于担当、专注品质、追求卓越、诚信守约、履行责任、艰苦奋斗、爱国敬业、服务社会。[9] 承担更多社会责任，解决更多社区治理难题，创办质量的改善和水平的提高，自然会吸引更多人投身社会企业建设中，调动公众参与的热情。

4. 建设社会企业协调平台，完善人才培育机制

社会企业的协调平台可以是一个互助型组织，也可以是一个专门的社会企业研究协会。英、美、韩三国均有各种形态的社会企业互助组织或培育平台来为社会企业提供相关资讯、研究、培训等服务，以支撑社会企业的后续发展。[10] 我国可以效仿英、美、韩三国设立一个针对社会企业建立的专门的协会或组织，招揽智囊团专门研究社会企业的发展，为社会企业的发展作前瞻策划、提供专业有效的咨询，为社会企业团队进行专业培训等服务，既有针对性，又科学合理。各大社会企业也可以通过这个平台进行经验交流或是困难求助。通过这个协调平台搭建社会企业沟通的网络，也利于社会企业寻找新的商机，获得更多帮助和经验。在社区治理层面，各行业中参与社区治理的社会企业也可以搭建信息交流共享平台，共享数据，传递经验，在交流与沟通学习中，共同进步。

对社会企业人才队伍的孵化和培养是社会企业发展中的关键环节，高质量的人才队伍可以使社会企业发展更加强劲有力。首先，要从高校方面抓起，高校是培养人才的摇篮，将社会企业融入高校人才培养计划中，开设社会企业相关专业，在课程体系中加入社会企业的内容，能够为培养社会企业专业型人才奠定坚实的基础。其次，美国的哈佛大学和斯坦福大学成立了专门的社会企业研究中心，我国高水平的高校也可以作出这样的尝试。若社会企业能与高校和科研机构联手，设立关于社会企业的研究中心、智库、人才机构等，为社会企业健康发展做人才孵化器和人才储备，社会企业将获得更广泛的智力支持。社会企业吸引更多人才无论是对其参与社会治理领域还是养老服务、精准扶贫等领域来说，都是非常有益的。

三、结语与展望

（一）结语

中国社会企业的产生与发展，一是受到西方社会企业发展的启蒙和经验引进的结果，二是基于社会治理创新、复杂的国内形势等多因素背景下的中国特殊土壤产生的，它的产生合乎我国社会发展的需要、顺应国际上社会企业的发展潮流，但作为舶来品，我们更要致力于社会企业发展的本土化。

在社区治理领域，社会企业参与其中是一条治理模式创新的道路，它的发展前景良好，在我国的试点也很成功，有望于从发达地区向更大范围的普及。在社区建设层面的社会企业发展，需要与公众参与形成良好互动，这三个关键因素的良性互动会形成良性循环，公众的认可和积极参与，既能促进社区建设和治理效果提升，又为社会企业发展提供平台铺设道路。要做到这三个要素的良性互动，首先需要社会企业保证自身的健康运作和可持续发展，其次要规范社会企业的社区治理行为，最后就是提高公众认知，加大参与程度。这样可以使社会企业在社区建设方面做大做强，承担更多社会责任，减轻政府负担，改善公共服务，创造更大的社会价值。无论是政府层面、社会层面还是公民层面，都十分有必要提高对社会企业的认知，支持它的发展。

（二）研究的局限性与未来展望

1. 研究的局限性

（1）受到查阅文献和获取资料渠道的限制，本文研究的案例有待充实。

（2）由于自身知识水平和研究能力有限，在篇幅有限的文章中不能够对社区治理、社会企业、公众参与这三个方面研究得面面俱到。

（3）本文的研究方法有待拓展，数据内容有待充实，研究层次不够深入。这些问题是自己在今后的学习中需要关注的地方。

2. 未来展望

本文研究的意义在于呼吁政府、社会和公众提高对社区治理、社会企业发展和公众参与的重视程度，加大扶持力度，并根据自己的理解提供较为浅薄的对策建议，希望能实现二者的良性循环，从而促进社区建设和社会企业发展。

希望今后的学者也能够更多关注这一领域，对社会企业参与社会治理进行充分、大量的探讨，形成丰富的理论研究，为实践提供正确的方向和指导。

在今后的学习中，笔者会继续关注这一领域的研究，希望社会企业能在社区治理中发挥更大的作用，在我国遍地开花，创造价值。

参考文献

[1] 斐迪南·滕尼斯．共同体与社会[M]．林荣远，译．北京：商务印书馆，1999：3.

[2] 陈剩勇．政府创新、治理转型与浙江模式[J]．浙江社会科学，2009（4）：35-42，50，126.

[3] 史柏年．治理：社区建设的新视野[J]．社会工作，2006（7）：4-10.

[4] 王涛．社会企业参与社会治理创新的现实意义及其发展策略研究[J]．中国市场，2018（16）：105-107.

[5] 于小杰，许艳．国内外社会企业的发展分析[J]．西部皮革，2018，40（8）：

56-57.
[6] 张红莉 . 中国社会企业发展的政策探究 [D]. 济南：山东大学，2019.
[7] 罗杰 · 斯皮尔，梁鹤 . 论社会企业的外部支持生态系统 [J]. 江海学刊，2018（3）：32-37.
[8] 时立荣，王安岩 . 中国社会企业研究述评 [J]. 社会科学战线，2019（12）：272-280.
[9] 刘志阳，王陆峰 . 中国社会企业的生成逻辑 [J]. 学术月刊，2019，51（10）：82-91.
[10] 郭豪楠 . 社会企业发展的国际比较与经验借鉴——以英、美、韩三国为例 [J]. 新乡学院学报，2019，36（5）：19-22.

论中国现行法律对“社会型企业”的权益保护与责任明晰

阮伟倩

摘要：“社会型企业”具有社会性和经济性，摒弃了传统的非营利组织的弊端，通过市场手段和经济手段来实现良好的社会效益。“社会型企业”在世界上很多国家都有专门立法对其权利和义务进行规定，但其在中国仍然处于萌芽状态，中国的法律并没有对“社会型企业”进行定义，也没有制定专门的法律。在中国，具有“社会型企业”特征的市场主体，多为混合型企业，因此这些企业、机构、组织的发展，只能参考现有的针对类似形态的市场主体的相关法律进行行为规范和权利救济。但是新事物的出现，在没有专门法律的情况下，难免出现与其他法律衔接不上的弊端。因此，当“社会型企业”在中国已经成为一股不容忽视的力量时，中国应该在法律上作出回应，通过法律的明确规定，对其权益进行保护，对其义务和责任进行明晰，更好地推动“社会型企业”在中国的健康化、规范化发展。

关键词：“社会型企业”；权益保护；社会责任；社会经济

一、“社会型企业”的基本概念和特征

自 20 世纪以来，随着全球经济呈现上升趋势，很多国家也浮现出人口老龄化、贫富差距增大、物价抬升等现象，在经济不足以解决社会问题的时候，有的国家选择由政府进行政策和财政扶持，还有一部分国家的政府通过设立专门机构解决某一类社会问题，例如公办福利院、养老院等。但是官方的力

量也存在很多力不从心之处，于是，许多经济领头人和民间组织开始运用各种办法，希望能解决社会出现的各种危机和不平衡，由此“社会型企业”顺势而起。“社会型企业”在中国没有准确的法律定义，但是却存在一些与国外“社会型企业”发展类型相似的企业。国外有很多国家对“社会型企业”都有明确的法律定义，甚至很多国家设立了专门的法律以保护“社会型企业”的发展权益，并通过法律规定对其进行行为规制和责任明晰，例如韩国的《社会企业育成法》、日本的《特定非营利活动促进法》、美国各州的相关立法以及英国的《社区利益公司法》等。而一些国家虽没有明确的法律定义，但也有类似的企业形式和相关的立法，如社会企业在西班牙没有明确的定义，更多是将其称为社会经济企业（Social Economy Business），法国用得最多的概念不是社会企业，而是社会团结经济（Social and Solidarity Economy）。不同于其他国家的社会企业是一种固定、单一的组织形式，在法国，无论是基金会、合作社甚至是商业企业，只要符合“民主治理、实现社会目标、有限利润分配等特征，都属于社会团结经济”。

通过总结国外对“社会型企业”的法律定义，并对比中国“社会型企业”的发展现状，笔者认为中国的“社会型企业”其实是一种以公共利益为目标，并通过与官方合作的形式不断扩大服务的一种营利企业或非营利组织。中国的“社会型企业”多是混合型企业，主要包括非营利组织、商业公司、农民合作社、社会福利企业和其他社会组织。中国的“社会型企业”的类型可以从两个角度进行划分：一个是以企业出现的形式所作的划分，另一个是以企业性质的角度作划分。以企业的出现形式分类可以分为两类：一类是由普通企业逐渐转型为以提供公益服务为目的的企业，另一类是新兴的不同于普通的营利企业的“社会型企业”。以企业性质可以分为两类：一类是通过企业发展，最终获得利润的营利性质的企业，但其获得的利润并不是为了个人资本的积累，而是为了再次投入企业，保证企业扩大服务、永续经营；另一类是企业不通过创造利润，而是通过设立基金会或者通过与官方合作而不断发展的非营利组织。但这些类型有一个特点，都是以公共利益为目的，提供公共服务为形式，旨在通过“社会型企业”的力量为解决社会问题、提供社会福利作贡献。

中国的“社会型企业”与国外众多的社会型企业有着极大的相似之处，都通过提供公益服务的形式，着力解决社会问题、创造社会价值。韩国的“社会型企业”是政府主导型，主要依靠政府的财政补助以及政策扶持得以发展，与之截然不同的是日本的“社会型企业”，主要是“参与式”社会型企业，主要依靠居民自发组织和自律管理得以发展。中国的社会企业应是政府主导型和民间主导型的均衡。

二、中国现行法律相关规定

目前，中国没有针对“社会型企业”的明确法规，只有用与之相关的立法对其进行法律规制。《中华人民共和国民法典》第一编总则部分对法人及其权利义务的规定作了介绍，其中还包括非营利法人的相关规定。《中华人民共和国公司法》主要针对在转型成为“社会型企业”的有限责任公司或者股份有限公司时的规定，以及对“社会型企业”中存在普通企业性质的一些营利法人的权责划分，《合伙企业法》《个人独资企业法》对其中一些属于合伙企业或者个人独资的“社会型企业”作出规定。《中华人民共和国慈善法》对一些福利、慈善、援助机构的行为进行了相关的法律规定。此外，还有《社会团体登记管理条例》《基金会管理条例》等也有些许条文进行了缺乏针对性、系统性的法律规定。

1.“社会型企业”的成立

就“社会型企业”的注册成立而言，如果是普通的企业转型成为“社会型企业”，其性质仍然是营利法人，多数是以商业公司的形式存在。那么《公司法》第六至八条、第二十三条，针对企业的设立行为进行法律规制。在其转型的过程中无须做太多登记上的变更，只需要在企业的内部管理以及企业的宗旨和目的上进行相应的调整，内部业务管理上除了转为公益服务目的之外，最大的变化就是公司的利润不再归为股东分红、利润分配等用途，而是作为法人财产用于公司扩大服务规模、提升竞争力等循环利用。对于新设的非营利组织、福利机构、其他社会组织等，我国现有《社会团体登记管理条例》第二、三、六、九条都规定了社会团体法人的相关权利义务；我国还针对捐助法人、基金会设立了《基金会管理条例》，专门对其成立作出相应规定；对于一些民办教育组织，《民办教育促进法》第四十六、五十九条对其成立作出相应的规定。我国还存在一些“社会型企业”是以城镇农村的合作经济组织法人的形式存在的，《农民专业合作社法》第二、十、十一条，《农民专业合作社登记管理条例》第三条对其成立进行了较为严格的法律规定。我国“社会型企业”的设立障碍并不明显，有的甚至是在政府部门的直接扶持下所产生的，有的商业公司的类型与普通的企业成立流程和手续基本一致。而且我国的“社会型企业”在成立之初，其社会型特征并不是很突出，和其他的普通企业和组织等没有太大的差异，尤其是属于营利性法人的“社会型企业”与普通企业基本无差，只是这些企业在后来的管理和发展过程中逐步呈现出与普通企业的差异。

2. 对“社会型企业”权利、义务的规定

由于我国缺乏“社会型企业”的明确定义，也缺乏专门性、系统性的立法。因此，我国的“社会型企业”在成立之初，并未带着明显的“社会型企业”的标志，而是在后来的发展过程中，其公益性、服务性、社会性的特征日益突出，使之与普通的商业公司、企事业单位区分开来。香港有多家社会企业，根据《相关社会企业服务指南》，截至 2007 年 6 月，很多政府机构管理经营或协助经营多个社会企业项目。香港有专门的《合作社条例》对这些社会企业的行为进行规制。而在内地，“社会型企业”的发展正处于萌芽阶段，有一些比较典型的企业顺应国际潮流，成立了初具规模并对社会有一定影响的“社会型企业”。例如 2008 年注册成立的爱聚（北京）咨询有限公司，其提出的“多背一公斤”的口号被广为赞誉；还有典型的发源于法国的“社会型企业”汇益泽（Netspring），一直以来致力于提升公众的社会责任和环境保护意识。这些“社会型企业”兼具社会目的和经济目的，在资本市场成为一道亮丽的风景线。但是我国法律对该类型的企业的权利和义务的规定并不具有针对性和系统性。我国主要是通过上文提到的多部法律，对不同的“社会型企业”对号入座地进行零散的规定。基于我国的法律现状，“社会型企业”所拥有的权利，普通的商业公司也有，而纯粹的公益部门、非营利组织、第三方部门、事业单位等所要承担的社会责任，“社会型企业”也都承担。这就造成了我国“社会型企业”发展的困境，使得“社会型企业”在中国的发展举步维艰，往往中途夭折。

普通的企业破产、注销等，在《中华人民共和国公司法》《中华人民共和国破产法》中都有明确的对于公司存续期间以及后续的一些处理，也有针对股东、债权人的权利保护条款。但是在我国“社会型企业”的发展中，如果其打算申请破产、解散，商业公司适用普通企业的法律，基金会的解散、城镇农村合作组织的解散适用与之对应的特殊法律的规定。

以上，我国“社会型企业”从成立、发展到结束，每一个步骤都能找到法律依据，但是这些法律依据都是我国所谓的“社会型企业”对号入座的结果。中国现行法律对“社会型企业”的法律规定十分零散，缺乏系统性和针对性，这些造成了中国“社会型企业”发展的障碍和困境。

三、有关“社会型企业”现行法律问题探析

我国现行立法上缺乏对“社会型企业”的明确定义和权责明晰，因此“社会型企业”的发展要借助一些针对类似“社会型企业”的法律规定加以引用。而由于“社会型企业”自身的特殊性，它既不同于纯粹以公益为目的的普通官民合作组织，也不同于以获取经济利润为目的的商业公司，是一种兼具“社会目的”和“经济目的”的特殊的企业形式。国内外学者普遍认同，社会企业是介于传统商业企业和传统非营利组织的一种混合性组织，它不仅具有一般企业的“经济”特性，也具有传统非营利组织的“社会”特性。那么，我国“社会型企业”的发展，在缺乏专门、系统的法律规定的现状下，其发展举步维艰、屡屡受挫。因此，我国的现行法律针对“社会型企业”的发展存在很多不足之处，迎来很多新的问题。

1. 法律的缺失使“社会型企业”缺少推动力

党的十九大报告提到，“要打造共建共治共享的社会治理格局”，这为我国“社会型企业”的产生和发展提供了良好的契机。但是由于法律并没有对“社会型企业”作出明确的官方定义，这使“社会型企业”在中国的认知度和识别度很低。政府缺乏对“社会型企业”的主导，民众也缺乏对“社会型企

业”的参与度。法人身份不明确，其合法地位受到质疑。立法的缺失，不仅影响政策的扶持和倾向性，还会影响社会形成相关的商会和基金会，也会大大影响群众的参与度。

有关国家政策方面，可以借鉴韩国社会企业的发展经验，韩国的社会企业属于政府主导型。因此，中国“社会型企业”的发展，应参考其体现优势的部分，充分利用政府的支持和引导推动“社会型企业”的健康发展。由于“社会型企业”不同于一般的以获取利润为目的的企业，在财务方面存在先天性的不足，这就需要政府的财政支持以及政策的倾向性帮扶。与此同时，政府还可以通过税收优惠等手段加以扶持，《中华人民共和国税法》没有针对“社会型企业”的政策，无法将其与一般的商业公司、企事业单位的税收政策区分开来，这将使得我国的“社会型企业”的缺少发展动力和平台。政府的扶持能很大程度地解决“社会型企业”启动资金不足、资金势力薄弱的问题。我国“社会型企业”缺乏明确的法律身份，也就相应地难以成立专门的基金会和商会，社会帮扶的缺失也给“社会型企业”的发展造成了很大的阻力。民间的参与度也随之下降，没有得到官方肯定的企业形式在中国的资本市场上难以立足，使得民众也缺乏对“社会型企业”存续和发展的信心。

在我国现行法律背景下，由于“社会型企业”自身的特性，其无法做到和普通企业一样只经过较为简单的程序就可以注册成功。我国“社会型企业”在注册过程中，因为自身的特性而面临很多预想不到的特殊情况，需要很复杂、烦琐的注册手续，因此，我国缺少一部专门针对“社会型企业”的法律来简化其在注册、发展等各个阶段的手续。

2. 权利义务模糊不清

《中华人民共和国民法典》对法人、非法人组织的权利和义务进行了笼统的规定，《中华人民共和国公司法》对有限责任公司、股份有限公司的权利和义务进行了规定，《中华人民共和国慈善法》对福利、慈善机构的权利和义务进行了相关的规定，还有一些其他的法律、法规、条例等都对某一类法人或非法人组织进行了专门的规定。但是我国目前缺乏一部系统的法律，将所有的符合“社会型企业”特征的企业纳入其中，并对其权利和义务加以保护与限制。这就使得我国“社会型企业”在发展的过程中，其具体的权利义务较为模糊，跟相关的法律衔接不上。且我国“社会型企业”多为混合型企业，其表现形式也多种多样，很难统一标准，使得存在诸多共性的“社会型企业”由于适用不同的法律，享有的权利和承担的义务大相径庭。行业标准的不一致是一个行业发展极大的弊端，中国对“社会型企业”的权利保护和义务的限制存在很大的区别，这也是“社会型企业”在中国发展受挫的重要原因。

中国现行的法律对“社会型企业”的权利和义务的规定都参考于对普通企业的权利和义务的规定，当具有“社会型企业”特征的特殊企业面临权利和义务的明晰问题时，只能从其他相似企业的法律规定中寻找依据。这样的方式极不利于对“社会型企业”的权益保护，也使得“社会型企业”在承担社会责任时缺乏主动性和能动性，这极大地打击了我国现存的或者即将产生的“社会型企业”的积极性和自信心。

3. 责任划分不明确

我国的“社会型企业”主要分布在教育、环保、养老、就业、扶贫等领域，通过共享教育资源、提升民众环保意识、提供养老设施、增加就业机会等措施，解决当今社会出现的教育资源不均衡、贫富差距大、环境恶化、人口老龄化、失业率增加等社会问题。但是我国“社会型企业”所承担的这些社会责任是其自发形成的，法律并没有对其作出明确的规定，亦没有针对不同的“社会型企业”作出具体的责任划分。“社会型企业”本身存在缺乏政策扶持、资金势力弱等一系列问题，其承担社会责任缺少物质基础，而在没有法律对其责任划分和行为规制的情况下，又容易使其丧失公益服务的持久性。加之“社会型企业”本身较为特殊，既具有社会属性，承担社会责任，又具有经济属性，获得的利润用于企业再生和永续经营，因此责任划分的不明确，使其在发展过程中存在很多不规范的行为，进而发展成为身份不明确的混合制企业，容易使其社会责任和企业责任产生混淆，进而导致我国“社会型企业”的发展脱离了发展轨迹，远离了成立的初衷。

四、“社会型企业”立法的必要性

对社会企业立法不仅意味着对新兴社会企业运动的积极响应，同时也是对陈旧不堪的法律体制进行调整。目前“社会型企业”成为全球经济和社会发展的趋势和潮流，世界上许多国家都通过法律形式对其进行规定，中国目前缺少专门的、系统的“社会型企业”的法律，但是中国市场上已经存在具有明显“社会型企业”特征的经济主体。如果不尽快在法律上为其进行定位，将会导致“社会型企业”在中国的发展变得畸形，也会使中国的市场发展脱离国际化。

1.“社会型企业”存在的必要性

全球经济的发展带来人口老龄化、贫富差距拉大、教育资源不平衡、环境恶化等一系列社会问题。政府正着力解决这些问题，也通过设立专门的环保、扶贫、养老、教育等机构来解决各种复杂的社会问题。但只是依靠政府的手段，具有很大的局限性，于是全球各个国家开始逐渐涌现“社会型企业”，其通过市场手段来解决各种社会问题。“社会型企业”既具有社会性，又具有经济性，弥补了政府解决社会问题中的各种不足和缺陷，也弥补了政府设立的专门机构所具有的局限性。这种新的市场主体能够更加灵活地在资本市场自处，其定位也更加具有优势性、灵活性，“社会型企业”既能够突破政府的公力救济思维，又比普通的企业多一重社会责任。因此，中国作为社会主义国家，应该善于利用这种市场手段来配合政府解决社会问题。此外，“社会型企业”能够调动民众的参与度和积极性，能够带动民众自发参与到社会问题的解决机制中。“社会型企业”在中国的发展将极大地减轻政府的压力，也更能增强企业的社会责任感，加强企业解决社会问题的主观能动性。

2. 法律是“社会型企业”发展的推动力

中国政府一直以来提倡“建立法治国家、法治社会、法治政府”，法律的制定和完善是中国经济和社会发展的有利保障，也对政府和市场的各种行为进行了监管和规制。在法律对市场主体的权责明晰的过程中，能够进一步地规范市场主体的发展行为，使得市场得以健康发展。面对新事物的出现，国家应该在法律方面及时作出反应，何况“社会型企业”在中国已经处于萌芽状态，犹如雨后春笋般地成长起来，在资本市场占据一席之地，并且近年来，在解决各种社会问题上发挥着至关重要的作用，成为一股不容忽视的力量。

因此，我国应首先在法律上承认“社会型企业”的存在，并且给予其官方的法律身份，使其能够更加规范、正式地参与到社会经济主体中。法律上对其明确的定义、对其权益的保护和义务的规制将成为“社会型企业”在中国发展的第一推动力。

五、“社会型企业”发展困境的解决对策

“社会型企业”的发展是我国资本市场的一股新鲜血液，对于解决社会问题提供了很大的帮助，不仅是顺应国际潮流趋势的一种反映，更对我国社会和经济的发展具有十分重要的意义。制定一套专门性、系统性的法律结构，对于社会企业的保护、可持续和问责性，增强其社会认知度和公众参与度，以及获取民众的信任是非常关键的。因此，国家和社会乃至相关行业应该大力推动和支持“社会性企业”的成立和发展。目前，中国官方和民众都有了发展“社会型企业”的意识，而且已经成立的具有“社会型企业”特征的组织成了不容忽视的存在，成为一股强大的力量，对社会的健康发展起到非常重要的作用。

1. 明确法律定义，确立其法人地位

对于“社会型企业”在中国的发展，首要的是使其拥有一个明确的法律身份，官方的定义是“社会型企业”在中国发展的敲门砖。目前，我国法律存在各种形式的组织形态，包括法人、非法人、特殊法人……建议可以将“社会型企业”单独列为一种组织形态，因为“社会型企业”具有十分鲜明的自身特色，无法将其划分到任何一种组织形态中，只有使其自成一派，才能对该种经济组织进行完整的规制。结合国外对于社会企业的定性和概念的界定，以及国内众多学者对“社会型企业”的定性，笔者认为，中国的“社会型企业”应该是一种兼具社会目的和经济目的，利用市场手段解决社会问题的组织形态。其存在的形式包括商业公司、非营利组织、民办非企业单位、社会团体、农民合作社、福利组织等。就其名称而言，可以参考国外的一些名称，例如西班牙将其称为社会经济企业，法国将其称为社会团结经济。总之，在全球化趋势下，中国应该在立法上对“社会型企业”给予支持。

2. 注重权益保护及其行为规制

中国应该有一部专门针对“社会型企业”的法律，并对其权利义务明确规定，并加强法律对其行为的规范和监管。参考《中华人民共和国公司法》《中华人民共和国慈善法》等法律，对“社会型企业”的成立、发展和注销等各个阶段的权利和义务都进行严格、系统的规定。但是需要注意的是，由于我国的“社会型企业”存在很多种类型，每一种类型都有其独特的使命和目的，针对这些不同类型的“社会型企业”，我国在立法上对其权利和义务的规定应考虑其差异性。在法律上对“社会型企业”的权利和义务进行规制时，既要在外部关系上，将“社会型企业”与普通企业区分开；又要在内部关系上，对不同类型的“社会型企业”进行区分。针对以公益服务为目的的慈善机构、基金会、民办教育机构等这类“社会型企业”，在对其义务进行规定的同时，法律上应着力侧重其权益保护，尤其是在税法上给予其合理、优惠的税收政策，这对其发展而言是很大的支持。而对于如商业公司形式的营利性“社会型企业”，国家在对其权益进行保护的同时，更要注重对其企业行为的规制以及制度上的监管。除此之外，我国立法上还应考虑到对“社会型企业”的基金会、商会等组织进行相应的权利义务的规定。

3. 简化注册程序

普通的企业在注册成立时，都有法律所规定的一套相对便捷、系统的流程，需要办的手续都是法律既定的。而对于“社会型企业”而言，由于缺乏系统立法，法律上将其归类为混合型企业，导致其在注册成立时，要走多道程序，且缺乏具体明确的流程指示，这就使得“社会型企业”在成立时便遭遇到了“歧视”，在程序上陷入第一重困境。而后在发展过程中，“社会型企业”面临众多发展问题时，无法向某一具体的部门寻求救济，也很难在产生纠纷后迅速找到请求权基础，又一次陷入困境。因此，我国法律不仅要在内容上对“社会型企业”的权利和义务进行规定，更要在程序上对“社会型企业”的注册、寻求救济、注销等各个环节的流程进行统一、具体、明确的规定。

六、结论

中国针对“社会型企业”进行专门的立法是具有重要性和必要性的，在内容和程序上对“社会型企业”的权利和义务进行明确的规定，有利于政府和市场对“社会型企业”的监管。经济全球化的今天，市场的发展日益具有灵活性，如何运用市场的灵活机制来维护社会的稳定性，是市场乃至政府的责任所在。在中国，“社会型企业”只有被法律所认可，才能获得民众的信任和认可，才能将其作用发挥到极致。完备的法律是“社会型企业”在中国不断发展的首要推动力，是其能够在中国立足的重要保障。

参考文献

[1] 潘子文 . 我国社会企业发展问题及其对策研究 [D]. 上海：上海外国语大学，2019.

[2] 佚名 . 什么是社会型企业 ?[J]. 大社会，2015（7）：70.

[3] 金仁仙 . 中韩日社会企业发展路径比较研究 [J]. 社会治理，2018（4）：48-52.

[4] 谢宏儒 . 社会企业研究 [D]. 广州：暨南大学，2009.

[5] 李健 . 条条大陆通罗马 ?——国外社会企业立法指向及经验启示 [J]. 经济社会体制比较，2017（3）：74-82.

[6] Langley P, Lewis S, Mcfarlane C, et al. Crowdfunding cities: social entrepreneurship, speculation and solidarity in Berlin[J]. Geoforum, 2020(115):11-20.

[7] Blond L, Huijben T, Bredewold F, et al. Balancing care and word: a case study of recognition in a social enterprise[J]. Disability & Society, 2019(2):1.

[8] Defourny J, Nyssens M. Social enterprise in Europe: recent trends and developments[J]. Social Science Electronic Publishing, 2008, 4(3):4-12.

[9] Ghalib A, Hossain F, Arun T G. Social responsibility, business strategy and

development: the case of Grameen Danone Foods limited[J]. Australasian Accounting Business & Finance Jouranl, 2009,3(4):1-14.

[10] 金仁仙 . 社会经济制度化发展——以韩国《社会企业育成法》为视角 [J]. 科学学与科学技术管理，2016，37（1）：38-45.

[11] 王现普 . 社会企业：民办非企业单位变革发展的新方向 [J]. 四川行政学院学报，2019（2）：71-80.

[12] 黄建忠，布莱尔 · 唐纳 . 社会企业的发展前瞻 [J]. 社会治理，2018（4）：37-47.

[13] 郭豪楠 . 社会企业发展的国际比较与经验借鉴——以英、美、韩三国为例 [J]. 新乡学院学报，2019，36（5）：19-22.

[14] 余晓敏，丁开杰 . 社会企业发展路径：国际比较及中国经验 [J]. 中国行政管理，2011（8）：61-65.

[15] 涂智苹 . 英美日韩社会企业发展比较研究及其启示 [J]. 改革与战略，2018，34（8）：116-122.

[16] 刘先良 . 社会企业认证在中国：法律属性与体系构建 [J]. 中国非营利评论，2020，25（1）：201-226.

中国语境下社会型企业法律定位与规制研究

田 然

摘要：社会型企业在中国的发展前景广阔，应将其纳入中国特色社会主义法治的轨道上来，通过注册并认证的方式赋予其合法地位，并从规定准入资格和实现运营监督等方面对其进行规制，为社会企业的培育和发展提供良好的法治土壤，促进社会效益和经济效益的有机统一。

关键词：社会型企业；公共利益；法律规制

引言

在当前的中国，企业这一社会力量参与到各项建设中的作用和功能越来越显著，其展现出的强大活力也有目共睹。例如，在刚刚打赢的脱贫攻坚战当中，国家立足"产业扶贫"，大力支持扶贫龙头企业建设，鼓励企业设置扶贫公益岗位，在吸纳贫困人口就业、改善基础设施建设、缩小城乡和地区差距等方面成效显著。面对社会问题，中国从"输血式"帮扶到"造血式"改变，使"城市再生"理论在华夏大地上焕发出生机与活力。

一、社会型企业的发展历程与定义探析

（一）社会型企业的发展历程

20 世纪 70 年代中后期，欧美西方资本主义国家经济体制的弊端逐步显现，市场调节的局限性与政府失灵相伴而发，出现了财政危机、贫富分化、失业率高、福利下降等一系列社会问题。20 世纪 80 年代以来，一种新型经济

组织形式崭露头角，其最显著特征是将企业社会责任与营利化运营结合在一起，以企业的形式和外观，将社会效益作为其首要目标而摆在优先实现的位置，通过商业模式的创新，寻求解决城乡、教育、医疗等领域的矛盾的路径，实现经济效益和公益价值的双赢。在20世纪末的福利危机中，这种被称为“社会型企业”的经济组织形式展现出独特的优势，成为“社会型经济”的主要载体。进入21世纪以来，社会型企业开始代替市场和政府，提供二者都难以有效供给的公共服务，以生产、销售等商业手段实现社会目标，在环境保护、促进就业、资源分配等方面发挥着越来越重要的作用。[1] 同时，社会型经济的兴起，带动了各国法律、政策的出台，以及学术、实践层面对于“社会型企业”相关配套制度的探讨。

（二）国内外关于社会型企业的定义

在国际社会，社会型企业至今尚未得到统一定义。欧洲社会企业研究网络（EMES）认为，社会型企业是非营利的私人组织，通过提供相关的商品或服务，以直接造福于社区为目标。它们依靠集体力量，治理机构中包括不同类型的利益相关者，同时非常重视自治权，承担与其活动相关的经济风险。英国社会企业联盟为社会型企业定义了“运用商业手段，实现社会目的”的概念；同时，英国贸工部（DTI）对社会型企业的界定为“将社会目标置于首位，并非以股东利益最大化为宗旨，而是致力于将盈利再次进行投资的企业形式”。美国对社会企业的认识主要分为两大学派：一种是“获得收入派”，认为社会型企业是通过商业手段提高非营利组织绩效的一种路径，强调商业策略；另一种是“社会创新派”，认为，社会型企业是社会创业者运用创新方式解决社会问题和满足社会需求的成果，强调企业家精神。[2] 根据韩国相关立法，社会型企业是“为社会脆弱阶层提供社会服务、提供就业岗位或者为社区作出贡献来提高当地人民的生活质量的企业”，是“既追求社会性目的，也进行服务生产和商品拍卖等营业活动，并获得认证的企业”。社会型企业至今未有国际性的统一定义，其原因在于其概念界定带有较强的实用主义和各国各异的问题导向的本土色彩。在我国，随着经济与社会发展的转型，“社会型企业”这一概念也越来越为理论界和实务界所熟悉。当前，中国语境下的“社会型企业”融合了社会和企业两种本质意义上存在发生冲突可能的要素，笔者认为，中国的社会型企业可界定为：以公共利益为目标、通过从事以实现社会价值为导向的商业活动来解决社会问题的经济组织形式。

二、国内外社会型企业的立法与实践经验

目前，我国法学界对于社会型经济的研究还处于起步阶段，对社会型企业的探讨仍停留在外国法引介方面，尚未以法律形式建立起对社会型企业的系统规范。要对社会型企业进行研究，首先要解决其法律定位的问题。现阶段，我国法律对企业的分类主要有：合资企业、个人独资企业、国有企业、私营企业、全民所有制企业、集体所有制企业、股份制公司、有限责任公司等。“社会型企业”未在正式的法律文件中出现，且现有各企业类别亦不足以全面解释社会型企业的内涵和应有之义。由此观之，社会型企业在中国的立法还有很大的完善空间。笔者经过考察和梳理，认为域外对于社会型企业立法和实践渐趋成熟，可以为我国提供一定的经验和启示。在美国，愈来愈多的企业在追求利润回报的同时，为了实现社会目标，采取了社会企业的经营模式。在美国的法律制度下，大多数社会型企业可以划归为营利性企业和非营利组织两种类别，并且可以选择有限责任公司、合伙公司等多种具体形式。然而，传统的营利性企业和非营利组织存在着股东利益最大化或者融资经营限制等固有的缺陷，难以满足社会效益和经济效益双重目标的实现。因此，近年来，美国在探索为社会型企业量身打造全新的公司形态。由于美国公司制度立法并非属于联邦立法层级，而是置于各州立法权限之内，故各州立法规范内容和形式有所差别，但主要体现为低利润有限责任公司、多元目的公司、社会目的公司、公益公司等。除此之外，美国相关机构也起草了模范公益公司法，力求将社会型企业纳入法制化轨道。英国社会型经济历史悠久，是世界上社会型企业发展蓬勃的国家之一。2005 年，英国正式颁布了《2005 社区利益公司规定》，社区利益公司（CIC）由此创设。[3] 英国的传统公司有四种类型，分别为：私营股份有限责任公司、私营担保有限责任公司、私营无限责任公司和上市公司。社区利益公司由其中的私营股份有限责任公司和私营担保有限责任公司构成。社区利益公司明确以公共利益为追求，为社会

企业提供了一个专门的法律架构，其立法和体系结构为公共利益的实现创造了新可能。亚洲金融危机后，韩国国内矛盾激化，失业、养老等社会问题亟待解决。2007 年，韩国政府出台了《社会企业育成法》，为社会型企业的发展奠定了良好的法律基础。2012 年，韩国劳动部社会企业科又颁布实施了《社会企业促进法》，并阐明制定该法的目的是支持社会型企业的设立和运营，引导社会型企业扩充未能达到充分供给的社会服务，创造新的就业岗位，促进社会和谐，提高国民的生活质量。韩国立法中对社会型企业法律地位的确立采用政府认证的方式，认证标准包括实体、员工、目的、决策、制度、收入、利润、分配等方面，任何企业未经政府依法认证，不被视为社会型企业。[4]意大利社会型企业是在 1991 年的第 381 号特别法通过后，以“社会合作社”（SC）的形式获得合法地位的。与欧洲传统的合作社不同，意大利社会合作社采取私人企业方式管理，将商品和服务投放于公开市场上进行竞争，其首要目的是促进教育、医疗等领域的“社会的普遍利益和公民的社会整合”，因此对社员构成、准入和退出机制进行了严格的特殊规定。在立法的促进下，社会合作社在全国范围内迅速发展，并且法律上的承认也为其带来了各个方面的支持，使之在创造就业等方面发挥出特有的较强动力，也成了意大利社会型企业的最主要形式。[5]日本目前尚未专门针对社会型企业进行立法，也没有专门的认证部门，社会型企业的发展主要依靠政策推动。日本社会企业的组织形态主要形式为法人，2015 年修订的公司法增强了公司内部治理结构的灵活性，引入了限制股东利益等规定，可以说是对实践中社会型经济发展需求的一种回应。[6]

2008 年，英国文化协会通过全球社会企业计划首次在中国引入了“社会型企业”的概念。迄今为止，这些机构和组织在中国社会得到了相当蓬勃的发展，尤其是在扶贫、助残、养老、教育、环保等领域，涌现出一批日渐成熟的社会型企业。社会型企业的出现是未来解决社会问题、缓和社会矛盾的重要手段，与成熟的商业企业相比，社会型企业在中国的发展潜力和前景更为广阔。2015 年，国务院参事室特约研究员、南都公益基金会理事长提出，今后五年，中国有望成为社会型企业第一大国。2016 年 11 月，由中国社会企业与社会投资论坛（联盟）发起的“中国社会企业奖”正式启动，旨在表彰和鼓励以创新的商业模式、大规模系统化地解决中国面临的主要社会问题的企业。中国社会企业奖的评选面向所有社会企业，包括有社会属性的商业企业、具备商业模式的社会服务机构以及致力于扶持社会企业发展的社会投资机构。申请者需具备六大条件，即清晰的社会使命、大规模地解决社会痛点问题、符合商业逻辑的商业模式、卓尔不群的创新力、拥有出色领导力和合作进取精神的团队，以及可持续的发展理念。2017 年，首届社会企业奖揭晓，十余个获奖企业涵盖了教育、环境保护、养老、产业扶贫、急救、安全保障、农业发展、金融等领域，分别为：江苏亲近母语文化教育有限公司、重庆领鑫安科技有限公司、浙江绿康医院投资管理有限公司、湖南大三湘茶油股份有限公司、上海救要救信息科技有限公司、上海仲托网络科技有限公司、湖南省吉祥天生物科技有限公司、北京维喜农业发展有限公司、北京正在关怀科技有限公司、佳信德润（北京）科技有限公司、上海禹闳投资管理有限公司、中和农信项目管理有限公司等。中国社会企业奖的评选标准包括社会使命、社会影响力、商业模式、创新力、核心团队和人力资源以及可持续性，可见该奖项认定虽冠名为“社会企业”，但实际上更多的是考察企业所尽到的社会责任程度，即按照企业社会责任（CSR）的要求力所能及地参与公益事业，并被评定达到一定标准以上的企业，便可在中国视为“社会型企业”而参与奖项的评选，但本质上还是依托于我国传统的商业企业类别。

三、将社会型企业纳入中国特色社会主义法治轨道

（一）通过注册、认证方式赋予合法地位

对于是否应当对我国“社会型企业”赋予专门、独立的法律形态，理论界有两种不同的观点。一种观点认为，有必要将社会型企业单独设定为既有法定公司形态以外的一种全新企业形态；另一种观点认为，社会型企业原有的组织属性不会因为“社会型企业”的标示而受到本质改变，其经济组织的法律地位可以依存于原有的企业法律架构而进行认定和事后监管。从域外立法经验来看，笔者认为，在中国语境下，“社会型企业”的称谓代表了企业组织制度中某些元素的创新，尚不足以使企业的本质发生绝对性的扭转。社

会型企业虽然以公共利益为首要目标，但与其同时追求其他效益的宗旨并不相悖，也与其本身所设定的营利或者非营利性角色不发生冲突。因此，尚不必要将其定位为一种全新、独立的企业形态，当然，这是建立在对现行法律中“企业”“公司”等概念重新理解的基础之上。关于社会型企业的法律定位，可以保留当前公司与企业的体系框架，将社会型企业按照传统有限责任公司、股份有限公司、个人独资企业、合伙企业等形式进行归纳，但在注册登记时将社会型企业增设为一个新的类型，作为下辖的一个特殊类别与一般意义上的企业相区分。[7] 同时，完成注册登记并不意味着该企业已经具备“社会型企业”的完整构成要件，还应由有关机构对其进行认证。与发达国家相比，由于我国的公益文化还不够成熟，公益性认证机构发展不够完善，社会公众对“第三部门”“协同组织”的理解和信任尚未达到深厚的程度，因此政府部门便可以作为认证的主体，对认证标准进行量化规定。

（二）从资格认定、运营监督等方面加强规制

实践中，为防止部分企业在创立初期以“社会型企业”的名义来吸引眼球、博得声誉，而在运营至较为成熟的阶段后为了股东利益有意退出、摆脱“社会型企业”这一身份等投机行为，有必要在明确社会型企业法律定位的基础上，对社会型企业进行有效的监管和规制。具体应当从资格认定和运营监督两个方面入手。

首先，资格认定的规制体现在准入制度当中。英国对于社区利益公司的准入过程设置了专门的监管机构，该监管机构利用“社区利益测试”的方式对社会型企业进行准入考察。社区利益测试主要围绕企业设立目的、信息公开程度和业务范围这三个方面进行，设立社会型企业必须要通过社区利益测试方可施行。[8] 美国社会型企业在“自治”的指导思想下，对准入实行注册制。在注册的选项中，有专门的“共益公司”这一类别，并要求公司在注册登记时的文件中体现出其经营目标在于特定的公共利益，且在各州立法中该公益性目标的界定较为宽松。韩国对于社会型企业的育成采取认证制，满足法律规定数项条件的企业，需经“社会企业促进委员会”审议并认证。根据韩国《社会企业育成法》的规定，认证为社会型企业必须满足：具备完整的组织形态、雇佣经营、以实现社会目的为宗旨、利益相关者参与管理活动、具备企业章程、以服务社会为目标以及收入所得和分配的限制等条件。[9]

在中国，民法中规定了营利性法人和非营利性法人，营利性法人以营利为目的，追求投资的经济回报；非营利性法人以促进公益事业为宗旨，不以营利为目的，不追求投资的经济回报。[10] 由于社会型企业兼具社会目标和经济效益目标，我们不能简单地认为社会型企业就一定属于非营利法人。与传统企业的社会责任不同，社会型企业对其社会责任的预判和承担应当摆在企业发展运行的首位之上，即一切企业经营活动都是围绕解决一个或者几个社会问题而展开的。并且，相比较于传统公益组织事后救济的模式，社会型企业更强调对社会责任的主动承担，通过自发的行为和事先的规划去实现社会效益。从某种意义上而言，社会型企业可以集非营利组织和传统商业主体二者之长，整合来自不同领域的资源，在给弱势群体带来援助的同时，自身也在为公共利益从业者谋求利益，同时保持自己的相对独立。[11] 事实上，如果单纯追求企业对公益事业的贡献而忽视分红，或者认为利润向投资人进行分配与企业设立初衷相悖，那么往往可能起到相反的作用，不利于社会型企业的可持续发展。因此，对社会型企业准入资格的规制应当把握一个良好的尺度，避免矫枉过正或者过于宽松。

笔者认为，在中国，社会型企业的设立在满足其注册登记时所选择“挂靠”的企业类型本身应满足的条件之外，还应具备以下条件：首先，要明确企业的首要目标是公共利益，同时细化为致力于解决哪一类或者哪几类社会问题，并通过章程、合伙协议等书面形式表现出来，明确企业使命所在；其次，要求有一定比例（如不低于 40%）的利益相关者，实际参与到企业的经营管理活动中来，保证企业的发展方向始终保持在正确的轨道框架之内；最后，更重要的是要对公司股东、利益相关者的分红进行限制，社会型企业所获利润更多地投向捐助、扩大规模以及再生产。只有同时具备以上三个构成要件的企业，才可以拥有准入资格，才可以被注册、认证为社会型企业。

其次，在运营监督方面，对社会型企业的监管方式和力度，各个国家也各有所异，其中最有代表性的是英国的“强监管”模式和美国的“自治型”模式。在英国，社区利益公司监管机构广泛介入企业治理的各个方面，有权对公司的交易和分配情况进行调查和审计，在法定情形下还可以直接任免董事和高级管理者，托管公司财产。社区利益公司需要以监管机构提供的模板呈送年度报告并接受实质审查和公众监督，当公司股东、董事怠于行使诉讼权利维护公司利益时，监管机构有权以公司名义提起诉讼，并拥有向法院申请企业破产清算或者申请解散无效等权利。除此之外，英国社区利益公司还确立了资产锁定和股利上限规则，防止股东以决议的方式转移公司资产，并规定股东可以分配的红利不得高于企业总利润的35%，保证企业盈利充分投入公共事业当中。与此不同，美国在引导社会型企业的发展中，鼓励民间资本自治，凸显了私人秩序的理念。美国并未设置严格的监管机构对公司治理进行深入介入，但各州立法纷纷规定“共益公司”定期以公益报告的形式进行自我信息披露的制度。同时，美国在共益公司的管理中创设了公益执行诉讼程序，允许公司章程规定的利益相关者提起公益执行诉讼，倒逼公司董事和高级管理人员按照公司章程的要求去履行应尽的公益职责。[12] 除了英国、美国这两种对社会型企业进行运营管理的模式，韩国在对社会型企业进行大力扶持的同时，也进行了一定的法律和制度规制。根据韩国《社会企业促进法》的规定，社会型企业需要把每年的业绩、利益相关者参与政策制定的内容等制作成为“事业报告”，在当年的4月和10月末之前分为两次提交给劳动部门，劳动部门根据报告内容进行审查、评价、指导和监督，并可以根据情况责令有关社会企业进行整改，直至保留满足法定情形下撤销认证的权利。同时，劳动部门专设韩国社会企业振兴院，并赋予其职责之一便包括对社会型企业进行监控、审核和评估。

中国在社会型企业的运营监督方面，可以借鉴并吸收发达国家的思路与成果，并从以下几个方面进行规制：第一，设立社会型企业的专门监管机构，目前，中国对于企业的监督和管理主要依靠政府部门和行业协会，由于社会型企业既不同于传统企业，也不同于基金会等公益组织，对其监督和管理应符合其自身特点和发展规律，因此有必要由政府机关牵头，设置专门的监管机构，可下辖于现有的“市场监督管理局”，以企业规模为依据划分层级归属。第二，要建立和完善信息披露制度。当前，中国已作出上市公司为保障投资者利益和接受社会公众的监督，而依照法律规定必须公开或公布其有关信息和资料的规定，但基于社会型企业在市场、流通、经营、财务状况等方面的敏感性和受关注程度，可以专门要求所有经依法登记并认证为社会型企业的主体进行信息公开、信息披露，可采用书面报告、听证会等形式，以每年2～3次为宜。第三，中国可以在既有的股东代表诉讼的基础上，结合检察机关的公益诉讼模式，探索建立在企业公益目标受损且利益相关人怠于行使诉权时，由检察机关介入并发起的公益诉讼模式，同时落实“吹哨人”制度，为社会型企业的正常运行提供司法支持。

其实，在中国当下的商业进程中，“社会型企业”的诞生与发展虽然仅仅处于幼苗阶段，但是有越来越多的企业正在以实际行动践行企业家精神，特别是在新冠肺炎疫情发生以来，涌现出一大批不谈利益、勇于担当的行业楷模。在抗击疫情的过程中，外卖和快递行业反应迅速。例如，美团外卖在各地城市封锁、限制人员流动的情况下，积极承担起居民日常生活用品配送工作，在通过强制佩戴头盔、口罩来保障工作人员安全的前提下，首创无接触配送方式；坚持以利他主义为核心，考虑到餐饮行业整体业务停摆、现金流中断的形势，屡次推出商家帮扶行动，围绕商户痛点，很大程度上化解了疫情之中受到冲击较大的餐饮领域的社会矛盾与问题；为助力复工复产，美团推出“春风行动”，通过流量红包等方式拉动消费，并招募20万名骑手，在增加运力的同时解决了一部分失业人员的就业问题。诚然，在与国家共渡难关的同时，美团自身也面临着较大的业绩压力，甚至面临较长时间的亏损，但当社会面临困难时，它还是毅然决然地将公益摆在优先发展的位置，这也是我国很多外卖和快递行业共同的选择和价值观。此外，受疫情影响，传统的线下工作、教育方式受到限制，人们对办公、上课等活动的开展大规模转向了互联网线上平台。面对陡然增加的社会需求，钉钉、企业微信、飞书在第一时间为用户提供了免费的在线服务，使社会各项产业、事业得以正常运转。还有，疫情之下，蓝海等一个个灵活用工平台应运而生，将实体经济中大量的闲置员工调度到用人紧张的电商、物流等服务行业，为临时失业者提供临时性的工作岗位，既整合了特殊时期未能得到均匀分配的人力资源，又解决了员工的薪资问题，更重要的是为有效保障社会供给，促进经济的复苏与恢复打下了坚实基础……以上所提及的富有社会责任感的公司和企业，虽然目前在中国尚未能有任何立法、标识等对其进行诸如“社会型企业”的认定，甚至企业自身也未有过成为社会型企业的主观动机或者倾向，然而，社会经济的发展成为不可阻挡的潮流，我们亦难以断定其不会成为未来中国社会型企业的雏形或者前身。

四、结语

实现治理体系和治理能力的现代化，在于转变政府职能，在于加强法治引导，在于鼓励企业更多地参与到社会公共事业当中，引导企业发挥更大的社会效益。在中国语境下，社会型企业的发展前景广阔、潜力巨大，我们应全面考察国内外前沿成果，并将相关先进经验与我国实际国情相结合，着力筑牢“城市再生”的根基，为社会型企业在中国的培育和成长打造深厚而肥沃的土壤。

参考文献

[1] 金仁仙 . 社会经济制度化发展——以韩国《社会企业育成法》为视角 [J]. 科学学与科学技术管理，2016，37（1）：38-45.

[2] 王世强 . 美国社会企业法律形式的设立与启示 [J]. 太原理工大学学报（社会科学版），2013，31（1）：26-30.

[3] 李健 . 条条大陆通罗马？——国外社会企业立法指向及经验启示 [J]. 经济社会体制比较，2017（3）：74-82.

[4] 丁度源 . 韩国社会企业促进法 [J]. 中国第三部门研究，2013，6（2）：116-122.

[5] 李颖 . 制度变迁视角下的西方社会企业发展 [J]. 广州公共管理评论，2015（1）：50-67，338-339.

[6] 俞祖成 . 日本社会企业：起源动因、内涵嬗变与行动框架 [J]. 中国行政管理，2017（5）：139-143.

[7] 姚瑶 . 公司型社会企业的中国化：法律定位与监管逻辑 [J]. 河北法学，

2019，37（7）：78-88.

[8] 王世强 . 社区利益公司——英国社会企业的特有法律形式 [J]. 北京政法职业学院学报，2012（2）：92-96.

[9] 金仁仙 . 韩国社会企业发展现状、评价及其经验借鉴 [J]. 北京社会科学，2015（5）：122-128.

[10] 蒋大兴 .《民法总则》的商法意义——以法人类型区分及规范构造为中心 [J]. 比较法研究，2017（4）：53-74.

[11] 樊云慧 . 论我国社会企业法律形态的改革 [J]. 法学评论，2016，34（5）：105-114.

[12] 钱红军 . 我国社会企业的法律规制研究——以美国的社会企业立法为镜鉴 [D]. 合肥：安徽大学，2017.

浅析社会企业与农村人居环境整治

李璐婷

摘要：新时代下，随着国家和社会对于生态环境的广泛关注，农村人居环境的整治问题也成了中国生态文明建设中的一项主要内容。同时，这对开展新农村建设、践行“乡村振兴”战略也具有巨大的推动作用。当前，在农村环境整治的建设过程中，以政府主导为主，但农民个体和社区组织的参与度较低，在治理效率和最终的结果上也没有达到理想的目标。因而，面对农村环境整治过程中存在的效率和服务质量过低、政府财政负担较大，以及参与主体单一化等问题。可以引入社会企业这一新型组织形式，参与到农村人居环境整治的工作中，以有效解决所面临的困境，并提出相应的措施及建议。

关键词：人居环境整治；农村；社会企业

引言

当前，我国正处于社会转型的关键时期，在这一过程中，人们的行为方式、生活方式以及价值观念等都在发生着变化。根据马斯洛需求理论所提出的，当人们满足了基本的低层次需求后，将会追寻更高层次的需求。这一点，可以从当前大众对于舒适优美的社区人居环境、全社会生态文明建设的不断追求中体现出来。在 2018 年，中共中央办公厅、国务院办公厅印发了《农村人居环境整治三年行动方案》（以下简称《方案》），该方案旨在进一步推进农村地区人居环境问题的改善，以提高农村人居环境质量和生活质量。《方案》中明确提出，改善农村人居环境，建设美丽宜居乡村，是实施乡村振兴战略的一项重要任务，事关全面建成小康社会，事关广大农民根本福祉，事关农村社会文明和谐。由此可见，由于社会转型的复杂性和特殊性，农村人居环境问题是我国整体人居环境整治和提升过程中的重要环节，需要得到国家、社会组织以及个人的重点关注。

针对人居环境的整治问题，一直以来政府都是作为主导角色在其中起着关键的作用，从政策法规的颁布、基础设施的建设、过程控制的监督以及后期的反馈和效果评估等，都是由政府带头组织展开的，这对于政府来说，不仅会存在财政上的压力，也会有技术上的不足。因而，在最终的实践效果上总是不能达到一个令人满意并可持续稳定的结果。在这里，笔者将社会企业的概念引入农村人居环境整治的行动中，认为在面对市场与政府双重失灵的形势下，社会企业可以作为一种新的创新型社会组织，为农村人居环境的整治行动注入新的活力。

一、社会企业的国内外研究概况

“社会企业”作为“舶来品”，于20世纪70年代末期，由Freer Spreckley最早提出。随后，在1982年Beechwood学院发行《社会审计》一书时，“社会企业”的概念又再一次被重新提及。在这之后，一种解决社会问题的新的手段、新的组织形式——社会型企业，开始受到学术界与实务界的广泛关注。对于“社会企业”的学术研究和实践践行工作在不同的国家陆续展开，各个国家对于“社会企业”的具体概念界定和“社会企业”在实践中的发展模式、经营方式以及组织形式的规范标准也没有得到统一。例如，国外对社会企业从学术上定义较早的是欧洲社会企业学会（EMES），该组织主要关注和研究欧洲社会企业的创建和发展，在推动社会企业在欧盟各国不断发展及壮大的过程中起了重要作用。根据EMES的界定，认为“社会企业是对公共产品和服务生产的补充，它追求一定程度的自负盈亏主要目标是支持被社会排挤的社会群体，而不是为了股东创造利润，所得利润将为此目的被重新投入社会企业的发展中，以实现社会企业自身的可持续发展”。可见社会企业是同时具有企业战略和社会目的的双重特征实体。而美国的社会企业实践与英国又不同，由于美国本身经济市场环境的影响，使得美国的社会企业更多地体现出商业化特征和市场化倾向。美国社会企业研究大家迪斯指出，“社会企业”一词并非单纯为财政目标而存在，而是一种多元混合的综合体，他提出了著名的“社会企业光谱”概念，从主要方法和目标以及主要利害关系人的角度，分析了社会企业与传统的非营利组织和私人企业之间的关系。

我国学术界对社会企业的研究主要集中在以下几个方面，即社会企业的历史发展过程研究、国内外比较研究、社会学概念和特征探析，以及针对具体社会企业实践的创新应用、模式探析、经验比较等。在对社会企业进行概念界定上，我国学者对此有过诸多研究与讨论，归纳起来，主要分为非营利组织、企业组织、新型社会组织这三类说法。主张第一种观点的学者更加强调社会企业的公益性特征，认为社会企业是非营利组织的一种新形态。持有第二种观点的学者则是更为强调社会企业的商业性特征，这与美国的低利润有限责任公司相类似。第三种观点认为新型社会组织是介于非营利组织与企业组织之间的混合体。根据图 1 所示，从国外学者金·阿特洛所绘制的可持续光谱图中，我们可以发现，在这其中随着社会环境的变革发展，尽管传统的非营利组织和传统的营利性企业在根本目标上存在对立，但是为了达到组织可持续平衡的这一目标，二者都会朝着中间的社会企业形态发展。

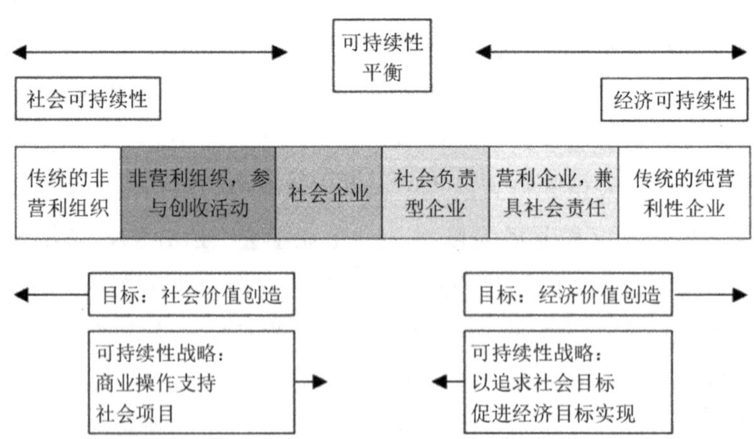

图 1　金·阿特洛绘制的可持续性光谱图

这些不同分类和观点的出现，表明了我国对社会企业的研究，不管是在学术界还是在实务界都处于一个萌芽阶段。但是，从整体来看，不管是各界学者还是企业家们，对于社会企业的认知是一致的，即它是一种创新型的组织形式，既具有公益性的特征也具有商业性特征。其中公益性体现在它行动的使命上，是为了解决社会问题，创造社会利益的最大化；商业性体现在它运用营利企业的商业模式进行运营和生产，以创造利润，但是这些利润所得不是为了“回报”投资者与所有者，而是回馈给社会。因此，社会企业可以是劳动者的企业、普通消费者的企业，以及社会大众的企业，不再单单是管理者的企业、经营者的企业、投资人的企业。

二、社会企业参与农村人居环境整治的必要性分析

近年来，随着乡村振兴战略的不断推进，美丽宜居乡村建设作为社会主义新农村建设的新特点和新要求，受到广泛的关注和重视。各省市积极响应国家号召，针对人居环境问题的改善作出了不同程度的努力，例如加强社区基础设施的建设、完善社区公共服务体系以及整顿社区卫生环境等。但是，在农村与城市的比较上，农村人居环境整治现状依然稍显落后，在不少经济相对落后的农村地区，普遍存在“脏乱差”现象。因而，在新时代我国社会企业参与农村人居环境整治的必要性可以从以下几个方面体现出来：第一，面对农村人居环境治理过程中出现的参与主体单一的困境，社会企业的引入能够在一定程度上弥补基层政府在建设过程中由于“失灵”导致的缺陷问题。同时能够有效地将政府、企业和农民个人有机地联系起来，充分调动农民个体的积极性，实现农民参与治理的主体地位。第二，资金问题是项目建设要考虑的基本前提问题。一般来说，农村环境整治这样的重大政府工程项目，在资金筹措方面，主要以政府财政支持为主，同时涵盖一小部分的农民统一筹资，这对基层政府来说是巨大的财政压力。有了社会企业的加入，就能够有效缓解政府对农村人居环境整治的资金投入压力。第三，质量考核问题。农村人居环境整治工作的有效推进，需要各个部门在实施过程中做好监督和控制工作，在实施后进行相应的结果考核，以满足当前的人居环境需求以及后续的可持续性。但是，从农村目前的一些实践来看，存在监管不到位、质量不过关、整治不彻底等问题，体现出科学性低、周期性短、重标准而不重

实际的特点。为此，需要社会企业的参与来为农村人居环境的整治实践提供相应的技术上和监管上的支持，以提高农村人居环境治理的科学性、有效性。第四，农村自身具有的复杂性、特殊性要求我们在进行人居环境整治时，要基于地区基础条件的差异，因地制宜地提出不同的整治内容，以及采取不同的整治模式。对此，就需要一种新的组织参与进来，以创造新的活力，而社区企业作为一个在我国处于初步探索期的创新型社会组织，它的参与既能填补这一空缺，也有助于提高农村对于社会企业的认知，激发社会企业在农村环境整治工作中的潜力。

三、社会企业参与农村人居环境整治的可行性分析

针对社会企业在参与农村人居环境整治的实践中，存在哪些有利的因素以及最终能取得怎样的结果等问题，我们从其自身的优势、特点出发，来分析社会企业参与农村人居环境整治的可行性，具体体现为以下几点：

1. 提高人居环境整治的效率和质量

在农村人居环境整治的过程中，政府参与性较强，而农民的自主性较弱。这种政府主导模式，容易受到“压力型”体制固有缺陷的影响。例如，在具体的操作中，相关基层部门为了在上报文件中凸显本部门的绩效，而偏向于重点建设那些本身基础条件较好的地区，从而导致真正需要改善的地区没有得到应有的整治。同时，在推进农村人居环境的治理中，存在不考虑地区自身特点，盲目推崇统一的成功模式的现象。此外，由于政府在实际处理与后续运营维护上存在技术不足、管理不善的缺陷，导致许多建设的项目不能实现预期的效果及其可持续性。在韩国，存在一个社会企业经济观光项目，很好地避开了以上提到的问题。该项目有效地结合了当地的自然环境特点以及自身基础资源，通过艺术改造的方式对釜山甘川文化村进行创新性建设，最终使甘川成了釜山人气十足的旅游景点，更是被誉为韩国的“圣托里尼”。这样一种以社会企业参与乡村振兴和乡村环境整治的方式，能够在保存原有乡村特点的基础上，因地制宜地开展各类工作，极大地提升建设工作的效率和质量，同时能够为当地居民带来可观的经济收入，这也在一定程度上增长了

当地居民积极参与的兴趣，有助于社会企业在当地稳定持续地发展和壮大。在我国黎平县黄岗村也开展了相应的特色旅游村落建设和文化活动，该项目依托当地少数民族特色和地理环境优势，打造了侗族特色旅游村落、生态观光农业等，实现了旅游帮扶、“美丽乡村”建设帮扶的目标。但与韩国相比较，我国政府的主导性依然体现得尤为突出，同时村民的认知与参与对社会企业在当地的可持续发展和壮大存在巨大的影响。

社会企业的出现是为了解决由政府与市场“双重”失灵带来的各种社会问题，这是社会企业存在的原因与根本使命。社会企业本身是非营利性的、公益性的，它区别于其他的非营利组织、慈善机构、非政府组织，以及一般营利性企业组织，它通过采取一般的企业经营模式，致力于将所获得利润用于解决社会问题，并且实现自身的独立与可持续经营。在这之下，社会企业营利不是为了使所有者获得最大利益，而是以实现全社会利益最大化为目标。此外，由于社会企业具有一般企业的营利能力，社会企业会不断提高其服务质量和服务水平。在其产品的管理、运营和维护上也会更加具有科学性和系统性，从而能够从整体上提升农村人居环境整治建设的效率和质量。

2. 减轻政府的财政负担

如前所述，社会企业具有的一个区别于其他基金组织、慈善机构和非营利组织的最大特点，即它的独立性，尤其是在资金上的独立性。尤努斯创办的格莱珉乡村银行是一个广为人知的社会型企业，它以小额贷款救助孟加拉国的穷人，它的经营模式是通过向穷人放贷，资助穷人发展自己的事业，给予妇女、小孩甚至乞讨者等各种资金上的支持。这样不仅能够解决穷人经济上的窘困，还能发挥他们的潜能去创造更多的财富，最终他们又将收益存入了格莱珉银行。这样一种健康的资金循环模式，能够让社会企业实现自身的资金独立，而不用依靠基金组织或个人的捐赠，同时还能不断创造新的价值，实现自身的可持续发展和扩大。从这方面来看，社会企业参与农村人居环境整治，能够有效解决基层政府在开展整治工作中面临的财政压力，使政府从建设项目的提供者转变成工程项目的评估监管者和组织者。

3. 促进农村人居环境治理主体的多元化

由于在农村环境整治过程中存在主体单一的困境，迫切需要在建设的供给主体与参与主体的基础上创造一种新的角色。虽然，我国政府采取了多种政策机制来鼓励农民参与到乡村环境的治理活动中，但是成效甚低。究其原因，一方面，农民自身的素质水平相对偏低，缺乏相应的保护意识和主人翁意识，导致自身的积极性不足，从而不了解、不愿意参与到整治工作中。另一方面，也是最主要的原因，即缺乏一种联结机制或组织，使得在人居环境整治的过程之中，将农民与基层政府隔离开来。这样就给社会企业的引入带来契机，社会企业作为一种新的角色，能够有效地将农民与基层政府联系起来，激励农民参与到人居环境整治的工作队伍中。与此同时，社会企业自身具有的对市场的灵敏性，能够对市场需求的变化作出快速的反应，从而为农民人居环境的改善和治理提供一些新的、符合市场需求和民众需求的高质量、高水平的服务模式和产品。

四、促进社会企业参与农村人居环境整治的具体实践策略及政策建议

1. 完善社会企业相关的法律体系

社区企业在国外已经较为成熟，而在我国发展较晚，虽然对于社会企业的概念界定在各国有所不同，但是许多国家都颁布了有关社会企业的法律和政策。例如，韩国在 2007 年颁布的《社会企业育成法》促进了社会企业的发展上升至法律政策的层面，该法案中对社会企业的定义认为，社会企业是为弱势群体提供社会服务和就业岗位，在实现提高居民生活水平等社会目标的同时，进行商品及服务生产、销售等营业活动的企业，并提出了社区企业认证的六项标准。而在社会企业参与社会治理的活动上，苏格兰在 2014 年颁布的《采购改革法（苏格兰）》预计将通过加强基于环境、社区和社会理由的社区福利条款的范围，来推进社区型企业投标公共合同。这实际上，为社会企业参与社会治理、提供公共服务创造了有利的政策支持环境。

反观我国，社会企业由于没有相关的法律法规作为支撑，以及缺乏社会认可度和认知度等问题，使得其在参与农村环境整治工作中面临着很多阻碍。一套完整的法律法规体系赋予社会企业的“合法性”身份，是社会企业能够有

序参与、进入农村人居环境整治工作的前提。因此，我国应该尽快颁布社会企业的相关法律法规，对社会企业的内涵、特征和外延进行定义，确定社会企业的合法身份。此外，建立相应的准入机制，以规范社区企业注册的标准和流程，针对社会企业参与农村人居环境整治的实际问题，使社会企业在实际操作中能够做到有章可循、有法可依。

2. 整合当地资源，实现社会企业“在地化”发展

在开展农村人居环境整治工作的过程中，在基础设施的建设和提供的前提下，可以引入社会企业来提高服务的质量和水平。例如，在农村污水治理的工作上，可以通过引进或发展当地社区企业的形式，将污水处理的工作交由社区企业去完成，并且将处理后的水资源以低廉的价格出售给当地农民作为其生活用水。还可以结合当地的环境特点，充分挖掘当地的自然资源价值，开展绿色生态旅游业，这样既遵循当地的自然规律，保护了生态环境，也为当地创造了利润，提高了居民的收入水平。同时，也为农民参与当地人居环境治理提供了渠道，激发了农民的自主性和能动性。此外，在农村的公共交通建设上，转变原来政府单一主导建设的局面，发展当地农村社会企业来为本地公共交通提供支持，这样既方便了居民的出行，也增加了年轻人的就业机会，避免了人才的外迁。从以上可以看出，在社会企业参与农村人居环境整治的过程中，要充分利用当地资源，结合社会企业自身的特点和优势，将多方面的有利条件进行整合，打破原有农村人居环境整治中的“治理模式跟风”困境，创造出一种由社区企业主导下的因地制宜、可持续的治理模式。

3. 建立政府监管与评估机制

国内社区企业的发展暂且处于起步阶段，各方面发展都不成熟、完善，并且由于社会企业本身具有“公益性”和“商业化运营”的矛盾属性，在参与农村人居环境整治的过程中难免会产生各种各样的问题。因此，政府在卸下“提供者”的重担后，相应地要承担起社会企业监管者和评估者的责任。在面对社区企业发展良莠不齐的局面时，首先，要建立一套高效的监督管理体系和科学的评估体系，通过内部的财政监督以及外部的公众、媒体和第三方机构的监督，使其为农民提供优质的人居生活环境的同时，实现后续的可持续保障；其次，要有配套的评估管理体系做支撑，形成科学合理统一的评估标准，才能不断提升社会企业的服务质量，使农村人居环境整治工作得到有效监管和控制。

4. 探寻创新路径，打破相关困境

在笔者看来，社区企业在其自身的可持续发展过程中面临着一个固有的问题，就是人才稳固的困境。由于社会企业自身具有的公益性属性，使得积极参与社会企业活动的人员较少，组织内也会出现技术人才流失现象，这样会对社会企业最终服务和产品的提供上产生重大消极影响。同时，我国大众对于社会企业的认知度相对较低，很多人不清楚社会企业这一新型组织的具体内涵和运营模式，继而难以挖掘其对于农村环境整治质量的提高所具有的巨大潜能。因此，要加强社会企业在基层社会中的宣传力度，提高当地居民参与社会企业活动的积极性，促进社会企业“在地化”的形成和发展。此外，针对人才流失现象，政府应在其中做好协调工作，加强社会企业与高校和其他社会组织之间的协作，建立联结机制，鼓励高校人才、具有社区企业家精神的个人及专业领域人才进入社会企业，并开设相应的培训课程、制订成长规划。

5. 建立专业的行业平台与环境整治工作的合作平台

现今，在“乡村振兴”大力推进的背景下，农村生态文明建设以及人居环境整治问题受到社会各类组织的重视，社会企业要想在参与农村人居环境整治过程中占据有利的竞争地位，还需要一个专业的行业交流与协作的平台来为其“保驾护航”。在国外有许多具有全球影响力的社会企业的行业协会和组织联盟，如英国的社会企业联盟、欧洲的社会企业研究网络（EMES）、阿育王基金会、斯科尔基金会以及全球影响力投资联盟（GIIN）等。它们为社会企业的发展提供各方资源，并且将具有社会企业家精神的人聚集在一起，为创造更好的社区型企业共同交流、汇聚思想。因而，我国要想引入社会企业参与社会治理，进行农村人居环境整治的工作，既要建设有关社会企业的专业性行业平台，还要构建社会企业有效参与乡村人居环境整治的协作平台，这样不仅能让社会企业更好地整合社会资源、提供优质的社会服务和产品，还能在一定程度上给予社会企业合法性地位，提高其社会认知度。

五、总结

农村人居环境整治工作是一项复杂且漫长的工程，需要国家从宏观制度建设上做好把控，也需要我们每个人和社会各类组织在具体实践中发挥出各自的优势，积极投入农村环境整治的工作中。社会企业的有效参与能够为乡村农村环境的整治工作添加新的活力，在面对例如资金、服务质量等关键问题时，能够依靠社会企业自身“公益性”与“商业性”的双重特点进行有效协调，并最终得到处理和解决。但是，我国整体的社会企业发展环境正处于初级阶段，存在与社会企业有关的法律法规的制定和监督管制机制的建设不完善、不健全的问题，以及行业平台及协会组织建立空缺的弊端。因此，社会企业在有效参与乡村人居环境整治的过程中，不仅要认识到参与的可行性与必要性，也要充分考虑将面临的困难和问题，并结合我国具体实际，找寻可行办法来面对和处理这些问题，实现社会企业在我国社会治理中发挥其最大功效，推动社会企业在我国的全面发展和壮大。

参考文献

[1] 于法稳，于婷．农村生活污水治理模式及对策研究 [J]. 重庆社会科学，2019（3）：6-17，2.

[2] 吴永慧．浅谈社会企业与社会创新 [J]. 企业科技与发展，2018（9）：281-282.

[3] 张乾梅．社会创业生态系统中主导社会企业合作伙伴选择研究 [D]. 长沙：湖南大学，2013.

[4] 林海，严中华，何巧云．社会创业组织双重价值实现的博弈分析 [J]. 技术经济与管理研究，2011（9）：33-36.

[5] 郭豪楠．社会企业：内涵、国内实践与域外经验 [J]. 党政干部学刊，2019（3）：70-75.

[6] 于法稳．乡村振兴战略下农村人居环境整治 [J]. 中国特色社会主义研究，

2019（2）：80-85.

[7] 李国朋 . 社会企业参与养老服务探究 [D]. 聊城：聊城大学，2019.

[8] 金仁仙 . 中韩日社会企业发展路径比较研究 [J]. 社会治理，2018（4）：48-52.

[9] 童贇 . 韩国社会企业的现状和培养体系 [J]. 商品与质量，2012（S1）：16-17.

[10] Steiner A, Teasdale S. Unlocking the potential of rural social enterprise[J]. Journal of Rural Studies,2019(70):144-154.

[11] 葛琳 . 社会企业参与社区治理的困境与思考 [J]. 党政论坛，2020（1）：41-45.

[12] Jb A, Re A, Bl B, et al. Resourcefulness of locally-oriented social enterprises: implications for rural community development[J]. Journal of Rural Studies,2019(70):188-197.

[13] 改善农村人居环境 建设美丽宜居乡村——中共中央办公厅、国务院办公厅印发《农村人居环境整治三年行动方案》[J]. 环境保护，2018，46（Z1）：106.

[14] 于法稳，郝信波 . 农村人居环境整治的研究现状及展望 [J]. 生态经济，2019，35（10）：166-170.

社会企业在扶贫事业中的作用

——以洛南县宏达手工艺合作社为例

王艺萌

摘要：在社会和经济的二元分析框架下，社会企业被简单理解为运用商业手段解决社会问题；而在社会、经济、创新等多元素分析框架下，社会企业则更为注重对社会企业家精神的运用，它强调以社会企业家精神为指导来解决社会问题，企业的核心是社会价值而非营利，是对以政府和市场为主导，解决社会问题方式的一种创新。依据上述两种分析框架，可以得出社会企业的目标是解决社会问题的论断。贫困问题作为社会民生的重大问题，一直是我国高速发展道路上的阻碍。自精准扶贫政策实施以来，扶贫事业取得显著成绩，但当扶贫攻坚步入深水区后，寻求贫困问题的创新解决方式尤为关键。此时，注重社会问题，弥补政府与市场不足的社会企业走进人们视野，为中国扶贫工作提供了新思路。

关键词：社会企业；社会问题；贫困；扶贫

引言

在二元分析框架下，社会企业被定义为运用商业手段来解决社会问题的一种方式；在多元分析框架下，社会企业被视为运用企业家精神来解决社会问题，即强调以一种创新的形式来解决社会问题。从上述的分析框架来看，二者均强调社会企业对社会问题的解决能力。在扶贫攻工作中，寻找新的方式分担政府扶贫压力尤为关键。此时，致力于解决社会问题的社会企业开始得到学术与实务界的广泛关注，以期成为解决贫困问题更为有效的方法。为此，本文通过案例分析的方式，对社会企业在扶贫事业中发挥的作用进行分析，同时结合已有社会企业研究文献和宏达手工艺合作社在经营过程中出现的问题，总结性地提出社会企业存在的问题，并提出对应的建议。以期丰富社会企业相关理论研究，助力中国社会企业发展。

一、社会企业的界定及相关情况

社会企业的雏形可以追溯到 19 世纪英国的“先锋合作社”，随着 20 世纪 70 年代欧美资本主义国家受到石油危机的影响，经济呈现滞涨态势，福利社会供给不畅，人民贫富差距拉大，社会问题激增。在巨大的社会压力下，资本主义国家迎来新一轮的改革，以英国为主的欧洲国家多选择将私人投资或非营利组织引入政府公共服务领域，来缓解公共部门的经济压力；美国为首的自由意志国家，减少了政府对民间社会组织的投入，使得民间组织选择了一条自给自足的经营发展道路。以此为发展背景，社会企业得以产生与发展，并率先于西方步入了繁荣时期。

（一）国外社会企业的界定及立法状况

1. 国外社会企业的界定

社会企业作为解决社会问题的新兴方式，率先在国外发展起来。通过文献研究得出一个结论，即由于不同国家的不同特性，各国对于社会企业定义的着重点各有不同。最早对社会企业进行界定的是 1994 年 OECD（经济合作与发展组织）：“社会企业既利用市场资源、又利用非市场资源以使低技术工人重返岗位的组织。”[1] 在此定义基础上，英国政府将社会企业界定为：“社会企业是一个商业组织，以社会为主要目标，其利润所得主要用于对社会目标的支持性投资，而不是为了股东利益最大化。”[2] 美国在对社会企业进行界定时并不像前两者的界定一样强调社会目标的优先性，美国社会企业更注重社会目标与企业目标的均衡性。随着社会企业解决社会问题优越性的展现，同处亚洲圈的日本、韩国加入对社会企业的研究之中。日本的社会企业在 21 世纪之初就有所发展，但是其正式的官方定义直到 2015 年才被确定。2015 年日本内阁府发布《关于我国社会企业活动规模的调查报告》，这是日本首次在官方层面提及社会企业，并将其定义为："采用商业手段改善或解决社会问题的事业活动体。"[3] 韩国在2007年的《社会育成法》中提出对社会企业的界定："为弱势群体提供社会服务和就业岗位，在实现社会目标的同时进行商品经营等营利活动，并得到雇佣劳动部认证的企业。"[4] 各国对社会企业的着重点各有不同，但其基本思路都是运用经济手段以解决社会问题。

2. 国外社会企业的立法状况

立法保障是社会企业得以发展的最基本的保障，只有给予社会企业相应的法律地位，社会企业的力量才能充分发挥。英国政府为促进社会企业的发展，于2005年颁布《社区利益公司法》对社会企业的进入门槛、利润分红、资产管理等方面制定了详细的规则，在促进英国社会企业发展的同时为其他国家社会企业立法提供了蓝本。[5] 奉行自由主义联邦制的美国并没有在国家层面出台法律，给予社会企业发展的优惠政策，但是在一些州立法中，对社会企业给予了法律及政策的扶持。2008年佛蒙特州率先出台有关低利润责任公司法案，截至2010年年底已有近10个州通过或正在考虑低利润责任公司的法案；2010年马里兰州通过共益公司的法案，其后美国一些州逐渐完善对社会企业的扶持。同美国一样，加拿大也没有在国家层面对社会企业进行立法支持，只是在各省立法中对社会企业进行扶持，如新斯科舍省于2012年通过社区共益公司的法案，不列颠哥伦比亚省在2013年通过社区贡献的公司法。[6] 日本并没有为社会企业制定相关的法律，但是日本为社会企业的发展提供了一套政策框架。韩国于2007年颁布的《社会企业育成法》为社会企业的发展提供了法律支持。

（二）国内社会企业的界定及发展状况

1. 国内社会企业的界定

国内学术界则将2004年《中国社会工作研究》刊载的刘继桐关于社会企业的译文视为中国对社会企业领域研究的发端。虽然中国社会企业已存在多年，但是国内并没有在官方层面对社会企业进行界定。国内学者立足不同的角度对社会企业进行了界定。时立荣、王安岩将社会组织称为"非正规就业组织"，是从社会企业吸纳弱势群体就业的角度进行的界定；[7] 陈吉从利润分配的角度出发，指出社会企业是采用商业策略产生社会价值，但利润不分红的实体；[8] 王名、朱晓红从非营利组织的角度对社会企业进行定义，认为社会企业是对企业和非营利组织的双重超越；[9] 赵萌从社会企业家精神角度对社会企业进行界定，认为社会企业是用符合企业家精神的手段解决社会问题，同时使社会目标不会轻易发生偏移的组织；[10] 金锦萍从组织形式的角度对社会企业进行界定，社会企业由来已久，它并不是一种新型的企业组织形式，是在现存各种组织形式基础上，致力于解决社会问题，进行经营活动并取得收益的一种组织形式。[11] 上述对于社会企业的界定角度虽有不同，但是从中可以分析出其具有的共同点，即关注社会问题的解决和社会价值的产生。

2. 国内社会企业的发展状况

现阶段中国并没有从国家层面为社会企业出台专项法律或提供政策支持，所以无法从法律角度对国内社会企业进行研究。为此将从实务界的角度对国内社会企业进行研究。实务界将 1994 年社科院在河北、河南等地建立的中国首批扶贫经济合作社视为中国社会企业的发端，[12] 随后中国社会企业开始发展：1997 年成立的深圳残友集团致力于为残疾人提供便利的网络服务；2002 年建立的北京富平学校致力于向低收入人群提供专业培训，并逐步发展成培养社会创新人才的专业服务学校；2006 年杭州绿康医投资管理有限公司成立，致力于为当地老年人提供高品质的养老医疗服务；2011 年成立的碳阻迹公司针对过量碳排放的社会问题，为政府企业等消费者提供低碳降排咨询服务和碳中和的产品与服务，并且创新为个人提供减排服务。经历近 25 年的发展，中国社会企业为社会问题的解决贡献了自身的力量。在社会企业发展的过程中，社会企业的孵化中心、服务平台也逐渐得以完善，2012 年中国慈展会建立，并于 2015 年开始进行社会企业的认证，这是我国民间唯一一个对社会企业提供认证服务的机构；同年致力于培育社会企业、推广企业社会责任和支持社区发展的佛山顺德社会创新中心建立；2018 年北京社会企业发展促进会成立。随着孵化机构和服务平台的建立，社会企业将会在解决社会问题方面展现出新的活力与创造力。中国慈善联合会副会长徐永光曾说过，中国将成为社会企业第一大国。中国 14 亿人口，社会问题涉及人民生活的方方面面，社会企业作为解决社会痛点的新方式，将会在中国迎来新的发展高峰。

3. 国内对社会企业参与扶贫事业的研究

社会企业作为外来新生事物，并且在解决社会问题时所展现的优越性，使其得到国内各界人士的广泛重视。苟天来等从农村资源进行研究，提出以商业化手段推进脱贫的社会企业模式有助于实现穷人的资源向资产转变；[13]李建等学者通过对已有扶贫理论的分析，发现社会企业在扶贫中采取的创新手段弥补了之前扶贫理论的问题；[14]范明林从情感因素出发，认为社会企业参与扶贫在增强人们间情感联系的同时，还可以对贫困人口进行培训，使其拥有就业能力不再返贫；[15]王斌等从社会企业责任角度入手，认为减贫纾困是本土社会企业的一项重要特征。[16]通过上述研究可以发现，国内学术界对于社会企业参与扶贫事业持支持态度，并认为社会企业将作为一种新的形式为农村发展注入新的活力。从实践角度来看，成都率先从政府角度展开对社会企业的认证并出台社会企业的扶持政策，因此，相对其他城市来说成都社会企业的数量相对较多，质量较高。成都社会企业主要从保证食品安全和增加农产品销量两个角度参与到扶贫事业之中，四川中和农道农业科技有限公司从事农业技术开发，企业建设目的就是希望更多的人能享受到健康的农产品，该企业走入农贫困村为农户制定农产品产规程和种植标准，并针对这些产品提供销售渠道，实现了为贫困农民增收的目的；成都品生活农业开发有限公司对口贫困地区，将其生产的农副产品在成都市进行售卖，并将部分销售所得用于售卖地所在地区的发展，在扶贫的同时带动本地区的发展。上述两家社会企业均于 2018 年被成都市认定为首批社会企业，并享有当地的扶持政策。以上两个成功的社会企业参与扶贫的案例证明，社会企业有能力带领贫困地区实现脱贫目标。

二、洛南县宏达手工艺合作社的概况

（一）合作社的基本情况

洛南县宏达手工艺合作社建在三要镇龙山村，该村贫困人口超过全村总人口的一半。龙山村位于县城以东 40 千米的大山中，地理位置偏远是龙山村贫困的主要成因。因此响应中央脱贫号召，经过村党支部和商洛市调研组多番调研和商讨以后，选择灯笼制作产业作为龙山村的脱贫项目。村中投资 60 万元，在该村地势较平坦的地区建起厂房，以便灯笼生产，并从西安招揽客商，扎根该村从事灯笼的加工销售，但是由于规模、成本、技术等限制，厂子一直没有起色。2013 年商洛市相关部门筹集 180 多万元助力龙山村灯笼产业的发展，龙山村在 2014 年成立了宏达手工艺合作社，合作社的工作人员主要由贫困户、老人、残疾人和中年妇女构成，同时该合作社并没有对灯笼制作的场地有所要求，为行动不便或是无法离开家的群体提供了就业机会。目前该合作社的主要产品有 60 多种，并在商洛市财政局的推动下，形成“支部 + 妇联 + 合作社 + 农户”的新型经营模式。

（二）合作社取得的成就

洛南县宏达手工艺合作社在商洛市财政局的推动下，解决了厂房狭小、设备落后、技术提升等问题。该合作社已在阿里巴巴上开设了网店进行销售，通过网络平台，与西安美仑、温州金凤等工艺品公司建立了长期的供货关系，并将灯笼远销到美国、加拿大、韩国、日本、澳大利亚等国家。2016 年该合作社已吸纳本村 21 户贫困户，解决了近 120 位妇女的就业问题，员工年均收入在 1 万元以上，劳务总收入近 200 万元。[17] 通过合作社的建立，龙山村的贫困情况有所好转，成为政府贫困人口迁移的主要落户村镇，同时还为迁移人口提供就业机会。随后商洛市政府为打造工艺纸灯笼产业集群项目，再次对合作社投资。截至 2019 年，合作社为全镇 667 户在册贫困户提供了就业机会，使约 700 人实现稳定就业，人均年收入最高可达 18000 元，使贫困迁移人口在实现平稳迁移目标的基础上有了自给自足的能力。

（三）合作社获得的经验

洛南县宏达手工艺合作社取得上述成绩的最主要原因有两点，即政府的扶持与群众的支持。

首先是政府对企业在资金和政策上的扶持。商洛市政府先后为合作社投资近 500 万元，政府资金的注入使得合作社拥有厂房升级、设备革新、新品研发的资金。政府还为合作社的发展提供政策支持，因为合作社属于扶贫企业，所以在经营过程中合作社享有政府对企业的扶贫政策，减轻了企业对外竞争的压力，同时龙山村属于商洛市财政局的定点扶贫单位，财政局定期前往龙山村进行调研，能够及时解决合作社出现的问题。

其次是群众的支持。由于灯笼制作是劳动密集型产业，工作人员经过简单的培训就可以上岗生产，为满足合作社的灯笼订单就需要将更多的群众参与其中。贫困户王云焕的丈夫因病去世，她要负担子女上学的学费还要照顾年迈的婆婆，在没有合作社之前，全家只能依靠贫困补助生活，合作社成立以后，依靠制作灯笼，获得了收入，全家生活得以改善。[18] 切实的经济利益使得群众具有参与合作社的热情，而获得群众支持的合作社，拥有充足的劳动力，使得合作社可以继续扩大生产，承接更多的灯笼生产业务。

三、社会企业存在的问题

虽然宏达手工业合作社在解决解决龙山村贫困问题中发挥了积极作用，但是在其发展过程中暴露出的中国社会企业的弊端也不可忽视。因此本文以宏达手工艺合作社为例，结合学术界对社会企业问题的探讨，提出社会企业存在的问题。

（一）缺乏专项法律政策

虽然近年来社会企业呈现出迅速发展的态势，但是国家层面并没有出台与社会企业相关的法律与政策。2011 年 6 月北京市委发布的《北京市委关于加强和创新社会管理面推进社会建设的意见》提出，要积极扶持社会企业发展，这是社会企业首次出现在省级文件中。[19] 由于缺乏相关的法律地位和政策支持，社会企业的发展严重受限，特别是在教育、养老、医疗等传统政府供给公共服务的行业，缺乏法律地位的社会企业很难进入其中，即使进入其中也很难全部发挥作用。[20] 宏达手工艺合作社之所以获得成功是由于其背靠扶贫政策，获得了发展空间。同时社会企业还面临缺乏认证部门的困难，在 2015 年以前，国家没有对社会企业进行认证的平台，2015 年以后中国慈展会开始对社会企业进行认证，这是我国第一个对社会企业进行认证的社会组织，但是官方层面并没有出台相关的认定规范，直到 2018 年北京市与成都市才相继出台社会企业的认证办法。认证体系的不健全，使得公众无法对社会企业形成明确的认识，也是社会企业发展面临的主要制度困境之一。

（二）可持续发展能力弱

社会企业可持续发展能力是指，社会企业在独立解决社会问题的同时还能保证自身的生存和发展。从目前的实践来看，我国社会企业可持续发展能力较差。以宏达手工艺合作社为例，合作社在创办之初，并没有实现盈利，厂房狭小、设备落后、工人技术不过关等问题使得灯笼产量低，产品销售额难以支撑合作社存活。2013 年以后，政府对合作社进行投资，才使合作社摆脱破产的命运，最终实现技术升级、产量增加的目标，灯笼远销国外。如果不依靠政府的资金扶持，宏达手工艺合作社难以存活到现在。现阶段我国中小型社会企业较多，在社会问题解决方面经常会出现缺少资金的情况，国内社会企业的投资主体多为基金会和非营利组织，他们通常无法为社会企业提供充足的发展资金。又因为缺乏社会认知度，社会企业难以从外部机构获得足够的发展资金来解决企业的运营困难。融资困难致使企业自我造血目标难以实现，阻碍社会企业可持续发展。

（三）专业化人才稀缺

社会企业能否为公众提供高质量的服务，关键在于社会企业是否拥有专业化人才。[21] 宏达手工艺合作社的工作人员主要是妇女、老人、残疾人等非专业群体，受限于工作人员素质水平，只能依靠增加制作数量来提升收入，难以通过技术升级提升产品附加值。随着自动化水平的提升，劳动密集型产业将会面临巨大危机，宏达工艺品合作社将会步入危机。纵观我国社会企业的人员构成情况，可以发现，我国社会企业的员工主要由两部分组成，一部分是具有专业能力的社会企业人才，另一部分是非营利机构的志愿者及缺乏就业竞争能力的群体。由于社会企业无法为前者提供匹配的报酬与发展前景，专业人才的流动性较大；志愿人员与低就业能力人员虽然对报酬和发展前景的要求较低，但是其专业能力不足，难以支撑社会企业的发展，因此专业人才稀缺制约了我国社会企业的发展。

（四）行业协会尚未建成

社会企业的行业协会是指能够将全体社会企业聚集在一起，并对社会企业行为进行规范、监督以及提供智力支持的机构。从现阶段的发展情况来看，不论是作为整体社会企业行业，还是作为部分的各地区，行业协会发展情况都不容乐观，无法实现对社会企业行为的外部监督，更遑论为社会企业的发展提供智力及资金的支持。而从国外社会企业发展经验来看，行业协会对社会企业的发展十分重要，无论是英国、美国还是邻近的日本、韩国都纷纷建立社会企业行业协会以支持社会企业的发展。在宏达手工艺合作社创办的初期，我国社会企业行业协会尚未形成，无法为其提供规范与支持，所以在未得到政府扶贫政策扶持前，合作社发展十分困难。

四、推动社会企业发展的建议

针对上述提出的社会企业缺乏法律环境、可持续发展能力弱、专业化人才稀缺与行业协会尚未建成等问题，提出以下相应发展建议。

（一）构建相关法律及政策环境

合法地位是我国社会企业参与社会治理、解决社会问题的立身之本，也是社会企业得以发展的必要条件。现阶段只有北京和成都两地出台了社会企业的认证标准，社会企业在立法方面仍处于空白。为此应加快构建社会企业的法律与制度环境，鼓励社会企业发展。首先，加快出台社会企业专项法律，对社会企业进行界定、建立官方社会企业的认证平台，为社会企业的发展提供法律照顾，从法律方面提升社会企业的公信力。其次，在政策方面，一方面，我国扶贫社会企业在发展过程中，主要依赖扶贫政策的支持，当脱贫目标实现以后，扶贫社会企业更需要获得社会企业相关政策的支持，以促进其发展，为此政府应尽快为扶贫类社会企业制定合适的路径，保证依靠扶贫企业脱贫的群众不再返贫。另一方面，可以借鉴美国各州独自立法的形式，因地制宜地出台符合本地社会企业发展情况的政策，例如在社会企业发展较快的地区可以为社会企业智力支持机构提供政策倾斜，推动社会企业发展，在社会企业发展较慢的地区为社会企业孵化中心提供政策支持，鼓励社会企业建立，分担政府公共服务的负担。

（二）推动社会企业可持续发展

社会企业融资困难，经营能力弱制约了社会企业可持续发展，为此提升社会企业可持续发展能力，应从融资能力与管理能力两方面入手。第一，提升社会企业多主体的融资能力。首先，建立社会企业经济评估的第三方机构，对社会企业的资金需求和利用率进行评估，符合资金利用标准的社会企业，可以获得银行或基金会低息或无息的资金支持，如通过资金审查的扶贫类社会企业，可以从当地的农业银行或是助农基金会获得低息贷款，减轻对政府投资的依赖性；其次，可以由政府鼓励筹办社会企业扶贫创意大赛，设立社会企业家扶贫奖[22]，鼓励更多的扶贫社会企业参与其中，增加社会企业曝光率，扩大潜在的投资主体范围。第二，在把获得投资作为社会企业存续的首要条件的同时，还要提高社会企业的管理能力。提升社会企业管理能力，一方面，政府部门应定期组织有关企业经营能力的相关培训，为社会企业特别是缺乏企业化经营理念的社会企业传递管理经验；另一方面，社会企业自身应按照企业标准严格要求自己，根据市场变动及时调整自身经营策略，使企业契合商业运作理念。只有融资能力与管理能力共同提升，才能使社会企业成为解决社会问题、创造社会价值的长效机制。

（三）推动社会企业人才培养引进

社会企业专业人才缺失是社会企业在发展中面临的主要问题之一，为此急切需要社会各界共同推动社会企业人才的培养与引进，提高社会企业的服务能力。第一，从高校角度来说，首先可以开设社会企业相关课程，为社会企业培养专业人才；其次，加强校企联合。近年来，高校积极展开大学生“三下乡”活动，一方面，可以使学生更好地了解农村情况与农村需求，提升自己的实践能力；另一方面学生可以为农村地区输送先进的文化与技术，为改善农村情况贡献自己的力量。社会企业也可以借鉴这一做法，与高校取得联系，为在校学生提供实习机会，使学生在走进乡村的同时了解社会企业，研究社会企业运作模式，丰富自己对社会企业知识的了解，同时还可以将自身技能传授给农村社会企业工作人员，提升员工的专业素质。第二，从政府角度来说，政府可以加大对扶贫社会企业的宣传力度，增加社会企业的公众知名度，吸引人才加入，同时推出社会企业就业支持政策，如将大学生村官理念构入社会企业扶持政策中，给予服务农村社会企业人才的发展照顾政策。第三，由于农村地区基础设施、地理环境等先天因素不足，使其在引入人才方面较为困难，为此对于处在贫困农村的社会企业来说，依托政府人才引进政策的同时，要增强自身能力，对文化水平不高、缺乏职业技能的贫困户展开免费职业和技能培训，将其培训成为技术型农村居民，更好地服务于社会企业，实现人才“输血”“造血”相结合，提升社会企业竞争力。[23]

（四）提升行业协会的服务水平

社会组织持续健康的发展离不开行业协会的帮助，行业协会可以为社会企业提供行业资讯、培养人才、提供智力支持。不论是最早发展社会企业的英国和美国，还是近年来社会企业发展较好的日本和韩国，都致力于建设不同形式的行业协会，为社会企业发展提供支持。例如英国的社会企业联盟，主要致力于向政府提出社会企业政策建议以及宣传社会企业增加其公众认知度；美国的社会企业协作会则主要为社会企业提供智力支持服务；日本的社会企业研究会为社会企业提供人才培训、智力支持以及经营理念培训等内容；韩国的社会企业振兴会在为韩国社会企业提供认证、会计、人力等服务的同时还具有孵化社会企业的功能。因此，对于我国社会企业行业协会来说，首先，提供个性化服务。在履行好行业协会基本的监督、支持工作后，按照行业类型和发展阶段对社会企业进行细分，并为其提供更切合自身发展的资金规划、运营模式及能力培训，更好地帮助不同社会企业成长。以宏达手工业合作社为例，其主要依靠价格优势吸引客源，缺少宣传，在后期的发展过程中可以借助行业协会的力量来为其宣传，达到增加企业知名度、吸引客源的目的。其次，联合高校建立社会企业研究平台。我国对于社会企业的研究多是基于国外的经验，但是不同的国家具有不同的国情与发展背景，其经验也不能一概而论，为此行业协会联合高校建立基于本国发展情况的社会企业研究平台，将会为本土社会企业的发展提供更加专业可行的建议，以推动行业进步。可以说行业协会的完善程度与提供服务的水平与社会企业的发展息息相关。为此，我国社会企业行业协会要尽快提升自己的服务水平，早日为社会企业的发展保驾护航。

参考文献

[1] 潘小娟 . 社会企业初探 [J]. 中国行政管理，2011（7）：20-23.

[2] 王涛 . 社会企业参与社会治理创新的现实意义及其发展策略研究 [J]. 中国市场，2018（16）：105-107.

[3] 俞祖成 . 日本社会企业：起源动因、内涵嬗变与行动框架 [J]. 中国行政管理，2017（5）：139-143.

[4] 金仁仙 . 韩国社会企业发展现状、评价及其经验借鉴 [J]. 北京社会科学，2015（5）：122-128.

[5] 郭豪楠 . 社会企业发展的国际比较与经验借鉴——以英、美、韩三国为例 [J]. 新乡学院学报，2019，36（5）：19-22.

[6] 金仁仙 . 中日韩社会企业发展比较研究 [J]. 亚太经济，2016（6）：99-103.

[7] 时立荣，王安岩 . 社会企业与社会治理创新 [J]. 理论探讨，2016（3）：141-144.

[8] 刘佳鑫 . 社会企业的商业模式分析——以 T 公司为例 [J]. 全国流通经济，2019（25）：8-10.

[9] 王名，朱晓红 . 社会企业论纲 [J]. 中国非营利评论，2010，6（2）：1-31.

[10] 赵萌，郭欣楠 . 中国社会企业的界定框架——从二元分析视角到元素组合视角 [J]. 研究与发展管理，2018，30（2）：136-147.

[11] 霍勇刚 . 社会企业研究：概念界定、组织形式与类型划分 [J]. 韶关学院学报，2019，40（7）：47-52.

[12] 李庆 . 社会企业认证的地方实践 [N]. 公益时报，2018-08-21（05）.

[13] 苟天来，唐丽霞，王军强 . 国外社会组织参与扶贫的经验和启示 [J]. 经济社会体制比较，2016（4）：204-211.

[14] 李健，张米安，顾拾金 . 社会企业助力扶贫攻坚：机制设计与模式创新 [J]. 中国行政管理，2017（7）：67-72.

[15] 范明林，程金，李思言 . 社会经济理论视角下的社会企业研究 [J]. 华东理工大学学报（社会科学版），2017，32（2）：9-18.

[16] 王斌，马树海 . 社会企业参与精准扶贫的契机、经验与制度完善——基

于成都N农业开发公司的个案研究[J].社会政策研究，2019（1）：73-81.

[17] 邓佳.花海民宿，扮靓秦岭小镇[N/OL].中国环境报，2019-04-26[2020-07-18]. http：//epaper.cenews.com.cn/html/2019-04/26/content_83080.htm.

[18] 许春蕾.我国社会企业参与养老服务的困境及对策研究[J].现代经济信息，2018（16）：6-7.

[19] 龙霄.社会企业提供公共服务的现状、困境及建议——以北京同心互惠科贸有限公司为例[J].经营与管理，2019（4）：132-135.

[20] 王萌萌.社会企业参与扶贫的现实价值、实践困境与路径优化[J].兵团党校学报，2016（3）：56-59.

[21] 张永山，霍伟东.民间资金参与精准扶贫研究——以四川为例[J].西南金融，2017（2）：29-36.

[22] 朱健刚.社会企业在当代中国的阶段定位与价值取向[J].社会科学辑刊，2018（2）：69-77.

[23] 张宇.我国社会企业的发展现状、问题及对策[J].经营与管理，2019（1）：7-10.

我国公共服务模式创新路径探析

——基于英国社会企业研究

马可馨

摘要：社会需求的不断攀升与政府的垄断服务形成了严峻的矛盾，创新公共服务模式是全面深化改革的重要一环，社会企业对于公共服务效率和质量的提升具有显著的作用。通过理论基础、社会企业概念的阐述、我国公共服务现状和问题的分析，以及英国社会企业参与公共服务经验的借鉴，对我国公共服务模式的创新提出建议。

关键词：公共服务模式；创新路径；英国；社会企业

引言

社会企业、社会经济、非营利企业在20世纪90年代成为非营利部门中的一种新型组织形式，它脱胎于第三部门、非营利组织，但又呈现出不同于以往传统第三部门的活力和创新性。一方面，它利用私营企业的商业手段参与市场竞争、通过向社会有偿地销售产品或者提供服务的方式来产生盈利、为组织的独立运转提供源源不断的资金流，克服传统NPO组织“志愿失灵”不可避免的弊端；另一方面，它的目的是在有限资源限制内，充分有效地汇集市场和社会的各种资源进行社会价值的创造，为社会弱势群体和边缘化群体提供融入社会、发挥自身价值的机会，并且有效解决市场、企业、政府都不愿或未能解决的社会疑难问题。因此，同时兼具经济和社会两重价值目标是社会企业最典型的性质和特征，这也是不同学者达成的普遍共识。社会企业不仅创造了就业岗位和经济价值，还促进了被排斥群体的社会社融，解决了一系列社会问题，因而迅速得到了政府和公众的赞许和认可。英、美、日、韩等国家相继出台了一系列的法律法规、政策制度，为社会企业创造了良好的制度和社会环境，推动社会企业成为公共服务、社会治理多元供给主体的重要组成部分。

2004 年社会企业引入我国后，在学术和实务界迅速掀起了热潮，一些社会组织开始尝试运用商业手段进行社会价值的创造，一些企业家也更加注重企业的社会责任，开展具有公益性质的慈善事业。虽然目前我国还没有明确的法律法规赋予他们社会企业的身份称谓，但是他们已经在社会团体、非营利组织或者慈善组织的身份下进行着与社会企业具有相同特点的活动和实践，推动着社会企业这种新型的组织力量在我国的进一步发展，这将对我国的社会转型产生巨大的效益。目前公共服务供给不足、结构性失衡等都是我国社会转型时期面临的重要问题，现行的以政府为主导的“一刀切”式的公共服务模式在贫困、教育、医疗、卫生等方面都不能满足公众日益多元化、差异化的需求。公共服务越来越需要多元供给主体的协同参与，社会企业既能运用商业运营的手段获取独立的资金来源，维持企业的持续运转，又能灵活利用人力、物力、财力资源高效率高质量地为社会提供公共产品和公共服务。因此，社会企业具有传统部门都不具有的优势，社会企业的参与将对我国公共服务模式的转变带来创新性的改变。

社会企业在实践层面对政府职能的转变、公共服务模式的创新探索、复杂社会问题的解决以及公民社会责任感和社会企业家精神的培育等方面发挥着巨大的作用，同时也推动了社会企业研究相关理论认识的发展进步。首先，社会企业产生于英美国家的非营利组织，长期的高福利和经济滞胀为政府带来了不可负担的财政压力，政府由此缩减了对非营利组织的资金支持，非营利组织的运转受到了严重的经济限制，参与社会治理的效能受到了极大的制约。因此，为扩展资金来源，非营利组织开始运用私营企业的商业运营手段，实现组织形式的新的转型。非营利组织最初的定义是不以追求经济利益为目标的组织形态，并且绝对禁止企业盈余资金在利益相关者之间进行分配，这就将一些互助组织和合作组织都排除在外了。而这些组织形式属于社会企业，社会企业倡导运用商业手段追求一定的经济利润，也允许除去企业运营基础和社会项目的必须资金外，少部分利润在企业出资人、理事会、成员间进行分红，因此社会企业进一步拓展了非营利组织的定义和范围，也为非营利组织的研究开拓了新的区域和视角。其次，社会企业的产生和发展也是公民社会进一步发展的表现。随着社会的进步，公民对社会治理有了更多自主的看法和认知，而且随着公民的社会需求逐步多元差异化，以及我国目前公共服务供给不足、结构性不足的问题日益尖锐，公民希望更多地参与到公共服务和社会治理的过程中来，积极地通过参与市场竞争来突破单纯依靠政府财政、社会捐款的资金瓶颈，实现市民组织的经济独立和对社会治理的充分参与。

一、研究框架和方法

1. 研究框架

因为本文是基于外国社会企业的研究对我国公共服务模式创新路径进行探析，所以从社会企业相关理论展开，为后面的研究提供科学的理论依据，然后总结概括出社会企业的概念。之后，对我国目前公共服务模式暴露出的问题以及社会企业在我国的初步发展进行分析。并通过梳理英国社会企业的生产发展过程，总结英国社会企业参与公共服务的经验，提出我国公共服务模式的创新路径的探索性对策。

本文主要从社会的相关概念及特征、我国公共服务的现状及问题、英国社会企业参与公共服务的经验、我国公共服务模式的创新路径探析四个部分进行阐述。

2. 研究方法

我国正处在全面深化改革的深水区，加快公共服务供给侧改革、创新公共服务模式、构建起多元供给主体的服务体系成为现阶段我国亟待解决的问题，这既需要理论层面的指导也需要实践经验的借鉴。社会企业在 20 世纪 80 年代的英国已趋于成熟，在公共服务和社会治理等方面日益发挥出其独特的优势和作用。因此，对于我国社会企业刚刚起步的现状，需要对国外社会企业的相关理论和实践进行充分的研究学习，借鉴英国等国家社会企业的先进经验，并结合我国的实际，探索出具有中国特色的公共服务创新模式。本文主要采取以下研究方法：

第一，文献梳理。目前国内对于社会企业的认识还比较欠缺，本文主要通过国内外社会企业的相关文献对相关的理论、社会企业的不同定义进行梳理，希望对社会企业的相关概念有一个深刻全面的认知。

第二，比较分析。在对社会企业的相关概念和英国社会企业实践经验进行分析的基础之上，分析我国现行公共服务模式的现状和问题，结合英国社会企业提供公共服务的经验，探索利用社会企业来创新我国的公共服务模式。

二、理论基础

1. 志愿失灵理论

20 世纪后期，伴随着西方国家普遍出现的福利国家制度的弊端和经济严重的滞胀，政府调控失灵等问题充分暴露出来。政府提供公共服务的质量和效率低下，不能满足日益多元化的社会需求，政府和市场作为资源调节和分配的两大主体，在公共服务中都表现出不可避免的弊端，因此人们开始将视线转向政府和市场之外的第三部门。非营利组织、民间组织、志愿力量等如雨后春笋般在各个国家兴起，成为席卷全球的一种潮流。然而，第三部门经过几十年的发展，也逐渐在参与社会治理的实践中暴露出它自身固有的缺点。莱斯特 · M. 萨拉蒙，美国研究非营利组织的著名学者，用科学研究的方法对世界各国非营利组织的规模、结构、运转方式、资金来源以及功能效益等方面开展了长期的研究，发表了一系列关于非营利组织的有影响力的著作，其中最具影响力的就是志愿失灵理论，即与政府和市场都存在失灵规律一样，非营利组织也存在失灵现象。

萨拉蒙志愿失灵理论的主要思想包括：一是资源缺乏，公共服务供给不足。非营利部门的资源主要来自政府财政和社会捐赠的单向补充，自身没有产生资源的循环机制，行动能力经常受到政府和其他主体的限制，提供公共服务的质量和持续性较低。二是公共服务存在特殊主义。以社会为基础，关注特殊人群的需求是非营利组织的重要主张，但由于非营利组织自身没有

"造血机制"，自身受到资源的严重限制。因此组织在确定慈善项目服务的内容、群体、方式等方面时，存在被资源支持者控制的风险，少数特殊亚群体的需求不能得到有效的照顾，不仅存在服务覆盖面上的缺口，还存在资源的重复覆盖和浪费。三是服务机制存在家长式作风。非营利组织在解决社区问题时不可避免地会将权利授予控制某种资源的人。公民的需求日益多元差异化，越来越需要专业的知识和技术，远远超出志愿者的能力范围，必须将有限的资源投入到部分需求满足中去，社区中的有钱人控制着慈善资源也就自然地控制着服务项目的走向，有钱者成为公共服务的真正受益者，其他不掌握资源人的需求则被忽略。四是服务性质具有业余性。非营利组织通过志愿者来提供无偿服务，志愿者并不是专门服务人员，他们是业余的"好心人士"，工作内容侧重精神层面的慰藉和劝导，不能为急需医疗照护等需求提供实质性的帮助。

2. 新公共服务理论

20 世纪 80 年代，新公共管理理论在英国、美国、新西兰等国家迅速兴起并进行了一系列的实践，主张将市场机制、竞争机制以及"顾客"导向等私营企业的经营原则运用到政府行政部门中，来提高政府部门的公共服务质量和效率。但随着实践的进一步开展，新公共管理理论逐渐暴露出许多弊端，因此一大批学者对新公共管理理论进行了批判，其中新公共服务理论就是以美国的罗伯特·B. 登哈特为代表的学者在对新公共管理理论进行批判和反思的基础上提出来的新的理论范式。新公共服务理论认为新公共管理理论过分强调效率与竞争的原则，忽略了公民与社会、与政府之间的关系以及丢掉民主社会基础的公平原则，因此新公共服务核心的思想就是公民、公民权利、市民社会与民主责任。

虽然关于新公共管理的定义国内外尚没有统一的界定，但从新公共服务提倡者们的文章著作中可以总结出这一思想理论区别于其他理论范式的标志性原则，以登哈特夫妇为代表的新公共服务理论倡导者，基于公民权利和责任理论、社区和市民社会范式、组织人道主义以及话语理论等理论基础，提出了：一是政府的职能不是掌舵而是服务。他们认为新公共管理思想下的政府部门越来越像是一个私有化的企业家，而政府要做的是满足公民共享的需求和利益，打破政府作决策时的垄断，倡导非营利组织、市民社会以及私营企业的联合参与决策来实现社会的共同治理。二是公共服务不应该由政府直接生产和垄断提供。政府官员要树立起利益共享和责任共担的意识，通过竞争招标、合同外包等方式将非营利组织、市民组织以及私营企业等引入公共服务的供给主体中，充分满足不同公民群体差异多元化的需求。三是公共服务的对象不是顾客而是公民。私营企业以顾客的需求为导向，优先满足最具市场价值的部分顾客的需求，而政府服务的对象是全体公民，政府提供的公共服务需要照顾到公民社会中各个方面、不同层次的需求，任何群体的需求没有优先的特权，政府要以公平、正义的原则，通过公民对话的机制回应公民不同人小的呼声。

二、社会企业的概念及其特征

社会企业兴起于20世纪七八十年代的欧洲，作为一个新出现的组织形态迅速引起了理论学者、实务企业、政府部门以及国际组织的关注和重视。英国是最早出现社会企业的国家，美国发展了一条不同于英国社会企业的路线，经过几十年的发展和研究，社会企业在欧美国家逐渐发展成熟。而我国社会企业的起步较晚，关于社会企业的相关研究还未成体系，因此我们需要对外国社会企业的研究成果和发展进程进行进一步的研究，在经验借鉴的基础上将我国社会企业的研究与发展推向深处。

关于社会企业的定义，目前世界范围内尚未达成一个统一的标准认知，各个国家的学者和权威机构都试图对“社会企业”作出界定。但由于社会企业在各个国家产生的背景、生存的制度环境以及面临的社会环境均存在较大差异，社会企业在组织特征以及具体实践活动等方面也存在诸多的不同，因此对于社会企业的界定很难达成统一认识。欧洲和美国对社会企业定义的侧重点不同，以下将从欧洲、美国以及我国三个方向进行阐述。

欧洲对于社会企业概念界定具有代表性的主要是在OECD、英国政府等权威机构的文件报告以及专家学者们著作文章中，其中1999年经济合作发展组织最早对社会企业作出了定义，认为社会企业是在企业战略的引导下，以经济和社会双重价值为基础，不以营利最大化为目标，创新性地通过产品销售和服务供给等手段来解决社会排斥和失业问题的组织。英国政府主要从利润分配的角度定义社会企业，认为社会企业是一种以社会价值为主要目的，盈利用于企业运转和社会项目再投资，而不是在投资者或股东之间进行利润分配实现所有者利益最大化的商业组织。虽然欧洲范围内对于社会企业的定义各具差异，但是他们对社会企业的看法具有相同的特点：第一，社会企业侧重点在于社会效益，将其定义为介于非营利组织和私人企业之间的一种新型的经济社会混合型组织；第二，企业的主要目标是社会效益，根据企业具体业务内容的不同会设置明确的社会目标，比如解决环境问题、增加就业机会、提供创业咨询和服务、促进社区发展等；第三，采取私人企业的运营手段，通过销售产品或提供服务的方式参与市场竞争，依靠商业运营来为企业提供主要资金来源；第四，社会企业是一种自治型组织，企业的所有权归利益相关者所有，由利益相关者公共参与治理，企业决策采取“一人一票”的原则，为企业给社区、社会带来的社会、经济影响承担责任。

美国对社会企业的定义更加广泛，将利用商业手段经营的非营利组织、具有经济利润和社会目标双重价值的中间组织，以及进行公益事业的私人企业都归为社会企业的范畴。美国杜克大学Fuqua商学院的教授，格里高利·狄兹提出的“社会企业光谱”就是典型的代表，光谱的最左端是纯慈善的非营利组织、中间是混合着社会及经济双重动机的组织、最右端是市场驱动的私人企业。对社会企业的定义提出了动态观测的视角，从左至右或从右至左的动态驱动可以组合成多种特征的社会企业。总体来说，美国对于社会企业的定义更侧重于非营利组织本身的商业化转变，不同于欧洲的社会组织是从非营利组织中产生的新的组织形式，关注的是非营利组织本身从纯慈善到商业运营转型，实现自身经济困难、功能效益低的问题解决。

社会企业进入我国后也引起了学界和实干界的广泛关注，尤其在我国香港和台湾地区，香港地区对社会企业的研究多从企业出发，探索怎样通过一场“生意”来达到社会目的，台湾地区对于社会企业的研究多从非营利组织和第三部门出发，探讨社会组织如何利用商业化手段来创造社会价值、提供公共服务，与欧洲社会企业的概念大致相同。目前，国内还没有相关的法律对社会企业进行明确的规定和定义，关于社会企业的研究大多是对欧美、日韩国家关于社会企业的文章著作的翻译或研究，也出现了一些进行类似社会企业活动的社会组织和企业，但仍处于探索起步阶段。

综上所述，各种社会企业的概念基本上都是从组织的目标、运营模式、结构形态以及利润分配的角度进行界定：运用商业手段，追求社会目标，而不是追求股东的利益最大化，实行资产锁定原则的社会组织形式。

四、我国社会企业参与公共服务的现状

民生问题是政府执政之基，公共服务关乎民生安定的重点，承担起社会服务的职能是题中之意。从计划经济时期我国政府就承担着经济发展、社会服务等各方面的职能，集中全国上下各项资源优势进行社会主义社会和现代化社会的建设，在短时间内取得了显著的成就。但随着社会经济的发展，人们日益增长的对公共服务的需求与政府低效率低质量的供给之间形成了尖锐的矛盾，转变政府的职能，深化政府体制改革成为政府亟待解决的问题。十八届三中全会提出全面深化改革以来，政府在公共服务供给侧的改革也取得了一系列的成果，政府逐渐将部门职能转移给市场、非营利组织以及民间组织等，把竞争的机制引入公共服务中来，实现公共服务供给主体的多元参与，在法律法规层面也逐渐建立起全面的监管规则体系。但目前我国公共服务的建设仍较为落后，公共服务的供给侧改革任重而道远。当前我国公共服务主要存在以下几个问题：

1. 公共服务供给失衡

我国各地区之间的经济发展水平长期处于不均衡的状态，不同地区的财政能力有着明显的差异，在经济体制改革以后，由政府主导的公共服务在地区之间呈现出更为明显的失衡状况。东部地区的经济发展水平远远高于中西部地区，地方财税的来源更加充足，地方政府有充分的财力投入到地方公共服务的建设中去，而青海、西藏、新疆等西部地区虽然经济欠发达，但一直是中央政府资源倾斜的对象，在医疗、教育、社保等方面占有一定的资源优势，反而中部地区的人口大省公共服务资源的人均享有量普遍偏低。尤其是

教育、医疗和社保方面的公共服务，地区之间呈现出较大的差异，北京、上海等经济发达城市的教育资源、卫生技术资源几乎是中西部地区的 3 ～ 4 倍。

在中国城乡二元体制的结构下，城市和农村一直在不同的公共服务供给体制下享受着不同的公共服务待遇，虽然近年来国家在大力地促进城乡一体化建设，努力促进城市农村公共服务的均衡化，但并没有改变农村教育、医疗卫生、社会保障资源短缺的状态。农村办学条件差、教资缺乏、教育经费紧缺，导致教育水平远低于城市；农村饮水问题、医疗卫生资源不足等严重影响着农村居民的生命健康；农村医疗、养老、失业、生育等社会保障的建设仍处于起步阶段，农村的生活风险不能得到政府的有效保障。因此，在中国各地区间经济发展存在固有差异、城乡二元体制的框架下，政府在加强深化改革的过程中要注重发挥社会的力量，借鉴社会企业、社区服务的方式，充分调动社会的力量，使社会企业与政府合力提升公共服务的水平，满足区域内的社会需要。

2. 政府职能转移不足

在全面深化供给侧改革的过程中，我国公共服务体制中逐步引进了市场竞争的机制，通过服务外包、公开竞争招标等方式，将部分经营性的公共服务转交给营利企业去提供，将部分公益性的社会服务转移给非营利性的社会组织去提供，逐步将手中不应管、管不好的事权放开，让市场、社会多元主体来共同参与公共产品的生产和提供。但是在目前中国的公共服务体制中，市场和社会力量的贡献仍是有限的，政府在经营性和社会性的公共服务领域仍占据着主导地位，地方政府依旧普遍地控制着多数公共产品和服务的生产和提供过程，所提供的公共服务只能满足普遍存在的基础需要，其他多样化更高层次的需求则是无暇顾及。而且政府为实现社会目标往往在过程中不计成本，政府机构不断膨胀，财政负担不堪重负，用于公共服务的资金被拦截或者被削减，公共服务的供给严重不足，服务的质量和效率也往往不尽如人意。

此外，我国的服务监管体系不健全，在整个公共服务的过程中，我国的政府同时是政策制定者、服务提供者、监督管理者，监督方和被监督方都是政府自己，服务的效果也没有具体的指标体系进行绩效评估，垄断代替了竞争，为暗箱操作等行为留下了可乘之机，导致政府公共服务效率低下、效果不佳。在政府、市场、公民的三者关系中，公民作为服务的接受方对服务提供方的政府或者市场具有服务问责的权力，但在我国公共服务的实际操作中，从政策制定到服务过程，再到监督评价都是由政府一手来“操办”的，服务信息缺乏公开透明性，公民的监督权力无力行使，公共的生活需求无法得到有效满足和保障。

3. 社会承接不足问题

社会组织以及社会企业（由于中国国内尚没有社会企业的专门法律界定，所以接下来笔者将其纳入社会组织中一同阐述）在我国起步较晚，大多数规模较小，还处于探索发展的阶段，在社会活动的参与程度也还较浅，对于政府转移出来的部分职能，社会组织在承接的过程中还存在大量的问题。这包括社会组织自身能力和社会法律制度两个方面的问题，共同导致目前社会组织在我国社会服务中的参与程度和参与效果都不理想，未能充分发挥作用。

一方面，中国国内缺乏专门的法律制度。在全面深化政府行政管理体制的进程中，中央和地方政府先后出台了一些政策公文，鼓励有能力的包括社会企业在内的社会组织参与公共产品和服务的生产与提供，承接部分以往由政府垄断提供的业务。尤其在就业、社区养老、医疗、教育等方面，社会组织发挥出了独特的优势，能既高效又能优质地满足区域内的多种服务需求。广东、北京、上海等经济发达省市的社会组织发展较为快速，政府也出台了相关的规范性文件规定社会组织承接政府职能的合法性，但这种文件不具有法律规定在社会中的合法性和公信力。我国尚没有专门的法律条文来对社会组织承接政府职能的合法性、承接的具体程序步骤，以及承接后承担什么样的权力和责任等进行明确的规定，因此社会组织在承接政府职能和提供公共服务的活动时就缺乏充分的法律效力，导致政府公共服务的项目不能顺利地向社会组织转移。

另一方面，社会组织自身的承接能力不足。首先，社会组织在我国的发展还不够成熟，在公共服务中的参与也处于探索阶段，受资金资源的局限，未能给公众提供优质的公共服务，造成企业在社会公众中的公信力不高，加上一些社会组织利用公益慈善活动中饱私囊，导致社会公众不接受、不认可、不信任社会组织。况且中国国内尚未形成成熟的公民社会，公民权利和民主意识未能成为社会共识，公民对社会组织的信任不足，社会组织的公信力低会阻碍社会组织承接公共服务项目的进行。其次，我国社会组织的专业性较低，目前我国社会组织中成员的受教育水平较低，大专及以上学历的人数不超过总人数的1/3，大多数的成员都没有接受过高等教育，专业知识和能力欠缺，影响公共组织提供公共服务的优质性，尤其是在社会需求日益多元化、高层次的情况下，社会组织的专业性受到公众的质疑。再次，从社会组织成员的任职期限来看，大部分人员都是由志愿者和兼职人员组成，没有长期公共服务的经验积累，因此专业性的欠缺会严重降低社会公众对社会组织提供公共服务的认可度。最后，目前我国大部分的社会组织没有持续充足的资金来源，自身缺少健全的“造血”功能，资金来源主要为政府财政的购买、会员缴纳的会费、社会慈善募捐以及少量社会企业具有的营利活动，没有稳定充足的资金基础就难以维持组织自身的正常运转，公共服务的质量自然不能得到有效的保证，这也是社会组织难以承接政府职能转移的重要阻碍因素之一。

五、英国社会企业参与公共服务的经验

社会企业最早兴起于20世纪80年代的英国，英国目前已经有超过100万家社会企业，对英国经济贡献了将近200亿英镑，占到整个国民经济总额的5%，已经接近了农业生产在GDP的占比。英国是目前社会企业发展得最好的国家，社会企业广泛而有效地参与到除国防以外的社会公共服务的各个领域，在促进社会经济增长、提供优质高效的公共服务以及解决社会问题等方面都作出了显著的贡献。英国的社会企业与政府形成的合作伙伴关系以及政府在促进社会企业等社会组织参与公共服务的经验对创新我国公共服务模式具有重要的借鉴意义。

在凯恩斯主义倡导的政府干预的思潮下，英国等欧洲国家先后进入了高福利的国家制度时期，政府对社会经济管控的职能和作用得到充分的许可和发挥，政府担负着社会所需的医疗卫生、教育培训、交通运输、养老护理、济贫救苦等各个方面的公共服务，社会组织参与社会活动也严重依赖政府财

政的资金支持。进入20世纪70年代，英国陷入严重的经济滞胀困境，财政亏空、失业率高增不降、社会问题日益增多，社会组织的资金来源被阻断，公共服务的质量和效率也无法得到保障，“大政府”的公共服务模式已经难以维系。在新公共管理理论和新自由主义思想的影响下，以撒切尔为首相的保守派上台执政，主张将市场竞争的机制引入政府行政系统，对政府进行企业化改革，政府从众多的公共服务项目中退出来，交由市场和社会去提供，社会企业等社会组织获得了较大的发展机会。但过于强调市场化、私有化，使排斥主义、种族主义等势力抬头，威胁着社会的稳定。90年代，卡梅伦带领英国工党上台执政，对政府与社会的关系提出了不同于以往的“第三条道路”，主张“大社会”，既强调政府在社会宏观管理的积极作用，也注重社会的自我服务，构建政府与社会的共存共强的关系。因此，英国政府从法律制度、税收财政、金融支持、合作关系等方面大力加强社会企业等社会组织在公共服务中的参与，为社会企业等社会组织创造了优越的发展条件和空间，加上英国慈善事业有着悠久的历史，社会组织自身的服务能力强大，共同合作，形成了全面协调的多元主体供给的公共服务模式。

1. 健全的法律制度和监督管理体系

英国在对社会企业等社会组织的立法方面有别于欧洲大陆的其他国家，英国采取的立法方式是在现有的法律体系内，对有关社会企业的法律进行添加或者修改，这样能在现有法律条款的基础上根据社会企业的发展需要及时地在各个方面进行立法，增强了法律支持的时效性。而且由于英国社会企业的类型多样，涉及的业务、内容、性质等都呈现出不同程度的差异，因此也很难用一门单独的法律将其全部囊括。由此，为了促进社会企业的发展以及为了对社会企业进行有效的监督管理，英国在社会企业的性质界定、运营方式、资产分配等方面进行了大规模的法律确定，形成了较为成熟的法律体系。

英国社会企业可以注册为有限公司、合作社、慈善组织、有限慈善组织以及社区利益公司等诸多形式，其中社区利益公司被公认为完全体现社会企业的法定形式。2004年英国修改了《公司法》，将社区利益公司认定为合法的组织类型，赋予了社区利益公司参与社会活动的合法地位。2005年7月布莱尔政府颁布了《社区利益公司规定》，对社会企业的性质和认定标准进行了明确，必须符合社会公益的目标和利润不在股东间分配的原则的标准，才能被认定为合法的社会企业。2006年修改《慈善法案》，明确社会企业的活动以及政府与社会间的关系，规定只有符合社会公益要求的社会企业等组织才能享受政府的财政倾斜和税收减免等优惠政策。2012年又出台了《社会价值法案》，规定政府部门在进行公共服务时要以服务的对象、内容、特点以及可能产生的效益为中心，公共服务项目优先向社会企业等社会组织购买来提供。另外，社会企业的注册也有明确的法律规定，只有以追求社会目标为主要目的的组织才能得到有效注册，保证社会企业正效地发挥作用。

2. 全面的财政金融政策

社会企业致力于采用商业的模式来维持自身的持续运转，但是社会企业在创立和成长阶段需要的大量资金，刚形成的业务的盈利能力很难满足企业大量的资金需要，政府的财政、社会基金的投资以及金融支持是英国社会最主要的资金来源。

在财政支援方面，布莱尔上台后通过购买服务、项目投资等多种形式对社会企业等社会组织进行了大量的财政资助，从20多亿英镑逐年提升至将近30亿英镑，为英国大量的社会企业的快速成长提供了有力的资金支持。此外，也出台了多项针对社会企业等社会组织的税收减少或免除的政策，最大可享受高达30%的减税待遇，同时设立专门的基金帮助社会企业申请政府提供的税收减免条目，大力地减轻社会企业的税务压力和资金负担。2002年“未来建设者基金会”由英国政府成立，资金总额达到1.25亿英镑，专门为社会企业提供资金支持，促进社会企业充分地发挥社会价值。卡梅伦上台后主张“大社会、小政府”，在2010年推出“大社会”的项目，让社会和公众更多地参与到公共服务的项目中来，其中“大社会银行”项目就是通过银行冻结账户的资金为社会企业贷款的中介市场机构，通过普通公众和社会企业的共同参与来为自己提供更优质的公共服务。在社会投资上，2014年4月英国政府颁布了“社会投资税收减免政策”，为投资于社会企业的投资者提供30%的税收减免优惠，有利于刺激广大投资者将目光转移到社会价值的投入上，这对中小型社会企业的融资产生了极大的益处，利用社会投资的手段为社会企业提供更有利的融资环境。

3. 共存共强的合作伙伴关系

关于政府与社会关系的思考，相关的理论成果在欧洲比较丰富，在公共治理理论和公共服务理论的影响下，英国政府一直致力于社会服务和治理的多主体参与，与社会组织、慈善组织等建立合作伙伴关系。在 20 世纪 90 年代，英国制定了《政府与志愿者及社区组织关系协定》，该项协定就明确了政府与社会组织作为公共服务提供的多元主体的地位，赋予了各种社会组织参与公共服务的合法性。在伙伴关系确立的基础上，英国政府从战略战术上制订长短期计划，去配合和支持社会企业等社会组织在公共服务中的参与。2002 年英国政府出台了第一个有关社会企业的战略计划，提出了社会企业发展的总体目标和支持政策，该项战略极大地提升了社会企业在社会中的知晓度和认可度，为社会企业的发展创造了良好的制度和社会环境。2006 年英国政府对战略进行了进一步的细化，制定了《社会企业行动计划：向新的高度进军》，其中提出了加强社会与政府的伙伴关系，在社区的交通运输和医疗护理等方面向社会企业购买服务，为社会企业提供政策和项目上的帮助和倾斜，全面地推动公共服务的多元主体参与。此外，英国政府还制定了针对社会企业参与公共服务的具体的程序步骤、投标文本格式、责任要求等标准化的规则，为方便社会企业参与公共服务的竞标提供了极大的便利。

4. 高效优质的公共服务能力

英国的慈善事业起步较早，社会组织活动的范围从单纯的慈善事业逐渐扩展到公共服务领域，提供公共服务的能力也在参与的过程中不断累积提升，因此英国的社会企业自身具备强大的服务能力，相对于政府直接提供的产品和服务，社会企业提供公共服务具有灵活、高效、优质的显著优势。目前，英国的社会企业等社会组织已经成为就业、养老、医疗、教育、交通等几乎所有的公共服务的重要供给主体，每年有 2000 多万的志愿者从事公共服务项目的志愿活动，社会企业自身强大的服务能力也为社会企业的发展提供了客观基础，由此英国社会公众对社会企业以及社会企业提供的服务和产品具有高度的理解和认可度，形成一个良性持续的动力循环，相互推动促进。

同时，英国政府也十分注重社会企业能力的培育和提升，尤其强调社会企业通过商业模式的运营来增强企业自身竞争力的能力，政府相关部门定期集结私营企业、慈善组织、合作社、社区利益公司等开展技能培训会议和专家讨论会，为社会企业提供商业运营、新闻媒体运营的专业培训，提升社会企业自身的企业运转能力和社会服务的能力。同时通过多元思想的交流碰撞，能够激发出市场、社会的创新活力，促进社会企业等社会组织以更加创新、优质、高效的方式向社会公众提供公共服务，不断提升自身公共服务素养和技能的专业性。

六、我国公共社会企业参与公共服务创新路径的探析

我国正处于社会主义现代化建设加速发展的时期，社会需要日益呈现出多元化的特征，不同地区、不同群体、不同层次的需求的满足情况呈现出不同程度的差异，尚未被满足的需求在时间的累积中慢慢发酵成为社会矛盾，这将威胁社会的和谐稳定。因此探索新的公共服务模式，最大程度、最优质量地提供公共服务，满足社会差异化的需求是我们亟待解决的问题。根据英国公共服务取得经验，我们也可以充分发挥社会企业的作用，从政府、社会企业以社会的层面去推动社会企业成为公共服务的主要供给主体之一。（见图 1）

1. 政府全面推动伙伴关系建立

我国公共服务一直处于政府垄断提供的状态，但现实是社会需求无法满足，地区、城乡的公共服务水平差异大，社会力量的参与是解决公共服务需求和供给问题的关键力量，社会企业作为社会和经济双重价值的新型组织形式，在公共服务领域呈现独特的优势，但目前国内尚没有形成有利于社会企业发展的法律制度环境，社会企业处于自由自主地参与公共服务的阶段。因此，为有效发挥出社会企业的巨大潜力，政府的全面推动作用是关键因素。

首先，建立健全关于社会企业的法律制度，在现有法律的基础之上，对有关的法律条文进行适当的修改，赋予社会企业明确的法律地位和法律属性，社会企业发展相对成熟的地区可以探索性地制定地方性法律法规，让社会企业以合法的身份参与公共服务，按照规范的程序提供公共产品和服务，保证社会企业的社会价值取向和有效地参与市场经济价值的竞争，为社会企业创

造规范的法律制度环境。其次，政府要加强对社会企业的宣传，政府可以利用大众媒体、互联网媒体等宣传优秀的社会企业案例，向社会传递社会企业的经营模式和价值取向，提高社会企业在社会公众中的认知度和认可度，扩大社会企业的社会影响力，为社会企业参与公共服务提供良好的社会环境。最后，政府要努力构建公共服务的合作伙伴关系，通过服务购买、项目外包、资金投资等方式为社会企业的发展提供各种机会，推动社会企业与政府合作服务的形成。

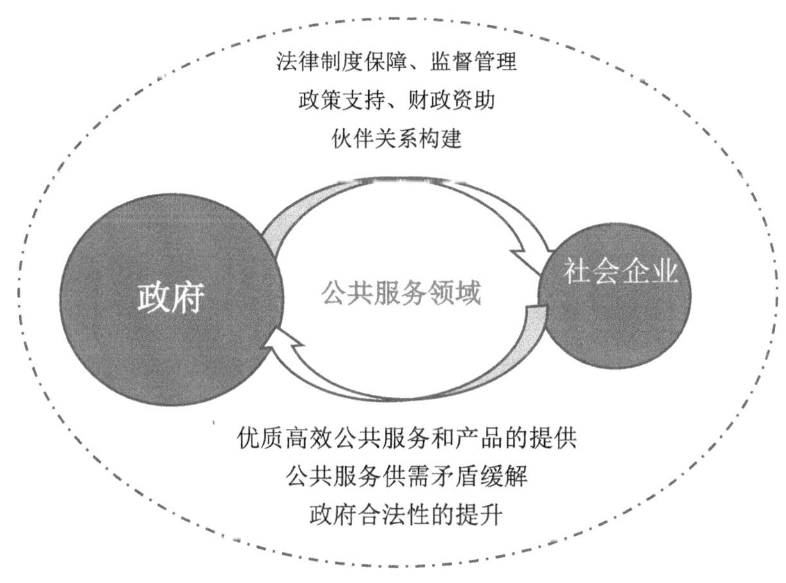

图1　政府与社会企业合作机制图

2. 社会企业能力建设保证合作伙伴的形成

社会企业具有社会和经济的双重价值标准，追求社会目标是其主要的价值取向，采用商业的运营手段是为了获取充足的资金来维护企业的持续运行，持续地产生社会价值。这种双重价值底线在实践的过程中本身就存在一定的偏倚风险。而且由于我国社会企业的起步较晚，尚处于初级发展阶段，参与社会事务的时间较短，经验不足，公共服务的能力还存在较大的欠缺，社会公众对社会企业的信任度不高，这将阻碍社会企业在公共服务中充分发挥作用。因此，加强社会企业能力建设，是真正实现与政府合作伙伴关系的客观前提。

首先，大力建设社会企业专业化团队。目前我国社会企业的专业人员欠缺，尤其是欠缺高素质的专业管理和技术人员，导致社会企业提供服务的专业性无法得到有力的保障，应通过价值文化、奖励政策、职业规划等方式吸引专业的人才进入社会企业，提升整个服务团队的专业性。其次，加强企业内部的管理与建设。管理的无序、家长式作风、阻塞的提升通道都会大大挫伤企业成员的工作积极性，这对企业的服务产出造成极大的负面影响，因此，要加强组织内部的管理建设，构建起规范的决策程序、完备的现代化组织框架、可量化的评估考核体系，提升社会企业整体竞争力和公信力。

3. 提高公众的认知程度构建社会基础

与英、美、日、韩等国相比，我国公众对社会企业的认知程度较低，具体表现为公众普遍不了解社会企业的概念，容易将社会企业和非营利组织混淆，且对社会企业的运作模式存在质疑。诚然，公众认知水平的提高并非一日之功，需要政府和社会力量的宣传与推广。在这一方面我国可以借鉴日本和韩国的经验，由政府牵头成立相关职能部门，负责为社会企业提供制度、资金等方面的帮助，处理社会企业在日常运营中遇到的问题。目前国内的学术研究大多从国外社会企业的发展状况入手，力图通过学习国外相关理论、借鉴其发展经验来指导我国社会企业的发展。国外社会企业的成功案例的确能为我国社会企业的发展提供参考，但若一味模仿，则无异于“邯郸学步”。因此，我们不应生搬硬套西方社会企业发展的模式，而是要结合实际，因地制宜地发展具有本土特色的社会企业。因此，政府应促成社会企业研究平台的建立，立足于本国国情开展研究，形成完善的、具有中国特色的社会企业理论研究体系，这也能为社会企业立法提供理论依据和支撑。同时，社会企业研究平台担负重要任务：一方面将研究理论与研究成果应用于实际，为社会企业家和社会创业者答疑解惑，指导社会企业的发展；另一方面及时向社会公众宣传最新的研究成果，促进公众对社会企业的了解，以期提高公众的认知水平，为社会企业的发展构建坚实的社会基础。

七、结论

社会企业以商业手段追求社会目标，在解决公共服务供需矛盾、地区和城乡公共服务差异大，以及社会问题方面发挥着独特而有力的作用，这为我国公共服务供给侧的改革提供了一个新的思路，以社会企业创新公共服务方式、提升公共服务效率、提高公共服务质量对我国公共服务模式创新、民生改善、现代化建设具有重要的启发意义。当前，我国社会企业的理论和实践都处于摸索阶段，还需要借鉴社会企业发展成熟国家的经验，促进社会企业在我国公共服务领域发挥出更大的作用。

参考文献

[1] 金世斌．英国社会企业的发展历程、规制体系与启示 [J]. 中国发展观察，2020（Z4）：121-125.

[2] 韩惊盈．登哈特新公共服务理论对我国建设服务型政府的启示 [J]. 现代商贸工业，2019，40（25）：144-145.

[3] 欧晓理．我国基本公共服务体系建设的现状、问题和思考 [J]. 社会治理，2019（7）：12-15.

[4] 郭豪楠．社会企业发展的国际比较与经验借鉴——以英、美、韩三国为例 [J]. 新乡学院学报，2019，36（5）：19-22.

[5] 龙霄．社会企业提供公共服务的现状、困境及建议——以北京同心互惠科贸有限公司为例 [J]. 经营与管理，2019（4）：132-135.

[6] 王磊，朱亚涛．新公共服务理论内涵与启示 [J]. 清江论坛，2019（1）：48-53.

[7] 张骎．社会企业与公共服务创新 [J]. 辽宁行政学院学报，2019（1）：55-59.

[8] 于晓静．以社会企业创新推动公共服务供给 [J]. 前线，2018（9）：90-92.

[9] 王奥．新时期我国公共服务现状反思与对策分析 [J]. 才智，2018（24）：230.

[10] 涂智苹 . 英美日韩社会企业发展比较研究及其启示 [J]. 改革与战略，2018，34（8）：116-122.

[11] 唐果，林聪，阎永哲，等 . 我国公共服务质量改进研究的现状、评价与展望 [J]. 经营与管理，2018（8）：148-151.

[12] 乔尚奎，王淑琳，孙慧峰，等 .“创新优化政府公共服务”之九 大力发展社会企业 促进公共服务多元供给 [J]. 社会治理，2017（2）：150-152.

[13] 杨琇涵 . 迈向服务型政府：从公共服务供给改革出发 [D]. 北京：中共中央党校，2016.

[14] 许倩 . 英国社会企业发展历程、模式与启示 [J]. 中小企业管理与科技（下旬刊），2015（9）：135-136.

[15] 阮海燕 . 从远离到亲和：社会企业与政府的关系研究 [D]. 上海：华东理工大学，2015.

[16] 陈雅丽 . 社会企业的培育与发展：英国经验及其对中国的启示 [J]. 社会工作，2014（3）：43-48，153.

[17] 刘宇 . 我国基本公共服务区域及城乡效率差异研究 [D]. 北京：中国农业大学，2014.

[18] 王振香 . 社会企业在英国的发展及其对中国的启示 [D]. 长春：吉林大学，2014.

[19] 王翠娟 . 公共服务视域下社会组织承接政府职能转移研究 [D]. 重庆：西南政法大学，2014.

[20] 刘淼 . 社会企业与公共服务提供机制创新研究 [J]. 山东行政学院学报，2013（5）：15-18，22.

[21] 穆宇辰 . 社会企业与政府在公共服务中的合作关系研究 [D]. 杭州：浙江大学，2013.

[22] 刘小霞 . 社会企业研究述评 [J]. 华东理工大学学报（社会科学版），2012，27（3）：9-22，56.

[23] 高海虹 . 发展社会企业：改善公共服务能力的有效途径 [J]. 理论探讨，2011（6）：150-153.

[24] 彭秀丽 . 社会企业理论演进及其对我国公共服务均等化的启示 [J]. 吉首大

学学报（社会科学版），2009，30（2）：96-100.

[25] 毕婷 . 萨拉蒙志愿失灵理论之探析 [J]. 中国商界（下半月），2008（10）：122.

[26] 胡德平 . 志愿失灵：组织理论视角的分析与治理 [J]. 理论与现代化，2007（2）：51-55.

[27] 张建东，高建奕 . 西方政府失灵理论综述 [J]. 云南行政学院学报，2006(5)：82-85.

[28] 文炳勋 . 政府失灵理论研究 [J]. 株洲工学院学报，2005（2）：36-38.

[29] 顾丽梅 . 新公共服务理论及其对我国公共服务改革之启示 [J]. 南京社会科学，2005（1）：38-45.

[30] 钟永键，刘伟 . 现代西方政府失灵理论评析 [J]. 理论与改革，2003（6）：31-32.

中国旅游社会企业发展研究

赵　执

摘要：作为一种新兴的社会治理力量，社会企业已经在欧美、日韩等国成功发展并积累了大量实践经验。中国社会企业的探索也由理论探索进入实践探索阶段，旅游业是经济发展中重要的支撑力量，旅游社会企业的发展将成为中国社会企业发展的重要方向。通过对中国社会企业理论和实践发展的分析，探讨了旅游社会企业的地位和作用，分析了中国旅游社会企业面临的发展机遇和挑战，并且提出了促进中国旅游社会企业可持续发展的建议，以期为中国社会企业的发展提供新的思考。

关键词：社会企业；旅游社会企业；可持续性发展

引言

社会企业最初于20世纪90年代出现在西方资本主义国家，主要目的是解决高福利待遇下产生的劳动力供给不足、高失业率等社会问题，利用社会力量来弥补政府或市场在经济调控中的失灵。以英国为首的一些西方国家通过鼓励企业承担社会责任，将大量政府服务外包，催生了社会企业的雏形。经过一段时间的发展，社会企业逐渐成为解决就业、满足公众需求、缩小贫富差距的一种重要社会力量。亚洲国家在21世纪初引入“社会经济”和“社会企业”的概念，中国、日本和韩国引进的时间相近，但发展速度不同。日本和韩国属于亚洲地区的发达国家，在社会经济飞速发展的同时，面临着人口老龄化严重、高失业率、贫富差距过大等问题，在政府和市场两个主体都不能很好地解决这些社会问题的前提下，积极发挥第三部门在社会治理中的作用，借助民间力量大力发展社会企业，并通过制定法律、提供政策支持等方式扶持社会企业。中国在引入“社会企业”的概念后，并没有立刻发展起来，日本、韩国等在社会企业发展上取得一定成果之后，社会企业才逐渐引起了中国学界及社会的广泛关注，逐渐成为管理学、公共服务、社会学、经济学等领域研究的一个重点话题。第三产业中的旅游业一直以来都被认为是经济发展的重要推动力量，但中国国内对社会企业及旅游社会企业的研究都处于起步阶段，需要更进一步的研究。

一、概念界定

（一）社会企业

受经济政策、法律、认证标准等的影响，“社会企业”一词在各个国家的含义并不相同，学术界目前也还未出现普遍认可的定义。英国对社会企业的定义是，社会企业是一种以社会为主要目标的企业，其盈余主要是用于商业或社区的再投资，而不是被股东和所有者最大化利润的需求所驱动。[1]2003年，经济合作与发展组织完善了社会企业的定义：社会企业是介于公私部门间的非营利组织，利用交易活动以达成目标及财政自主，采取商业经营手法，同时具备强烈的社会使命感。[2]社会企业是运用商业策略来最大限度地改善人类和环境福祉的组织，而不是为外部股东最大化利润的组织。社会企业的结构可以是营利性或非营利性的，也可以采取合作、互助组织、社会企业或慈善组织的形式。[3]

尽管社会企业的定义不同，但所有的社会企业都应当具备以下三个特征：社会目标、市场导向和可持续性。社会目标是社会企业区别于其他企业或组织的最重要的特征，也是社会企业认定的首要标准。社会企业通过其产品和服务直接面对社会需求，而不是通过对社会负责的商业行为，如企业慈善事业、公平的工资、环境友好的运作，或通过非营利性组织开展的不相关的商业活动来间接面对社会需求。社会企业将实现社会目标放在比盈利更重要的位置，企业的目标是解决贫困问题，或者一个或多个威胁人类和社会的问题（例如教育、卫生、技术使用以及环境），而非追求最大利润，如日本规定社会企业的投资人或股东不能获取超过 50% 的利润。[4] 市场导向是指社会企业按照商业化的方式运作，参与市场竞争。政府补贴、基金会、慈善机构、社会捐赠等都可以是社会企业的资金来源，但过度依赖政府补贴会使社会企业失去自身的独立性，一旦失去政府支持，社会企业就很可能面临倒闭的风险。社会企业与慈善机构完全不同的运作模式使得社会企业很难像慈善机构那样获得足够的捐赠。因此，在市场中进行营利性的商业活动是社会企业摆脱对政府的依赖和获取支持企业运行足够资金的主要渠道。实现企业财务与经济的可持续性是社会企业能够长期存在的重要保障。在社会企业中，投资者只收回其投入的成本，不存在分红，公司的利润一部分用于回馈社会，一部分用于扩大再生产。社会企业通过投入资本来支持现有的活动（如雇用穷人并发放工资、为有需要的人提供免费的教育和培训），通过获取利润扩大企业规模，以便为更多的人提供服务。社会企业的这种可持续的再生能力能够赋予受益者更多的人格尊严，并长期解决贫困、社会资源分配不均等问题。

（二）旅游社会企业

旅游社会企业可以理解为旅游类的社会企业，但旅游社会企业与公益旅游、文化观光、福利观光又有所不同，当前学界还没有明确的旅游社会企业的定义，我们认为旅游社会企业是一种具有社会目标、市场导向、可持续性的，以提供旅游服务为主的社会企业。与之紧密相关的概念是旅游社会创业，旅游社会创业的关键要素包括社会价值创造、社会创新和可持续性，Sheldon 等人将旅游社会创业定义为一种利用旅游业，从目的地内外调动可持续社会变革所需的思想、能力、资源和社会协议，以创新方法解决目的地的社会、环境和经济问题的过程。[5]

二、旅游社会企业的地位和作用

（一）旅游社会企业案例

1. Guludo 旅馆

Guludo 位于非洲东南沿海莫桑比克，是联合国宣布的世界上最不发达国家和重债穷国之一。Nema 基金会及其联合慈善机构与 Guludo 当地的社区进行合作，投资并运营了 Guludo Beach Lodge，目的是解决当地的贫困和环境问题，改善当地居民的生活。Nema 基金会首先对当地的自然风光、风俗习惯、特色产品等进行了考察，尽可能地挖掘当地的旅游潜力，之后和当地政府、社区居民进行沟通，在充分尊重当地文化的前提下达成了开发协议。Guludo Beach Lodge 的员工以当地居民为主，他们可以享受免费的教育和工作技能培训。尽管从当地采购的价格比其他地区高很多，所有旅馆建设所需的资源也都坚持从当地采购。基金会鼓励当地居民直接向游客售卖产品和服务，并帮助当地社区独立建设并运营旅游公司。[6] Nema 慈善机构接受旅馆相当一部分的盈利，这些资金和慈善机构筹到的社会捐赠一起用来为社区提供就业、建立学校、诊所以及提供清洁的水源等，Guludo Beach Lodge 提高了当地居民的生活质量，是一个较为成功的旅游社会企业案例。

2. 罗马尼亚社会企业

罗马尼亚在近 10 年出现了大量的社会企业，与旅游和地方发展相关的社会企业数量持续增长。罗马尼亚正在制定社会经济的相关法律，建立社会企业的发展规范，这部法律将“社会嵌入企业”作为一种社会企业的类别，要求企业每年至少 50% 的利润用于再投资，社会嵌入型企业工作的员工中，至少有 30% 属于社会弱势群体。这些社会企业通过多种途径对旅游业产生影响。一方面，通过开设酒店接待员、旅行代理商、导游、宾馆经理等职业的培训课程，促进就业和发展本地人力资源。另一方面，积极参与引入生态旅游目的地的认证体系，管理自然保护区，开发生态旅游路线和循环旅游，保护项目中的自然和文化遗产等。[7] 罗马尼亚社会企业的参与无疑成为罗马尼亚旅游业发展的重要驱动因素，在公共政策的支持下不断对旅游社会企业的发展模式进行创新，可以使其在区域内产生独特的竞争力。

（二）旅游社会企业的社会价值、地位及作用

1. 旅游社会企业的社会价值

尽管人们已经认识到企业家精神在社会经济中的关键作用，也不断强调利用社会企业来解决旅游胜地的社会和环境问题，创造社会价值，但对旅游社会企业的社会价值本身关注不多，社会企业的概念尚不清晰，社会企业的

社会价值具体体现也少有研究。GrÖnroos 和 Gummerus 认为，价值并不是嵌入在商品（交换价值）中，而是在不同的社会和经济参与者相互作用、交换和整合资源（使用价值）以实现共同改善的过程中共同创造的。[8] 与传统企业相比，社会企业的价值更多地体现在盈利、就业机会、消费者的选择、人权等方面的影响。从整体上看，如果在中国大力发展旅游社会企业，那么中国旅游社会企业最大的社会价值将主要体现在创新经营方式、扶贫和帮助就业、促进经济可持续发展等方面。

2. 旅游社会企业的地位和作用

Kline 等人认为，旅游业是社会价值创造的主要推动力。[9] 旅游业属于服务业，中国为促进经济转型，转变经济发展方式，强调大力支持和发展以服务业为代表的第三产业。社会企业是促进经济创新和可持续发展不可或缺的推动因素，同时也是未来中国企业发展的一个重要方向。中国旅游业和社会企业不断增长的社会需求将使旅游社会企业成为中国发展社会企业的一个重要突破口。

旅游社会企业的作用体现在不同层面，微观层面是对投资者、受益者以及消费者的影响，对投资者而言，投资社会企业不是为了赚取利润，而是通过帮助他人来进行自我价值的实现；对受益者而言，通过这些企业他们能够获得工作机会，积累知识和技能，获得改变生活和命运的能力，依靠工作获得收入而不是一味地依靠别人的捐赠，体现出对穷人自尊的维护；对消费者而言，与传统旅游业不同的旅游服务模式可以丰富旅游体验，带有社会帮助性质的旅游过程增强了消费者的自豪感，有助于培养健康的价值观念。中观层面是对当地社会的影响，对当地社区而言，旅游社会企业开发的地区多是经济欠发达的地区，旅游社会企业的入驻有利于完善当时的教育、医疗、公共卫生等基础设施，保护当地的生态环境等。宏观层面是对社会和经济的影响，旅游社会企业的快速发展能够从根本上并长期解决地区的贫困问题，旅游社会企业以自身独特的经营方式参与市场竞争，活跃市场的同时也可以加速推动传统行业的改革与创新。

三、中国旅游社会企业的发展机遇和挑战

（一）中国旅游社会企业面临的发展机遇

1. 广泛的社会关注

中国在 2004 年引入“社会企业”的概念，此后一度陷入沉寂，但近几年，无论是理论还是实践层面，“社会企业”都成了一个热点话题。理论方面，与“社会企业”相关的文献数量平稳增长，“旅游社会企业”相关的文献也开始出现，社会企业学术层面的探讨对社会企业实践的发展提供了一定的理论指导。实践方面，中国经济发展进入瓶颈期后，重视社会治理机制的创新，十九大报告明确提出：“加强和创新社会治理，建立共建、共治、共享的社会治理格局……充分发挥社会力量在社会治理中的协同作用。”[10] 社会企业既是社会经济的重要组成部分，也是推动社会创新的重要力量，社会企业与中国治理机制创新的契合之处使其备受社会关注。

2. 第三方机构的成立和发展

随着社会企业关注度的提高，中国开始出现一些旨在为促进社会企业发展的第三方机构。社会企业研究中心、中国扶贫基金会和爱心基金会在 2014 年启动了“中国社会企业和社会投资论坛”，是中国首个社会企业行业性联盟。[11] 中国社会企业和社会投资论坛的成立促进了中国社会企业的发展，提供了交流与合作的平台，在中国社会企业发展史上具有跨时代意义。广东顺德社会创新中心、中国慈展会等相继进行了社会企业认证的探索，2015 年中国慈展会联合其他五家知名研究机构举办了首届“中国慈展会社会企业认证”。[12]“中国慈展会社会企业认证”通过线上线下审查等多种方式对参评的企业进行考察，认证结果按照金牌企业、好企业、社会企业三个类别公开展示，到目前为止，通过认证的社会企业已达上百家。

3. 旅游社会企业的快速涌现

中国社会企业认证组织出现后，申报社会企业认证的公司的数量逐年上涨，旅游社会企业数量较少，2019 年“中国慈展会社会企业认证”名单中仅有三家，分别是成都明月乡村旅游专业合作社、德格县藏艺通旅游文化产业有限公司和彭州市鱼凫湿地旅游资源开发有限公司。除了通过认证的旅行社会企

业，中国民间还存在不少未经认证但被公认为旅游社会企业的，如乔琬珊创建的 Shokay，利用牦牛毛制作奢侈品，在原材料收购、制作、销售等各个环节都体现出了社会责任，如对当地妇女就业的帮助、生态环境的保护以及无偿的基础设施建设等。中国当前的旅游社会企业数量不多，还有较大的发展空间，但旅游社会企业的出现同样为中国社会企业的发展提供了有益的探索。

（二）中国发展旅游社会企业面临的挑战

1. 旅游社会企业的认证

关于社会企业的认证，国际上仍然存在许多争论，中国社会企业的认证也会面临同样的问题。首先是认证主体的问题。社会企业认证的主体可以是政府，可以是民间第三方机构，也可以是多元认证主体，哪一种主体更适合中国的国情，还有待探讨。[13] 随着中国社会企业的发展，经过正规流程获得认证与企业能否获得政府及社会支持、能否得到公众认可从而发挥广泛的社会影响力息息相关。中国现有的社会企业认证机构主要是“中国慈展会社会企业认证”，属于典型的民间第三方认证机构，民间认证机构的局限表现在权威性、公信力不足等方面，如果在今后的发展过程中，中国将民间第三方认证机构作为社会企业认证的主体，那么如何提升民间机构的权威性和公信力将是首先要解决的问题。其次是认证标准的问题。社会企业到目前还未出现普遍认可的定义，对于社会企业认证标准如何兼顾地区差异和行业特殊性，在公平公正的原则下选出真正的社会企业，社会企业认证标准能否将社会企业与非营利组织、非政府组织区别开来，以及社会企业认证标准如何得到公众的广泛认可等都需要进行深入的研究。

2. 政策和法律支持

韩国、日本、英国、意大利等国家为规范社会企业的行为，促进社会企业的良性发展都制定了相关的法律法规，如韩国 2007 年制定的《社会企业育成法》，日本 2011 年修订的《特定非营利活动促成法》，英国 2005 年公布的《社区利益公司条例》，意大利 2006 年颁布的《社会公司法》等。中国社会企业的发展处于理论先行的阶段，促进社会企业发展的政策、法律、行业法规等相对滞后。政府政策引导的缺失导致中国现有的社会企业难以形成规模，普遍存在建设资金不足、缺乏市场竞争力等问题。中国 2016 年出台的《慈善法》为社会力量和民间资本进入社会企业，增强社会企业的感召力和吸引力提供了一定的法律支持，但并未出台任何与社会企业相关的法律条款，社会企业的权利和义务不明，正常权益无保障，不当行为无处罚。

3. 社会影响力

中国社会企业的组织形式、认证方式以及组织规模等限制了中国社会企业的影响力。目前经过中国慈展会认证的社会企业形式单一，主要包括有限公司、志愿者服务中心、合作社等，其中有限公司的数量占压倒性的优势，无形中缩小了中国社会企业与一般企业的差距，降低了社会企业的辨识度。在社会企业资质审查中，更多关注的是企业承担社会责任的情况，评选出的社会企业与真正意义上的社会企业尚有差距。中国社会企业的登记注册以社会组织和工商企业为主，局限了兼具“社会性”和“经济性”价值的基本属性。[14] 中国社会企业以小微企业为主，难以造成广泛的社会影响，旅游社会企业作为中国社会企业的一部分，数量和规模更小，能够带来的社会影响力也十分有限。

4. 旅游社会企业发展限制

旅游社会企业在承担社会责任，促进旅游地发展，创造就业机会、增加居民收入，带来积极的社会效益的同时也会面临诸多的发展限制。旅游社会企业的可持续性发展与其盈利的能力息息相关，旅游社会企业要形成自身独特的竞争优势就需要在旅游项目、销售手段等方面显示出与传统旅游企业不同的内容，即旅游社会企业需要创新。但创新并不是一件容易的事情，旅游社会企业要实现创新必须要有专业的人才参与，组织者要拥有足够的商业头脑和企业管理及运营能力。缺乏合适的培训方案、无法实现资本独立、过于激烈的市场竞争以及组织者领导能力的缺失等都会成为旅游社会企业发展的阻力。

四、中国旅游社会企业发展策略

（一）提供旅游社会企业发展的外部条件

1. 建立健全社会企业认证体系

中国的社会企业处于发展初期，存在着规模小、定位模糊、解决社会问题的能力有限、缺乏统一的行业规范等问题，建立健全社会企业认证体系能够有效解决这些问题，并为旅游社会企业的发展提供良好的行业大环境。建立健全社会企业认证体系可从以下几个方面入手：第一，增强认证主体的权威性。社会经济更多地强调利用社会力量解决社会问题，政府在社会企业的认证中应充当支持者和引导者的角色，对第三方机构放权。中国的社会企业认证属于第三方机构认证，还未获得政府支持和授权，社会影响力小、公信力不足。增强认证主体的权威性首先要获得政府的支持和授权，其次是认证主体自身作出积极改变，扩大宣传，提高企业参评率，不断完善现有的认证标准、认证流程。第二，完善社会企业认证标准。中国还未出现系统的、公开的、公认的社会企业的认证标准，以中国慈展会为主的第三方机构所采用的社会企业标准由其内部的专家和学者共同制定，具体的认证标准未向社会公开。社会企业本身的复杂性给认证标准的制定带来了巨大挑战，制定出好的社会企业认证标准需要着眼于中国社会企业发展的实践，充分发挥对社会企业发展的引导作用，在标准制定过程中应向社会广泛征求意见，适当借鉴国外社会企业认证标准在制定过程、内容等方面的经验。第三，建立监督体系。无论是采用政府主导、社会主导，还是多元主体主导的社会企业认证，都需要接受社会的监督。中国慈善机构频繁陷入社会负面舆论的中心暴露出中国慈善事业的种种缺陷，社会公信力和影响力大大降低，除了内部管理不当，缺乏有效的社会监督也是形成这一问题的最主要的原因。社会企业与公益事业有着相似的社会使命，从发展之初就应当建立起完善的监督体系，社会企业的建立、认证、运营过程都要接受监督，开通政府监督、社会企业认证组织的监督、社会群众的监督等多元主体的监督，拓展电话监督、信访举报监督、网络平台监督等多种渠道。

2. 政策支持和法律保障

中国是社会主义国家，政府在促进社会经济发展、规范企业社会行为的过程中发挥着不可替代的作用，旅游社会企业及其他类型的社会企业，在发展之初都需要政府提供支持和帮助。政府可以通过出台社会企业的帮扶政策来规范和发展社会企业，如对在解决就业、促进贫困地区脱贫、支援贫困地区基础设施建设、生态环境保护等方面作出巨大贡献的社会企业发放补贴，提供免税政策；由政府牵头，建立社会企业帮扶中心，邀请专家为新兴的社会企业提供免费的咨询服务等。

当前，我国仅北京、成都等少数城市出台了推动社会企业发展的地方性指导意见，与英美韩等发达国家相比，社会企业的相关立法还处于空白状态。通过制定法规政策给予社会企业合法的身份地位，对社会企业的一些行为作出明确规定，能够在一定程度上增加公众认知，预防行业乱象。社会企业相关法律的制定可以在地方积累一定立法实践的基础上再制定全国统一的法律规范，法律条款的设置应具备一定的灵活性，给予社会企业更多的发展空间。

（二）多样化的旅游社会企业建立形式

1. 公司、组织转旅游社会企业

营利性的公司、非政府组织、公益性组织等都可以转型成为旅游社会企业。营利性的旅游公司可以在原有的公司基础上，变更招聘和培训员工的方式，接纳大量社会弱势群体作为企业员工，在对其进行正常的培训后，给予其更高的薪资和待遇，企业所赚取的利润按照一定的比例投入到当地社区建设中去。非政府组织、公益性组织转型旅游社会企业面临的最大的困难是建立企业和实现营利，非政府组织、公益性组织转社会企业的初期可以通过政府补贴、社会捐赠等方式来维持运转，但要实现长久的运作仍需要通过参与市场竞争来获取资本。非政府组织、公益性组织转旅游社会企业需要引进旅游管理相关的专业人才，对转型后企业旅游项目设置、盈利方式、资源获取、资金流转等进行详细规划，必要时向外界寻求支持。

2. 鼓励自筹自建

对社会企业有兴趣的个人和团体可以自发建立起为社会服务的社会企业，自发筹建的社会企业的主要困难是融资。自发筹建的社会企业首先可以考虑从朋友、家人、对社会企业感兴趣的投资者那里获得一部分的启动资金，之后，可以在网络平台上扩大宣传，并借助网络平台构建更大的关系网络，以获取更多的融资可能。国际上有许多专为帮扶社会企业而设立的基金项目，如阿育王财团、社会企业经营大会，组织者也可以通过参与这些基金的评选活动来获取被支持的资格。自发筹建社会企业成功的另一个关键因素是建立高水平的管理团队。组织者自身需要有卓越的领导和管理才能，定义成员在团队中的角色和职责，分工协作，发挥团队管理的优势。

（三）培养旅游社会企业的竞争优势

1. 旅游社会企业品牌建设

旅游社会企业与传统企业一样需要参与市场竞争，在面对激烈的市场竞争时，利用好“社会企业”的标签，打造出独特的旅游品牌，能够吸引更多的消费者，创造出更多的社会价值。旅游社会企业的品牌建设要注意三个方面：第一，明确品牌主张。旅游社会企业的品牌主张向消费者传达着企业的核心观点和价值诉求，依托品牌主张的建立，可以很好地引发消费者对社会企业价值理念的共鸣。旅游社会企业的品牌主张可以从社会企业价值观念、品牌诉求等方面入手，用灵活多变的形式进行品牌主张的呈现。第二，精心设计品牌符号。品牌符号是企业的标志，结合旅游社会企业的特点精心设计品牌符号有利于增强旅游社会企业的辨识度。第三，多种手段进行品牌传播。社会企业在国内的影响力低的一个重要原因是没有得到广泛的社会传播，旅游企业利用多种手段进行品牌传播有利于企业影响力的提升。旅游社会企业的品牌传播可以依靠政府、企业、消费者等主体进行宣传，利用线上的网络视频平台、社交平台、政府门户网站，线下的电视、广播、杂志等进行多渠道的品牌宣传。

2. 差异化的营销策略

与传统旅游企业的营销手段相比，使用差异化的营销策略更能使旅游社会企业在市场竞争中脱颖而出。首先，应制造价格优势。旅游社会企业带有一定的公益属性，因此在景区门票和娱乐设施的价格上对消费者给予优惠，网络购票和团体购票的可以享受更大力度的优惠，门票的使用次数也可以考虑从仅限使用一次变为可以多次使用。其次，可以利用“社会企业”的标志进行巧妙宣传。参加旅游社会企业的旅游项目可以间接地帮助他人，带来社会效益是旅游社会企业吸引游客的一个关键点，因此在宣传中，旅游社会企业应当尽量突出其社会价值以及参与旅游项目能带来的社会效益。最后，增加体验项目以创造附加价值。旅游业的相当一部分收益是从回头客的手中获取的，为了吸引更多的回头客，旅游社会企业可以在旅游项目中增加更多的体验项目和免费的培训课程，让游客感到物有所值，消费者得到了更多的好处也就更愿意带更多的客人来体验。

五、结语

社会企业在其他国家的实践充分证明了社会经济、社会企业的价值和力量，中国发展社会主义的终极目标正是实现共同富裕，社会企业在解决就业、贫困、环境等问题以及保障人权等方面的作用与中国实现共同富裕的努力有共通之处。社会企业在国内已经受到了社会各界的高度关注，社会企业发展也从理论层面进入了实践层面，中国社会企业出现的时间尚短，还有很大的发展空间。旅游社会企业在中国扶贫、环境保护、社会服务等领域都属于一种新生社会力量，经过正确的引导和良好发展，无疑能够成为强大的、积极的改变社会的力量，成为社会企业发展的重要方向。

参考文献

[1] Doherty B, Foster G, Mason C, et al. Management for social enterprise[M]. London: Sage Publications, 2009.

[2] 刘小霞 . 社会企业研究述评 [J]. 华东理工大学学报，2012（3）：9-22.

[3] Ridley-Duff R, Bull M. Understand social enterprise: theory and practice[M]. London: Sage Publications, 2015.

[4] 涂智苹 . 英美日韩社会企业发展比较研究及其启示 [J]. 改革与战略，2018，34（8）：116-122.

[5] Sheldon P. Daniele R. Social entrepreneurship and tourism[M]. Berlin: Springer, 2017.

[6] Altinay L, Sigala M, Waligo V. Social value creation through tourism enterprise[J].Tourism Management, 2016(54): 404-417.

[7] Lambru M, Vameu A. Romania–the nongovernmental sector. Profile, tendencies, challenges. Civil society development foundation[EB/OL]. [2014-09-09]. http://www.fdsc.ro/library/conferinta%20vio%207%20oct/Romania%202010_Sectorul%20neguvernamental1.pdf.

[8] GrÖnroos C, Gummerus J, The service revolution and its marketing implications: service logic vs service-dominant logic[J]. Managing Service Quality, 2014, 24(3):206-229.

[9] Kline C, Shah N, Rubright H. Applying the positive theory of social entrepreneurship to understand food entrepreneurs and their operations[J]. Tourism Planning & Development, 2014,11(3):330-342.

[10] 习近平 . 决胜全面建成小康社会夺取新时代中国特色社会主义伟大胜利：在中国共产党第十九次全国代表大会上的报告 [EB/OL].[2019-01-12]. http://cpc.people.com.cn/n1/2017/1028/C64094-29613660.html.

[11] 于小杰，许艳 . 国内外社会企业的发展分析 [J]. 西部皮革，2018，40（8）：56-57.

[12] 陈雅丽 . 社会企业的认证：争论与辨析 [J]. 黑龙江社会科学，2019（5）：85-90.

[13] 郭豪楠 . 社会企业发展的国际比较与经验借鉴——以英、美、韩三国为例 [J]. 新乡学院学报，2019，36（5）：19-22.

[14] 金仁仙 . 中日韩社会企业发展比较研究 [J]. 亚太经济，2016（6）：99-103.

以“互联网+社会企业”促进农村教育发展的构想

郭宛茹

摘要：教育公平问题是全世界各个国家普遍高度关注的社会问题，也是我国政府和社会一直高度重视的话题。目前，我国农村大部分地区的教育水平仍是我国教育发展的薄弱环节，而农村教育的发展是实现我国教育公平的重要一环。伴随着社会的发展和国家对教育的重视，农村居民越来越意识到教育的重要性，其对农村教育的发展有迫切的需求与期望。基于“互联网+”时代的网络便捷性和社会企业“解决社会问题”的理念，提出以“互联网+社会企业”二者相结合的构想，充分利用网络资源建立社会企业，以期为解决农村教育发展落后的社会问题提供一些新思路，逐步满足农村居民对教育资源的需求，为促进农村教育的发展助力。

关键词：农村教育；“互联网+”教育；社会企业

引言

全国第六次人口普查结果显示，农村人口占我国人口总数的一半以上，农村教育发展是我国实现教育兴国的重要内容，国家和政府对于农村教育高度重视。目前，我国绝大部分农村地区早已实施九年义务教育和各种教育补贴，和以往相比，农村教育取得质的飞跃。但就整体而言，我国农村教育整体落后的状况仍没有得到根本改变，农村教育整体发展水平与城市教育发展水平差距较大，可以说农村教育仍然是我国教育体系中最为薄弱的一环。[1]

近年来，随着社会经济的快速发展，市场所需劳动力增加，农村居民人口流动量骤增，大部分农村居民选择走出家乡走向城市，成为市场所需劳动力中的一员。这一发展趋势加快了城乡结合的进程，也加速了农村居民思想意识的觉醒和改变。和城市居民一样，他们也慢慢开始重视子女的教育，越来越多的农村居民积极响应国家重视教育的相关方针政策。至此，“读书无用”的陈旧思想已成为过去式。随着大家对子女教育的重视程度不断提高和对农村教育发展的迫切需求与期望，[2] 农村教育落后这一社会问题更为凸显，农村教育亟待发展。

针对农村教育发展问题，很多学者给出过科学的建议和意见。孙丹彤等人曾指出在“互联网 +”时代将信息化与教育有机融合，认为“互联网 + 教育”是突破农村教育发展瓶颈的有效途径。[3] 充分利用网络信息化的便捷性，更新已有的网络资源和网络设施，全面创新教学途径和教育模式，实现互联网企业与教育事业的优势互补，进而推动后疫情时代下教育事业的发展已成为大势所趋。近年来，互联网教育这一全新的教育模式发展迅速，已为大众熟知，在促进教育发展等方面确实取得了一定的成效，但是同时也存在着一些问题，尚未形成较为成熟的教育体系，缺乏可持续发展的内生动力。最重要的一点是，缺乏专门针对促进农村教育发展的互联网教育模式，并未从根本上解决农村教育落后这一社会问题。

由此，本文引入专门用以解决社会问题的“社会企业”这一新兴概念，并提供韩国社会企业在教育领域的成功案例——“学习的神”。通过对韩国社会企业“学习的神”的分析，了解其成功背后的科学性及可行性，在此基础上探讨其对我国社会企业及农村教育发展的启示与借鉴意义，汲取其成功经验提出“互联网 + 社会企业”模式的构想，以期将其应用于解决我国农村教育整体水平落后问题。

一、社会企业理论综述

社会企业的概念最早诞生于 20 世纪中期的英国，西方国家的发展步伐较快，随着社会经济的高速发展和社会财富的快速积累，衍生出养老、就业、教育等一系列社会性问题，并且已经严重影响到整个社会的和谐与发展，在这一大环境的驱动下，社会企业应运而生。[4] 社会企业专门解决社会问题，它是调动各种经济和社会资源，创造社会福利的组织。社会企业不同于传统的商业化企业，它是不以商业盈利为目的的一种企业；社会企业与非营利组织也不一样，非营利组织自身没有任何商业收入，而社会企业通过市场获取利润，并以此作为持续企业运转的资本，从而实现社会企业的可持续性发展。社会企业采用社会创新的组织和活动方式，采取推动行业改革、推广解决方案和推进整体社会意识等手段，通过投入市场运作中实现自身的可持续发展，不断来解决政府和商业机构未关注或关注不够的一些社会问题。

社会企业发展最好的国家集中在欧美地区，由于欧洲和美国的社会企业在组织和活动方式上存在着很大的差异性，所以目前在世界范围内对社会企业并没有形成一个统一的概念界定。在欧洲，很多学者对社会企业的界定展开了丰富的讨论，社会企业的内涵不断扩展与丰富。OECD（经济合作与发展组织）认为社会企业是介于国家政府与私人部门之间的组织，并将其定位于国家政府与私人部门之外的“第三部门”。社会企业最大的特点是运用商业化企业的经营策略，在市场中获取收益并以此来实现自身可持续发展的组织，同时，社会企业具备社会企业精神和强烈的社会责任感。[5] 由此，可以看出欧洲的社会企业是非营利组织的一种升华，它被看作是兼具经济和社会属性的混合组织。在美国，社会企业有着更为广泛地定义，从事社会公益事业的商业组织、追求经济利润和社会目标的组织以及从事商业活动的非营利组织都是社会企业。狄兹（Dees）利用“社会企业光谱”理论阐述了社会企业、非营利组织和营利组织三者的关系，认为社会企业介于二者之间，从一定程度上也揭示了社会企业是未来非营利组织的发展方向。[6] 社会企业在发展实践过程中，更多的是强调社会创新和社会企业家精神，强调以社会企业精神为指导解决社会问题，其最终目的是将企业获得的利润用于特定弱势群体的利益保障。

社会企业自形成以来，凭借其社会性和公益性的优势，一方面不断自我发展、完善内部机制，实现自身可持续发展；另一方面有效地解决了许多棘手的社会问题，逐渐走入大众视野，获得国际上的广泛好评。即使学术界对社会企业尚未形成一个统一的概念，但是丝毫不影响人们对于社会企业的关注和期待，社会企业也由欧美、日韩等发达国家逐渐向一些发展中国家和落后地区发展过渡，以其社会企业精神为宗旨造福更多的民众。

二、我国社会企业的发展现状分析

(一) 我国社会企业的概念界定

经济持续向好发展的同时，也产生了一些社会问题与环境问题。社会企业作为解决社会问题的一个有效方式，正慢慢走进大众的视野，呈现蓬勃发展的良好态势。在中国，社会企业起步较晚，新事物在发展初期总是伴随着模糊性和争议性。和其他国家一样，我国学术界和非营利组织的人都没有对社会企形成一个统一的概念界定。时立荣认为社会企业是非营利组织的一种，但它同时又具备了市场化性质的企业运作模式和社会使命感的特征，具有社会性和经济性双重属性。王名、朱晓红指出，社会企业是介于公益机构和一般性企业之间的一种独特的企业类型。社会企业是以解决社会问题作为一切对外活动的出发点和落脚点，在实现社会价值和解决社会问题的同时实现盈利，并将盈余再次投入到自身的发展运行中去的企业组织形式。[7] 本文由现有对于社会企业的定义总结得出，社会企业是介于非营利组织和传统商业化企业之间，以实现社会目标和造福社会为宗旨，同时采用商业策略获取利润并运用于进一步解决社会问题、实现社会价值的一种独立的企业类型。

（二）我国社会企业的特点

综合我国对社会企业的界定，可以知道社会企业有以下特征：社会企业具有社会公益性，社会企业的首要目标是解决社会问题，具有强烈的社会使命感和社会责任感；社会企业除了具有社会企业家精神外，同传统的商业化企业一样，社会企业还必须不断寻求社会创新以创造利润，促进自身的可持续发展。可以说，社会企业是传统企业和公益事业的完美结合体。社会企业家建立社会企业不是为了谋求个人收益，而是为了解决社会问题，实现社会价值和造福社会。

（三）我国社会企业存在的问题

近年来，我国社会企业不断增多，已经出现了诸如羌绣帮扶计划、深圳残友等一批极富创新创业精神的社会企业，但是，当前我国社会企业的发展状况不容乐观，很多社会企业难以维持长久的生命力，整体上呈现出昙花一现的态势。大量社会企业规模较小、盈利不足、自我造血能力差，甚至陷入随时倒闭的窘境。社会企业的大量消亡会使得社会问题难以改善，反而造成更多的资源浪费，更谈不上从根本上去解决社会问题。例如，近年来风靡一时的各种共享单车大量退出市场，不仅没有解决原本的社会问题，还造成了更多的社会资源浪费等问题。由此，我国社会企业正面临着自身建设参差不齐、人力资源管理体制不健全、自我造血能力差、社企理念认同度低、发展环境亟待改善、政策环境整体不够健全等诸多问题。

三、韩国教育市场中社会企业"学习的神"的成功经验

（一）"学习的神"简介

"学习的神"是韩国教育市场中的一个成功的社会企业。韩国人非常重视学习，高考升学压力大，学生们从小就要补习功课。然而在韩国只有富裕的家庭才能请得起家教，普通家庭难以支付起巨额的家教费用，这一现象的存在为"学习的神"创造了机遇。该企业成立的初衷就是希望每一个人都能享受到优质的教育资源，帮助更多的学生学习。"学习的神"的主体部分是一个被称为"功臣"的网络讲座网站，该网站以创建者——首尔大学机械航空工程系的姜成泰为首，由几名学霸前辈共同努力，他们以传授学习的方法来帮助后辈们学习，从而形成了一个网上讲座网站，现在已经发展成为韩国非常有名的网站。"学习的神"通过网络讲座的方式向大众免费提供所有课程，帮助学生解决补习的难题。同时又以教授学习方法为课程特色，正所谓"授之以鱼，不如授之以渔"，通过传授有效的学习方法，有意识地培养学习者的学习习惯和自学能力，帮助学习者真正成为"学习的神"。网站特别提供的"姜成泰学习法讲座""姜成泰英语单词语源篇""姜成泰英文法必修篇""姜成泰英语理解速读篇"等讲座及讲授学习方法讲座十分火爆。另外，作为培养学习习惯的重要一环，该企业特别设计了通过制作学习日记全额返还听课费的运营方案，这也是该网站的一大亮点。"学习的神"这一教育领域的社会企业

通过创新教育方式，不断完善内部机制，成功解决了相关的社会问题，充分体现了其社会价值，得到越来越多人的瞩目。与此同时，“学习的神”也不负众望，分别斩获了韩国国务总理表彰奖、教育社会风险奖、韩国消费者论坛品牌大奖、国税厅模范纳税表彰奖，以及信息通信伦理委员会评选青少年鼓励网站奖等多项大奖。

（二）“学习的神”运作模式分析

1. 价值主张

“学习的神”这一社会企业以解决社会问题为行动指南，具有很强的社会公益性，强调每个人都有公平学习的机会。它以传授学习方法为最大亮点，同时兼顾网络教学课程的全面性，极具创新精神。在企业创建初期学习者可以完全免费申请课程的学习，后期因为其创始人长期填补财政赤字而开始转变运营模式，有选择地收取费用，以此维持网络课程的研制和开发，保持自身的可持续发展，焕发出强大的生命力。即使在财政最困难的时候，该企业负责人仍然及时缴纳税费，不论是缴税行为还是企业的创建初衷都体现出社会企业强烈的社会责任感和为社会谋福利的社会理念，因此，该社会企业斩获诸多奖项也可以说是实至名归，这种极具创新性、公益性的社会企业家精神也将影响到更多有志于改善社会现状的人。

2. 客户群体

所有想要学习的人都可以作为“学习的神”的客户，该社会企业尤其适用于那些来自普通家庭请不起家教的学习者。网站内不仅有火爆畅销的通用课程、各行各业的相关学习课程，还有一些通过在该网站上学习课程取得显著进步的成功案例，以此激励更多的人坚持学习。

3. 关键合作伙伴

关键合作伙伴主要是以创始人为首的学霸团队，他们以解决社会问题为使命，负责传授学习方法和经验，录制高质量高水平的网络课程，开办网络讲座，设计方案运营整个企业，甚至在企业发展初期自付费用维持企业的生存。

4. 关键活动

企业的关键活动有两项：一是提供全面的网络学习课程、独具特色的教授学习方法的课程、学习咨询及讲座无限制；二是推出 66 天坚持写学习日记即返还全额学费的激励机制，通过这种有条件的收费获取利润的同时也激励学习者培养良好的学习习惯。

5. 关键资源

企业的关键资源即以创始人姜成泰为首的大学生团队和其他致力于解决教育公平这一社会问题的人们，他们自愿分享自己的学习方法，并将其制作成高质量的课程视频上传至网站，为广大学习者提供可靠的学习资源。

6. 销售渠道及收入来源

主要销售渠道就是“功臣网站”，学习者通过网站平台缴纳学费后就可以任意使用各种学习资源，坚持66天学习日记者即可返还包括税费在内的所有学费，这一奖励机制非常吸引人。企业在创建初期得到致力于发展社会企业的财团的资金支持，除此之外，企业发展后期，创始人团队也会通过各种网络讲座、直播、电视节目和畅销书日等渠道获取利润，并将其产出价值继续投入企业的运营和不断发展之中，以维持企业的长久生命力。

7. 成本结构

因为企业充分利用网络资源的便捷性和灵活性，加之整个创始团队成员都具备社会企业家的无私奉献精神，他们自愿分享自己的学习经验和学习方法，所以整个企业的运营成本与一般性的商业化企业相比要低很多。这也是“学习的神”在创建初期为什么会以全部课程免费的形式出现在大众视野中的原因。但是，我们不应忽略一点，社会企业亦是企业，其自身必须带有商业性的色彩。在企业发展过程中，网络平台运营、广告宣传、缴纳税务等各方面都需要资金运转，因此，在不违背其创建初衷的前提下，企业推出有选择的收费这一举措。这一措施效果极佳，收取学习费用既能从心理上激励学习者坚持学习，以期通过自己的认真学习获得全额学费返还，又能够帮助企业合理地获取一些利润，以此作为运营资金，助推其自身的更长久的发展下去。

（三）成功经验分析

1. 完善的建设、运营和服务标准

韩国的社会企业有着完善的相关法律和标准体系支撑，在企业创建初期有专门负责审核、评估、监督的机构和组织。针对社会企业的创建和运营需求，韩国政府不断完善和出台相关的法律法规，同时，还有非常严密、具体的标准体系来确保社会企业的服务标准和服务质量。

2. 造福社会的建设与服务理念

韩国的社会企业发展相对完备成熟，已涉及教育、养老、就业等多个领域的社会问题，它们始终秉承造福社会的创办理念，得到政府和相关部门的大力支持。“学习的神”始终秉承“以人为本”的原则，尽可能满足广大学习者的教育需求，不断完善自身内部机制，培养专业人才，提高其专业化水平，为客户提供高水准的网络讲座和课程资源，同时会根据客户实际需求及时更新数据资源，切实考虑用户的体验感。

3. 充分发挥非营利组织和民众的力量

政府开始从直接的服务供给者中退出来，鼓励非营利组织积极参与到社会问题的治理中来，充分发挥非营利组织和民众的力量发展教育行业，政府更多的是法律制定、监督管理和帮扶服务。政府的松绑使得社会企业更自由地创新和运营，在非营利组织和民众等多方力量的共同努力下焕发勃勃生机。这也有助于增强民众的社会责任意识，助推社会的和谐发展。

四、“互联网+社会企业”模式分析

（一）“互联网+社会企业”模式必要性及可行性

首先，我国农村教育的社会企业发展有足够的发展空间和巨大的市场需求。深入农村地区考察可以发现，绝大多数农村地区的学生都是留守儿童，广大农村居民即便是有强烈的重视教育的意识，也只能是心有余而力不足。长期以来农村居民的孩子英语听说能力普遍落后就是一个例子。很多农村居民反映孩子学习成绩差，家庭却无力负担昂贵的补习费用，此外，即使家庭有充足的教育资金也补习无门，因为农村地区严重缺乏成体系的、高水平的辅导资源。针对上述情况，有学者认为除了依靠政策外，充分利用“互联网”的便捷性，通过信息技术的应用解决教育资源短缺、资源分配不均衡等问题，为实现教育机会平等提供了有效的途径。但是，已经较为成熟的互联网教育平台主要针对城市用户，且以盈利为企业发展目的，缺乏公益性，专门针对农村教育的相关平台至今还没有，所以我们更应该关注“互联网+”对农村教育发展的影响，促进二者的高效融合，助推我国的农村教育事业快速发展。由此，笔者作出以“互联网＋社会企业”促进农村教育发展的构想，结合农村实际教育情况和市场需求，借助农村地区现有的网络便捷性，从韩国成功的社会企业“学习的神”案例中汲取经验，建设专门为农村教育发展提供支持的社会企业，解决农村教育落后这一社会问题。

其次，教育类社会企业缺失。我国社会企业起步晚，发展速度缓慢，知名的只有羌绣帮扶计划、职后管理教育等少数社会企业。教育类社会企业更是寥寥无几，其中千千树儿童之家是针对城市中外来流动人口的子女创办的幼儿教育组织。而张桂梅创办的免费女子高中仅仅属于非营利组织，算不上是真正意义上的社会企业，因为它没有任何利润收入，可以单纯归入个人善举。由此可知，我国教育类社会企业是一个很大的空缺，而农村教育的发展问题亟待解决。与此同时，现阶段我国互联网发展迅速，网络普及率和覆盖率极高。

最后，在疫情的影响下，我国教育体系已提前接触并适应了互联网线上教学模式，为“互联网＋社会企业”模式打下坚实的基础。所以，中国农村教育社会企业的发展有其必要性及可行性。我们应引进国外社会企业的先进理念，积极学习其社会企业家精神内核，借鉴其成功经验，并结合我国农村教育发展所面临的困境和挑战，具体问题具体分析，初步提出以“互联网＋社会企业”促进农村教育发展的构想，创建真正意义上的教育类社会企业，找到适合自己的商业模式和发展道路。[8]

（二）“互联网＋社会企业”模式的社会意义

以“互联网＋社会企业”促进农村教育的发展这一创新性的构想倘若能够顺利构建和发展起来，除了能够解决眼前的农村教育发展滞后的社会问题，还富有更深刻的社会意义。首先，对乡村教育而言，教育类社会企业有利于促进我国教育公平、助推农村教育事业的发展。其次，对乡村发展而言，教育类社会企业有助于改善目前农村居民普遍文化程度低的现象，为乡镇企业发展提供人才支持，一定程度上助推农村经济的发展。再次，对农村地区学生的个人发展而言，教育类社会企业有利于提高学生学习成绩，促进学生全面而自由地发展，增强其综合素质和综合能力，为实现个人价值提供外部支持。最后，从社会企业自身的发展角度而言，广大农村地区的学习者作为教育类社会企业的受益者会受到社会企业和社会企业家精神的影响和熏陶，增强民众对社会企业的理解和认知，扩大社会企业的影响力，从而为我国社会企业的进步和发展提供内生动力。

五、建议和意见

以“互联网+社会企业”促进农村教育发展这一创新性构想的落实，需要各方面共同合作和努力。为此，笔者从各个层面出发提出一些建议和意见，以助推教育类社会企业的发展。

（一）社会企业自身建设层面

1. 明晰商业定位，提升商业运营能力

明晰的商业定位是社会企业生存发展的基石，社会企业需要明确自身定位和性质功能，根据企业对于社会及客户的价值需求构建正确的商业模式，不断提升商业运营能力。

2. 健全企业人力资源管理体制

社会企业因具有特殊性，所以企业内部成员构成复杂，因此要更加注重对人才的培养与合理分配，尽力做到人尽其才。可以从其他企业的发展过程中汲取经验，健全社会企业的人力资源管理体制，充分发挥成员特长，从而提高企业运行效率。

3. 社会企业需要适时调整自身发展方案

社会企业在商业化的市场环境中成长，需要适应不断变化的外部环境，增强自身业务能力，适时调整其发展战略，以促进自身的长足发展。在发展过程中积极应对变化与挑战，主动进行技术革新，实现产品和服务的多元化，促进其可持续发展。

（二）政府层面

1. 为社会企业发展提供政策资金支持

因为社会企业的创建目的就是解决政府和商业化企业未关注或关注不足的社会问题，在一定程度上帮助政府解决了一部分难题，所以政府理应给予

社会企业更多的政策福利支持。与此同时，目前我国社会企业处于初级发展阶段，面临重重难关，相关政策不够健全。由此，政府可以为企业提供财税与融资政策支持、免费咨询与指导、管理培训等一系列有力的支持政策和具体可行的扶持方案。

2. 健全法律制度，完善监管机制

健全相关法律制度是社会企业发展的有力支撑，政府部门应该汲取国外社会企业的成功经验，健全社会企业的法律制度以维护社会企业家的合法利益和社会企业的规范运营。同时，由于社会企业的特殊性质，政府部门需要完善对社会企业的监管机制，拓宽监管渠道，加大监管力度，因为公开透明的监管机制是保证社会企业自身发展进步的不竭动力。

（三）社会层面

1. 创建社会企业多元化的资助模式

联系我国实际，社会企业的创建初期需要大量的资助，以社区捐赠、财团支持、基金会赞助等为基础的多方资助是社会企业持续发展的动力。因此，社会需要构建多元的社会企业资助模式，拓宽社会企业支持渠道，以最有效的方式为社会企业的发展助力。

2. 培养社会企业家精神

现阶段，人们对于社会企业和社会企业家精神的认知度远远不够，为了让民众更多地了解和认识社会企业，我们应该有意识地培养和发展社会企业家精神。在发展社会企业的同时，也要加大宣传力度，普及相关知识，以真实的社会企业案例分享帮助更多的人发现社会问题，增强社会企业的意识，有意识地培养民众的社会企业家精神，为社会企业在我国的发展提供活力。

六、结语

基于“互联网＋”时代下农村教育发展落后的社会问题，本研究结合社会企业专门解决社会问题这一特性，借鉴韩国教育类社会企业“学习的神”的成功经验，初步提出以“互联网＋社会企业”促进农村教育发展的构想，以期该构想在日后可以实现，从而缓解农村教育发展水平落后现象。虽然本研究尚未完全成熟定型，仍需要更深入的探究，但是已经可以从一定程度上说明：我国社会的发展需要社会企业的参与和助力。文章的最后提出了一些建设性的意见，希望为我国社会企业的发展和社会问题的解决提供一些参考。

参考文献

[1] 滕纯 . 中国农村教育的战略抉择 [M]. 北京：人民教育出版社，1998.

[2] 周兆海. 农村教育研究：现状、逻辑起点与路径选择 [J]. 现代教育科学，2012（6）：199-122.

[3] 孙丹彤 . “互联网 +” 时代的农村教育发展 [J]. 安徽农业大学学报，2015，24（6）：15-18.

[4] Muhammad Yunus.Builing social business the new kind of capitalism that senes humanity’s most pressing needs[M]. New York: Public Affairs, 2010:21.

[5] 李白璐 . 中国社会企业——“知道教育”筹建方案探讨 [D]. 北京：首都经济贸易大学，2013：6-8.

[6] 赵娜 . 美国好意慈善超市发展模式研究 [D]. 沈阳：东北大学，2015：3-4.

[7] 朱健刚 . 社会企业在当代中国的阶段定位与价值取向 [J]. 社会科学辑刊，2018（2）：69-77.

[8] 刘雨，余惠文，齐璐璐，等 . 依托社会企业建立养老社区的构想 [J]. 经济研究，2018（6）：71-72.

社会企业参与居家养老路径研究

侯佳悦

摘要：社会企业是一种新型组织形式，它具备普通商业企业营利性质并追求与非营利组织相似的社会价值，它试图运用一种新模式去解决当代的一些社会问题。我国人口老龄化严重，养老问题关乎每个家庭。而居家养老形式比较传统家庭养老与机构养老具有独特的优势。社会企业兼顾经济价值与社会价值，相较于普通商业企业与非营利组织，在居家养老服务供给上具有能够充分的调动资源、丰富供给层次、解决养老产业内在矛盾等方面的优势。虽然社会企业参与居家养老是可行的，但在许多方面社会企业仍面临着发展困境，针对社会企业参与居家养老的内部、外部障碍进行分析，并寻求解决的方法。希望从理论层面为社会企业参与居家养老提供路径策略，激发我国养老服务市场活力。

关键词：社会企业；居家养老；养老产业；社会价值

引言

伴随着我国老龄化的不断加重，养老问题成为社会保障工作的重点，当前我国仍以居家养老为主要养老模式，我国政府为推动居家养老发展出台了一系列政策。社会企业作为不同于非营利组织和商业企业的一种组织形式，兼具经济价值与社会价值，相较于传统的居家养老供给方——非营利组织与传统商业组织，社会企业具备一定优势。但是社会企业参与居家养老产业还面临着诸多挑战，为更好地使社会企业参与到居家养老产业中来，本文将利用文献研究方法探讨社会企业参与居家养老供给的理论依据，分析社会企业参与居家养老存在的内部、外部障碍，在此基础上提出推动社会企业参与居家养老产业的路径建议。

一、研究现状

（一）居家养老研究现状

居家养老强调家庭的作用，但除家庭外，社会力量在养老中的作用同样重要。所以可以将居家养老理解为老年人在家中享受由家庭与社会共同提供的养老服务。我国学者对居家养老的研究较为丰富，大多学者从居家养老的现状及存在问题、模式进行深入探讨。居家养老模式在我国仍处于初级发展阶段，许多方面尚不成熟：唐美玲指出居家养老模式在养老服务领域出现了供需失衡、资源整合能力弱的短板；[1] 张仁枫指出我国居家养老模式存在着政府与市场协调能力不足、养老体系不完善、社区缺乏自主组织性、养老服务单一等突出矛盾；[2] 郑建娟进一步指出居家养老服务存在供需矛盾的原因，这包括老年人口观念落后、法律法规不健全、相关基础设施与服务水平跟不上需求、养老人员缺乏专业素养、志愿者队伍不足；[3] 孙泽宇指出已基本形成三级（区、街道、社区）居家养老服务运作体系，确立了居家养老服务对象和服务方式，初步建立了评估机制等，但也存在一系列问题，例如居家养老服务资金短缺、居家养老机构规模不适应市场需求、居家养老服务内容多余单一等等。[4] 为解决这些突出问题，不少学者对居家养老模式进行了创新性研究：睢党臣指出在信息时代人工智能居家养老模式的必要性，并从政策基础、技术基础、经济基础、心理基础四个维度具体论述该模式的适用性；[5] 王小荣指出社区智慧型居家养老模式将是人口老龄化社会的必然趋势，并指出智慧居家养老系统应在操作系统、信息安全、服务标准、平台系统方面进行改革；[6] 龚俊杰指出老年人口养老需求呈现多样化趋势，因此要建设基于“居家为基础，社区为依托”医养服务体系上的“医、养、护、康”四位一体的养老服务模式；[7] 李双全指出政府购买社会组织居家养老服务是有效解决养老服务供需矛盾的重要模式。[8]

（二）社会企业研究现状

目前国际学界对社会企业的定义为：运用商业化手段以实现社会价值为目标的介于营利企业与非营利组织之间组织。社会企业是由欧洲工业革命时期的合作社转变而来的。在国外，由于起步较早且发展较良好，社会企业已经成为活跃的、致力于解决社会问题的新型组织，并得到广大民众与政府的认可。尤努斯认为，社会企业的目的在于解决社会问题，是一种创新性地解决社会问题的新型社会组织。[9]“社会企业”旨在以商业化手段可持续地实现社会使命，解决被忽视的社会问题并创造正外部性。[10] Antonio 指出社会企业是第三部门的重要构成，社会企业的起源代表从传统福利系统转变为混合系统的过程。DEES. J. D 指出社会企业是商业企业与非营利组织的混合体，受混合动机驱动。[11] 总的来说国外学者较国内学者而言对于社会企业的研究起步较早、成果较为丰富。

在我国社会企业作为一种新型事物不仅受到外部公众的怀疑、政策规制，还面临着内部成本效益、效率与公平的困境。因此对于国内学者对社会企业的研究大多集中于困境与路径方向。李健分析了社会企业的产品定价策略，探索成功的定价决策以实现公平与效率、经济效益与社会效益的兼顾。[12] 樊云慧从法律角度出发，指出我国尚未在法律上给予社会企业一个统一的身份与地位，而这将不利于社会企业在我国的发展，为了使我国的法律适应社会企业的发展步伐具体应当在社会企业的资格认定、监督管理、扶持政策上进行必要改革。[13] 刘志阳指出社会企业在发展过程中极易发生使命漂移现象，并指出公益创投是抑制使命漂移的一种新型资本形态，公益创投通过降低社会企业创业者的逐利心理来抑制企业的使命漂移。[14] 虽然我国学者对社会企业发展过程中面临的困境及路径有了较深入的研究，但是针对具体领域社会企业的实践的研究还是较少的，本文将社会企业应用于中国居家养老问题中，从具体领域研究社会企业的可行性、存在问题及解决路径，以探讨我国居家养老的新模式，减轻我国养老压力。

二、社会企业参与居家养老的必要性

本节将从社会企业参与居家养老服务的必要性进行具体分析，并引入国外社会企业成功参与居家养老的案例，从多角度论证社会企业参与养老服务是具备优势的，是可行的。

（一）社会企业参与居家养老的必要性分析

1. 有效解决养老产业内在矛盾

养老产业自身存在的福利性质，就注定从事养老产业的组织存在着利润与福利间的矛盾。从利润角度出发，组织想要获得利润实现盈利，需要向老年人口提供有偿的养老服务；从福利角度出发，养老产业是个关乎社会稳定及人民幸福的民生工程，随着国家福利水平的提高养老服务应当逐渐向无偿化趋势发展。观察我国养老现状可以发现，多数非营利组织与企业是趋于单一的价值取向的。由于二者大多依靠政府补贴，当政府补贴不足时，非营利组织由于追求公平化、福利化，最终会导致资金短缺，入不敷出；企业的价值取向在于自身利润，在政府补贴减少时，企业只能选择提高养老服务的价格，这会导致企业损失部分支付能力较差的客户群体。

而社会企业的价值取向既包括经济价值也包括社会价值，这与养老产业中的双重价值相符，刚好能够解决养老产业中存在的矛盾。社会企业的目标在于高效率地提供养老服务，在这个过程中既满足了不同支付能力老年人口的养老需求，解决了社会养老问题，同时也能获得额外收入支持组织平稳运营甚至扩大经营。可见社会企业兼有了非营利组织的福利性质与企业的营利性质。在政府减少补贴时，社会企业仍能根据受众的支付能力确定服务价格，维持自身的独立性。

2. 高效率供给养老服务

社会企业与非营利组织最大的区别在于，社会企业依靠自身收益，而非营利组织依靠捐款及和政府资助，非营利组织在运营过程中无须担心收益问题，组织实现社会价值即可，这决定了组织对改进服务水平意愿较低。社会企业与普通企业作比较，普通企业为获得利润会不断地提高服务的价格，而社会企业不是单纯追求利润的组织，是不会牺牲低收入群体的利益来换取利润的。

社会企业不依靠社会捐赠和政府补助，自负盈亏，但组织实现社会价值的同时也要获得收益、维持组织正常运转。组织只有高效地调配资源、不断地根据需求优化服务内容、严格组织管理等效率化管理方式才能实现企业的可持续性运营。这具体包括：减少不必要的支出、使用志愿者、提供优质的价格合理的养老服务、根据养老市场需求提供多元化的养老服务，等等。

3. 弥补居家养老市场供给空缺

一个产业市场往往按照消费者的支付能力来进行划分。居家养老市场也不例外，无论是普通企业还是非营利组织都会有一定选择服务对象的偏好，这之间出现的供给空缺由社会企业来弥补将促进整个居家养老产业供给层次的完整化。

普通企业的资金来源于各个股东，经营目的在于获得收益，收益部分用于股东分红。普通商业企业的根本性质决定了其服务对象，即有较高经济回报率的老年群体。普通企业通过向高收入消费者提供高收费、高质量的养老服务来获得经济收益。因此，普通企业面向的是具有一定消费能力和先进消费意识的老年人群。非营利组织其资金来源于政府和社会，其目的在于实现社会价值。非营利组织需要对出资者负责，而出资者（政府、社会组织）更倾向于解决社会上的突出问题，例如弱势群体相关问题，因此非营利组织的福利性质决定了其服务对象为特殊群体，例如低保老人、失独老人、独居老人等。该群体的特殊性在于非营利组织只需向其提供低成本的、较为基本的养老服务即可获得较高的社会收益。

根据上述分析可知，普通企业面向的是高收入消费群体，非营利组织面向低收入甚至无支付能力的群体。而具有强烈养老需求的低收入老年人口既不属于特殊群体，也不属于高消费能力群体。该群体数量庞大，市场供给不充足，社会企业所面向的就是这一部分人群。

（二）国外案例分析

英国作为最先发展的工业国家，“二战”结束后生产能力逐渐恢复，国民生活水平不断提高，再加上现代医疗技术的进步，英国的老年人口数量不断增多，早在2000年，其60岁以上人口就已达到其总人口的20%。社会企业于英国起源，并发展较为迅速，自2005年英国就有超过13000家社区利益公司成立。居家养老的概念也最先起源于英国，英国社会企业在参与居家养老服务方面已积累了丰富的经验，本文将介绍几家英国社会企业，希望能够给中国社会企业参与居家养老产业带来相关启示。

1. Well and Wise in Camden (W&W)

Well and Wise in Camden 是英国 Camden 地区的一家健康社区，主要服务于该地区的低收入老年人群。服务包括：为老年群体传递健康的生活信息、为老年人提供相关技能培训（通过与其他组织合作共同开展）、为中风老人提供照料服务等。W&W 大约有 180 亿英镑作为资金支持，New Opportunities Fund（新机遇基金组织）为其提供了 100 亿英镑资金，其中 50 亿英镑是由该地区的老年工作机构和当地政府以场地、培训、审计、商业保险的形式提供的。

W&W 企业的特色在于具有一个成功的合作链条，它与多个组织存在合作关系，例如：社会服务中心、社区中心、Camden 地区老人联络委员会论坛等，它绝对不是一个独立运行的个体，W&W 企业通过与相关组织的合作，各取所长，通过组织多样性的活动来进一步拓展 W&W 企业的养老服务内容。

2. Hull Healthy Living Centre

Hull Healthy Living Centre 于 2003 年成立，它是一家创新性的只面向 55 周岁以上的老年人的服务类型的社区组织。服务包括：老年人日常生活服务（美容美发、健身、餐饮、售卖福利性商品）、健康保健服务（身体检查、健康教育、按摩）、保险服务、课程培训（舞蹈、运动、工艺）等。与 W&W 相似的是，Hull Healthy Living Centre 的资金来源也是基金会与政府。市议会、New Opportunities Foundation（新基金会）给予了该中心一定的资金支持，其他资金来源于其他信托基金会和社会捐赠获得。Hull Healthy Living Centre 由客户与会员成立了一个活跃的志愿者队伍，该中心志愿者与工作人员拥有平等的地位。

Hull Healthy Living Centre 更加注重该社区老人的精神需求。了解市场需求很重要，老年人的需求不仅仅限于看护、照料等传统的养老服务，老人的心灵慰藉与精神健康也应该被关注，因此该组织为老年人口提供了丰富的生活、娱乐设施，如餐饮、健身房、水疗池、按摩浴池等以满足老年人口的精神生活需要。

3. The Carib Care

The Carib Care 是一个独立的志愿组织，成员与管理委员会均来自社区人员，定期举行股东大会选举管理委员会的成员。该组织成立的动因在于社区体检服务的缺乏，因此创办者与当地教会进行合作，在教会的支持下最终建立了基于该社区老年人口需求的家庭护理项目。目前，The Carib Care 每周提供 500 小时的家庭护理服务，制定个性化的服务方案。并且开放日间护理中心，与其他服务机构合作，签订提供宿位的合同。

The Carib Care 从一个小小的需求出发，基于一个小社区开展的小项目发展成为一个成功的社会企业，而在这个过程中解决一个小小的问题，就能创造很大的社会效益。

4. 英国社会企业参与居家养老供给的经验

首先，与各个组织建立合作关系。资金方面，养老产业的进入成本较高而且属于福利性产业，因此社会企业要重视与政府的关系，以获得政府的支持。成功的企业往往具有良好的合作伙伴关系网络，通过与其他主体的合作，借助其他主体的优势弥补自身的弱势。W&W 企业与多个组织合作，开展丰富的活动，以拓展自身的服务范围。The Carib Care 通过与社区教会合租，对社区老人的需求进行详细了解，减小了项目进行的阻力。因此，社会企业要重视合作的作用，协同其他主体组织，共同建立一个完善的养老服务系统。

其次，从需求出发丰富养老服务。Hull Healthy Living Centre 关注到老年人口不仅需要传统的照料服务，丰富老人精神需求在老人晚年生活中同样重要。The Carib Carc 创立的动因在于社会老人体检服务供给缺乏。除了传统的养老需求外，社会企业还关注到了更深层次的、现供给不足的养老需求，以独特的、丰富的养老服务产品转化为社会企业的独特性。

最后，重视志愿者的作用。由于社会企业兼具营利性质与福利性质，这会使得社会企业盈利水平不及普通商业企业，这将导致社会企业工作人员的短缺，因此招募志愿者参与社会企业的活动成为必然。Hull Healthy Living Centre 与 The Carib Care 等社会企业都强调了志愿者的关键作用。因此，社会企业要重视志愿者队伍的建设，使志愿者队伍充分地参与到养老服务产品供给过程中。

三、社会企业参与居家养老面临的问题

随着我国养老压力的加大，国家鼓励社会资本参与到养老服务中。2011年国家出台的《社会养老服务体系建设规划（2011—2015年）》对社会资本参与养老服务行业提出了要求。社会企业具备经济效益与社会效益的性质，参与养老服务行业能充分地调动养老资源、提高养老服务产品质量、丰富养老供给层次，但是社会企业在现实中的发展却差强人意。社会企业虽然已经参与到养老服务行业中，但是相对于非营利组织与商业企业，其影响力还是较小的，对于日益增长的养老需求，社会企业的作用是微弱的。

尽管社会企业参与居家养老服务具备独特优势，但是社会企业参与在参与居家养老服务中面临着种种困难。本文将从内在障碍与外部障碍两个方面，对社会企业的发展问题进行分析。

（一）内部障碍

1. 社会企业的影响力较小

社会企业作为一种新兴事物在我国大陆地区的影响范围有限，2015年英国社会企业达到7万家，西班牙的社会企业超过5万家，美国通过认证的社会企业数量超过2000家，韩国通过认证的社会企业数量超1500家。而我国内地通过慈展会认证的社会企业仅有234家。从影响范围上看，社会企业多集中于发达城市，例如深圳、北京、广州、上海。活跃涌现在二三线城市，如杭州、成都、苏州、昆明等。这种分布一是由于上述地区经济基础、文化基础较良好，二是由于社会企业的认证机构通常分布在上述地区。可见我国内地的社会企业在数量上并不及其他地区，整体数量较少，由于种种原因限制其分布范围有限，在我国内地总体影响力较小。

2. 社会企业的价值漂移

社会企业的优势在于兼顾公平与效率、经济效益与社会效益，但是这种属性也导致了使命漂移现象的出现。社会企业在运行的过程中注重经济效益，忽略社会价值，这会使社会企业逐渐走向普通商业企业的发展路线；而过于强调社会价值忽略经济效益，会阻碍企业的可持续发展，最终会使得社会企业演变成为非营利组织。Alter根据商业项目和公益项目的关系将社会企业进

行了划分，包括整合型（商业活动与社会服务补不可分）、嵌入型（商业活动与社会服务相对独立）、独立型（大部分利润用于社会服务）。我国学者余晓敏从所有权形式和利益相关方视角将社会企业分为：非营利组织（信托形式持资，以确保服务的公益性，组织管理者为不同利益的代表）、合作社（“一人一票”原则的民主治理模式）和商业企业（由股东出资，资本所有权与股权规模挂钩）。而商业企业模式的社会企业因为其社会使命缺乏外部约束，容易被传统商业企业的经营逻辑所主导，更容易发生使命漂移的现象。

3. 运营能力差

造成社会运营能力差的原因主要有以下几点：

专业人才的缺乏。社会企业是介于企业与非营利组织这之间的组织形式，其在人才市场上相较于体制内单位与商业企业而言竞争力较小，体制内单位职员除工资外的福利待遇较好，企业组织多以绩效划分工资标准，但在高薪资和福利待遇方面社会企业无法给员工保障，因此对于社会企业而言引入人才、留住人才是困难的。这具体表现在社会企业专业管理人员的缺乏和养老专业人员的缺乏。养老型社会企业的管理人员除了具备管理的专业知识外还要对养老产业有所了解，并在实际运行中把握住社会企业的发展方向，兼顾社会价值与经济价值，避免出现使命漂移现象，这都对社会企业的管理者提出的要求。但目前，我国养老服务行业的工作人员普遍薪资待遇不高、专业能力缺乏职业认同，现多数从业者大多为缺乏培训的非专业人员，专业养老人才的缺乏已经成为整个行业的普遍现象，人才素质不高将直接影响到养老服务的质量，也将阻碍整个行业的发展。

资金筹集困难。国外社会企业的起始资金来源包括股东出资、社会资助、政府资助、信托。创办养老企业需要投入较多资本购置土地、硬件设施等，且收益慢、回报周期较长，因此经营者的资金压力较大。此外，社会资本投资社会企业的资金是不能收回的，名为投资实为捐赠，这将打击社会力量参与社会企业运营的积极性。政府资助与社会捐赠具有很大的不确定性，我国金融行业尚未为给社会企业开展信托服务，我国民间借贷的风险性较高，种种因素都给社会企业的资金筹集带来困难，初期资金短缺将直接影响到后期社会企业的正常运营。

产品同质化风险。我国养老产业已发展得较为成熟，加之近些年养老产业医养康养趋势，能够看出我国养老服务供给愈加多层次。根据马斯洛需求理论，人的需求分为5个层次，现有养老型社会企业，如发展较成熟的金太阳养老服务中心，往往只注意到老人的生理需求与安全需求，其服务产品与其他养老机构服务产品差异不大。实际上老人除了基础需求外，其社交需求、尊重需求、自我实现需求同样值得关注。英国W&W养老中心与Hull Healthy Living Centre除了日常照料服务外更加注重到了老人的精神层次的需求。相比较英国我国社会养老型社会企业产品面临着产品同质化的风险。

（二）外部障碍

1. 法律制度不健全

我国行政注册体系并不存在社会企业的概念，社会企业在我国成立并不被法律承认。我国现有的社会企业部分为有限公司形式，部分为民办非企业形式。社会企业注册为普通有限公司就无法享受到政府给予的税收和政策优惠，注册为民办非企业就无法开展经营性活动。社会企业在创办时就面临着行政登记困难。这就导致一些社会企业无法进行行政注册。尽管北京、成都等地出台了有关社会企业的行政法规，慈展会也出台了相关认证办法，但是这仅仅是地方和非官方的，在我国内地还并未有明确的法律条文对社会企业的注册登记、认证、监督管理等内容进行规范。此外，社会企业作为新兴事物，由于没有来自政府的优惠政策和明确的法律规定，社会企业参与养老产业将寸步难行，这将直接影响到社会企业在社会公众中的认可度，可能会造成社会企业早期在养老服务市场中的竞争力不足，后期在发展过程中缺乏监督和引导。

2. 社会公众对社会企业缺乏理解

公众受传统的慈善观的影响认为慈善就不应该收费。公众认为社会企业作为慈善组织本身不需要太多的支出，可实际上社会企业提供服务需要付出人力、物力、场地等。社会企业追求社会价值的同时也需要保障企业的可持续发展，因此大多数社会企业都会对产品或服务向消费者进行合理的收费，这与传统的慈善观念是相背离的，社会公众自然会不信任社会企业。相比较传统的慈善观念，欧洲慈善消费已经很普遍，人们很乐意通过消费直接或间接参与慈善活动，通过投资促进社会价值的实现。此外，公众受“有困难找政府”观念影响。我国政府在国民政府的公信力较强，不少人认为政府是万能的，而养老服务的服务对象老年人由于时代背景对政府的依赖度更强，他们更加相信公办养老机构。而随着近些年政府倡导“简政放权、放管结合、优化服务”，鼓励多元化养老服务供给创新，鼓励更多民间组织参与到养老产业中。虽然政府的政策鼓励给社会企业带来了发展契机，但是公众对政府的依赖、对社会企业的不信任，限制了社会企业的影响力与认可度。

3. 缺乏养老行业监督体系

我国养老行业整体缺乏行业服务标准和完善的监管评估体系。虽然个别养老结构会委托第三方对本机构进行评估，但由于全国范围并没有形成统一的监管评价标准以及第三方评估资质问题，导致评价结果很可能是不客观。养老是项民生工程，关系到整个社会。养老产业缺乏监督，养老机构只重形式不关注服务质量，会导致老年人群的幸福指数下降。此外，社会企业参与养老产业缺乏监督。在经营困难时期，社会企业在缺乏监督的情况下，很可能会抬高产品或服务价格，以低收入消费者的利益换取利润。由于社会企业兼具企业和慈善组织的性质，缺乏自我约束或外部监督很可能造成社会企业使命漂移现象的出现，即进行逐利经营，忘记社会使命，使社会企业逐步滑向普通商业社会企业。

四、社会企业参与居家养老路径构建

社会企业参与居家养老将能活跃养老市场，丰富养老市场供给层次，以合理的价格为老年人提供优质的养老服务。通过上文可知社会企业参与我国养老产业是必要的，而如何使社会企业真正地参与到我国社会养老产业中，具体可以分为 3 个阶段。在初期，针对我国社会企业数量少的问题，该阶段应当培育更多的社会企业，使更多的社会企业参与到居家养老服务中。成长期，在社会企业已经参与到居家养老阶段，应当根据社区老人的需求进行产品开发，并与其他组织建立合作关系，利用其他组织资源丰富产品、服务内容。成熟期，为保障社会企业的平稳运行，社会企业要建立组织自律体系、引进高质量人才、树立品牌进行品牌宣传、建立志愿者管理中心。

（一）初期：培育社会企业

1. 促进非营利组织向社会企业转型

非营利组织与社会企业所追求的社会价值相同，而非营利组织多是依靠社会捐赠这种不确定性的资金支持，很难维持组织的正常运行。非营利组织转型社会企业可以在维持运行基础上继续开展公益活动。非营利组织转型首先需要明确其转型方向和服务对象。其次要处理好与已有服务对象的关系。非营利组织之前所提供的服务是无偿的、免费的，之后再向之前的服务对象收费必定会遭到其反对，因此可以进行阶梯收费，对于已有服务者仍然为其提供免费的或低价的服务，对享受高一层次服务的新客户进行高一层次的收费，已有客户可以根据消费能力选择以前的服务或更高层次的服务，给其自主选择权。

2. 促进普通商业企业向社会企业转型

目前，不少企业越发关注企业的社会价值，政府也在呼吁企业要积极承担社会责任。不少大型企业（例如阿里巴巴）都设有社会责任部门，该部门通常开展公益活动的同时开展商业活动，这与社会企业具有相似性，若能将企业中的社会责任部门转化为社会企业，对于社会责任部门而言，将会获得更多的自主权。对于企业而言将会降低其承担社会责任的成本、拓展企业本身的业务范围。另外较高的社会责任感将会为企业本身带来收益，消费者会因为企业的社会责任感较强选择信任该品牌，企业将会在社会公众中树立起良好的形象，而社会责任感较强的企业往往会得到政府鼓励，企业将具有良好的发展前景。

（二）成长期：产品开发、建立合作关系

1. 养老产品开发

社会企业和普通商业一样，需要设计出符合客户需求的产品或服务才能获得客户的认可。养老服务质量与水平不仅关系到社会企业本身的发展还会关系到客户的晚年幸福，因此产品设计直接关系到社会企业经济价值与社会价值的实现。现有养老产业中，供给愈发多样化，要想在激烈的市场竞争中脱颖而出就需要以多样化的服务产品满足老年人各层次的需求。这具体包括两点：兼顾客户多层次需求、借助现代科技进行客服管理。首先，产品设计

要兼顾老人的多层次需求。对于居家养老的老年人而言他们除了日常的卫生健康需求外，更多的是社交需求甚至自我实现需求。当代社会，空巢老人、独居老人不在少数，他们的心理健康同样值得关注。因此社会企业除了日常照料服务、卫生健康服务外，还可以安排一些丰富的课程培训、有趣的娱乐活动等来缓解老年人内心的孤独感。其次，借助现代科技对客服进行管理。为老年人佩戴智能手环，对客户的身体状况进行记录，进行实时观察并载入数据库。对于患有慢性病和突发病病史的老人进行重点关注。当老人发生突发紧急情况时，数据报告给养老中心，中心及时联络就近医院进行救治。

2. 与不同主体建立合作关系

一个企业的资源是有限的，单靠一己之力难以在市场上立足，因此无论是普通商业企业还是社会企业都需要与外界建立合作关系。养老产业涉及多个服务领域，社会企业应当将有限的资源集中于自身擅长的领域，借助外部力量拓展其他领域的服务内容，以满足客户的多样需求。英国 The Carib Care 经营社区养老服务，主要为老年人提供家庭护理与体检服务，但是有部分老人需要进行陪床看护而该中心不设床位，于是该中心通过与其他机构签订合同，该中心以租借的形式使用后者的宿位。从经济角度上讲，与多主体展开合作可以降低社会企业的成本支出，有更多资本提升其专业领域的服务质量；从社会价值角度上讲，与多主体的合作关系能够拓展社会企业的服务内容，为老年人提供更为丰富的养老服务。从企业发展角度讲，产品内容的丰富将有利于社会企业在市场竞争中获得优势，现有的养老中心的服务内容往往是单一的，社会企业与多主体能够建立一个完整的养老服务体系，这将能够吸引更多的客户选择社会企业。

（三）成熟期：保障企业平稳运营

1. 培养优秀人才

从以上分析可知，人才短缺是影响养老产业社会企业发展的重要因素，社会企业需要的不仅仅是社会企业的管理人才还有具有养老专业素养的人才。社会企业可以与高校合作，为管理专业、社会学专业、护理专业、心理学专业的学生提供社会实践机会，学生以志愿者的身份发挥其专业特长。一方面，学生可以将所学的专业知识应用到实践中，有助于其专业技能的提高；另一方面学生志愿者走进社会企业将能使其更为深入地了解社会企业，增加学生对社会企业的信任，吸引更多的人才毕业后进入社会企业工作。同时缓解了社会企业用人紧缺的问题。有条件的社会企业还可以与高校开展人才定向培养，经过专业培养的人才在毕业后即可进入社会企业工作。

2. 树立特色品牌

在进入成熟期时，社会企业其运营能力大大提升，这时候应当逐步树立社会企业的特色品牌，以扩大市场影响力。优秀的品牌能够建立消费者对品牌的忠诚度。在招聘市场上，优秀的品牌能够吸引更多的人才前来求职。具体应当如何树立特色品牌呢？首先，品牌定位要从社会企业的服务对象、服务内容出发，突出社会企业的特色所在。上文提到社会企业的服务对象为中低收入老年人，以低廉、实惠的价格为老年人提供优质的服务产品，这就是居家养老社会企业的特色所在。其次，进行品牌宣传，针对老年群体制定宣传方案，这包括与接触老年人的广播、电视台、短视频网站的线上宣传，也包括在社区附近、医院附近的线下宣传等，以多种形式例如义诊、健康讲座、体检等公益活动吸引到老年群体的注意。

五、结语

社会企业参与居家养老服务是具备可行性的，但是由于内部和外部的障碍，使社会企业在我国养老市场上并不具备较强的竞争力，我国内地现存的社会企业数量仍然很少。社会企业要想在我国养老市场上站稳脚跟，除自我变革外，外部的支持同样重要，由于本文篇幅有限，未能对社会企业的外部环境改进方面的内容作深入研究，政府、法律等如何为社会企业提供良好的发展环境将是之后研究的重点。

参考文献

[1] 唐美玲，张建坤，雒香云，等 . 智慧社区居家养老服务模式构建研究 [J].

西北人口，2017，38（6）：58-63，71.
[2] 张仁枫 . 我国居家养老存在的问题和对策研究 [J]. 江苏经贸职业技术学院学报，2016（5）：31-35.
[3] 郑建娟 . 我国社区养老的现状和发展思路 [J]. 商业研究，2005（12）：159-161.
[4] 孙泽宇 . 关于我国城市社区居家养老服务问题与对策的思考 [J]. 中国劳动关系学院学报，2007（1）：98-101.
[5] 睢党臣，刘星辰 . 人工智能居家养老的适用性问题探析 [J]. 西安财经大学学报，2020，33（3）：27-36.
[6] 王小荣，刘也，贾巍杨 . 社区智慧居家养老系统构建模式研究——天津市既有社区虚拟平台建设探讨 [J]. 建筑学报，2020（S1）：56-59.
[7] 龚俊杰 . 医养结合社区居家养老模式 [J]. 中国老年学杂志，2020，40（8）：1777-1781.
[8] 李双全，张航空 . 政府购买社会组织居家养老服务：典型模式、适用条件及潜在风险 [J]. 江淮论坛，2019（6）：175-179.
[9] 默罕默德 · 尤努斯，卡尔 · 韦伯 . 企业的未来：构建社会企业的创想 [M]. 杨励轩，译. 北京：中信出版社，2011.
[10] Battilana J, Dorado S.Building sustainable hybrid organizations; the case of commercial microfinance organizations[J]. Academy of Management Journal, 2010,53(6):1419-1440.
[11] Elbert M. Enterprising nonprofits[J]. Harvard Business Review, 1998,76(1): 55-57
[12] 李健 . 破解社会企业发展的“中国式”困境：一个定价视角 [J]. 中国行政管理，2015（8）：121-125.
[13] 樊云慧 . 论我国社会企业法律形态的改革 [J]. 法学评论，2016，34（5）：105-114.
[14] 刘志阳，李斌，赵陈芳 . 公益创投对社会企业使命偏离的影响研究 [J]. 东南学术，2020（3）：143-152.

社会企业参与农村治理研究

张家美

摘要：社会企业作为兼顾经济效益和社会责任的新主体，以商业模式解决社会问题的发展优势在农村发展治理过程中发挥了重要作用。尤其是促进了农村发展方式从“输血”到“造血”的转变。但当前社会企业的扩大再发展遇到困境，通过分析社会企业在农村全面发展治理中的必要性，总结当前社会企业在促进农村发展治理的模式和困境。并针对当前社会企业发展困境提出相关优化对策，以期促进社会企业治理推动农村发展。

关键词：社会企业；治理；困境

在我国大力推动美丽乡村建设过程中，社会企业作为解决社会问题、提高民众收入和幸福感的重要组织，具有政府单位和一般企业没有的优势。社会企业的重要性已经被学界广泛认可，我国许多学者对其作出了重要研究，进行了必要的实验，取得了长足的发展。但总体上来说，关于在新时代发展农村社会企业，促进农村治理还存在一定的不足。由此，本文在立足农村发展和民众观念的实际对社会企业促进农村发展、有效推动社会经济的发展、克服政府失灵和社会经济失灵的弊端的基础上，分析社会企业在农村发展的困境并进行深入的探讨和研究，以期能够对推动社会企业理论的发展和解决社会企业在我国发展的困境提供可行性建议。

一、社会企业参与农村发展治理的必要性

（一）克服政府失灵，灵活精准地治理

1. 降低扶贫成本，调动民众积极性

在促进农村发展治理尤其是对贫困农村的帮扶过程中，政府是通过“自上而下”的行政手段干预，更多的是靠“输血”，而忽视了农村本地村民的“造血”积极性。导致了相关人群等、靠、要的依赖心理，认为“上学难”“看病难”“住房难”只是因为政府没有“给”。[1]不仅使得政府在促进农村发展治理的过程中需要大量的资金投入，而且也造成了农村社会的不稳定因素增加。同时，简单的政府扶持带来的脱贫成果难以持久，容易再次返贫。[2]社会企业兼具社会效益和经济效益，致力于利用经济手段解决社会问题，一方面，追求经济效益使其更注重节约成本；另一方面，使农民能够充分参与到社会经济的建设中，切实发挥自身主动性和积极性，克服对外来资金的依赖性，实现“自给自足”的持久性脱贫。

2. 提高治理效率，改进“造血”能力

不得不承认，现阶段政府相关机构和工作人员工作压力大、工作内容存在一定程度的重合，导致在政府主导促进农村发展治理的过程中出现相关机构间工作配合重复、意见不统一现象。[3]甚至有些地方政府为追求政绩脱离农村发展实际，导致治理效率低下。一方面，社会企业具有商业化模式固有的竞争意识和效益意识，可借鉴成功的管理经营经验提高“造血”能力；另一方面，社会企业改变了政府主导农村发展的模式下缺乏有效外部监督的现状。[4]

3. 结合当地实际，精准带动发展

农村在发展过程中出现了地域差异明显、农村文化差别较大等特点，但政府“自上而下”以行政手段参与农村的发展治理，不同程度地存在官僚主义和形式主义，甚至为了追求地方政绩，制定一系列“一刀切”的发展政策，[5]忽视了农村发展的实际情况，难以满足新时代农村发展需要。社会企业和社会企业家拥有较强的社会创新精神，更容易在社会性目标和经济目标的双重指导下精准分析农村发展的新形式和现有资源，结合农村具体的发展实际，制定具体的发展方向，最终带动农村实现创新发展。

（二）战胜市场失灵，更注重社会效益

企业作为市场主体最大的目标是利益最大化。在参与农村治理发展的过程中，由于农村经济发展落后，大部分农村资源匮乏、市场狭隘，对企业的吸引力小。即便是那些愿意承担社会责任的传统企业，也由于农村发展依赖性强，难以实现持续性发展。[6]且传统企业固有的利益导向导致企业在参与农村治理的过程中不免以利润为中心而损害农民利益。社会企业虽然也注重经济效益，但社会企业以解决社会问题为最终目标，与农民的利益诉求完全一致。同时在政府、市场和社会的监督下，社会企业目标单一不会发生偏差，更不会损害农民的利益。[7]

（三）摆脱志愿失灵，实现内生型生长

1. 摆脱外部依赖，自给自足

社会公益组织通过社会募捐、提倡企业承担社会责任等方式追求社会目标的最大化，在一定程度上克服了传统政府和企业直接参与农村发展治理的效率低和目标导向偏差等问题，在促进农村发展治理的前期发挥了重要作用。但社会公益组织活动的基础就是政府的财政拨款和社会各界的捐助，其参与农村发展治理的能力取决于外部捐赠，具有比较强的外部依赖性。[7]一方面会造成农村发展治理出现畸形的发展状态，另一方面也导致社会出现了“道德绑架”等一系列新的社会问题。社会企业在追求社会目标的同时，以商业手段追求经济目标基本实现了自给自足，社会企业在发展过程中不仅可以归还社会企业创办的初始资金也可以将利润投入到下一阶段的发展治理当中。切实实现摆脱外部依赖，自给自足。

2. 拓宽受益人群，创新发展模式

社会公益组织在服务农村发展治理的过程中，受益人群单一。社会公益组织的服务对象仅仅包含农村贫困村民，还造成了有些贫困人员产生了等、靠、要等思想，难以开发贫困人群的积极性和主动性，没有从根本上解决实际问题。除此之外，农村大部分村民收入形式单一、随机性大，经济能力脆弱。但他们间或性地被公益组织排除在服务对象之外。社会企业家可以结合农村发展实际、农村村民的特点和本地独特资源开展一系列经济活动，带动所有村民积极参与其中。[8]不仅可以优先解决贫困村民的经济困难，也可以

丰富所有村民的收入结构，提高村民的抗风险能力，最终实现农村经济健康可持续发展。

二、社会企业促进农村发展治理的现状

（一）社会企业在农村参与治理的现状

1. 社会企业绝大多数处于发展初期

在中国学术界，有关社会企业的概念在 2003 年时立荣教授的《非营利组织运行机制的转变与社会性企业的公益效率》一文中首次出现。[9] 到 2013 年，在《中国社会企业与社会影响力投资发展报告》中显示，中国的社会企业共计 2000 家。到 2018 年，中国的社会企业还不超过 5000 家，其中有 5 年以上发展经验的仅占 46%。[10] 由此来说，我国社会企业发展整体规模都比较小，近八成的社会企业人数在 50 人以下，年收入总体偏低，在 100 万元以下的占到 60%，只有 10% 的社会企业年收入超过 500 万元。

2. 社会企业家主要是热情的中青年高级知识分子

2018 年刘志阳等学者的调查显示，在 2003—2018 年间有 90% 以上的社会企业家为中青年高级知识分子。[11] 首先，中青年高级知识分子有眼界、有热情参与到农村发展治理中，愿意返乡促进农村发展。其次，中青年高级知识分子具有一定的社会创新能力，能在社会需求和农村社会资源之间找到结合点且拥有一定的知识和能力带动农村社会企业的发展。[12]

3. 社会企业在农村的类型包括合作社、福利企业和民营非营利组织

合作社由村民出资，利用商业化模式给村民带来经济效益。当前国内农村合作社的经营范围主要涉及政府购买工程、种植业、养殖业、农产品加工以及公益性旅游等几个方面。[13] 为搞活当地经济和增加农民收入有十分重要的意义。农村福利企业有养老院、幼儿园（或者托儿所）、就业培训机构等形式。有效实现了社会企业参与农村治理在社会养老和儿童抚养方面的重要作用。民营非营利组织作为一种新的农村社会企业发展模式，以其非营利性保障了社会使命目标的准确性，并利用民主参与的形式来保障社会企业实现社会资源有效配置。

4. **社会企业在农村的主要发展模式**

社会企业在农村的主要发展模式有：带动参与模式、小额贷款以及促进就业模式。当前中国农村最重要的社会企业模式莫过于带动参与模式，通过带动村民建立专业合作社，建立村民自己的企业。[14] 一方面解决村民就业问题、丰富村民收入结构；另一方面通过入股的方式带动全村积极创业并使村民参与到日常管理结构中，增强村民成就感和主人翁意识。小额贷款主要是通过农村信用社提供给村民救济和发展经济的启动资金，一定程度上解决了部分村民的资金困难。[15] 促进就业模式通过作为工作中介为村民介绍工作和提供就业与再就业培训，在农村发展治理过程中起到了重要作用。

（二）社会企业参与农村治理的困境

1. **社会企业层面：自身发展不足**

第一，社会企业欠缺自主性和独立性。社会企业的融资方式主要包括两方面：一方面，社会企业资金来源于较为成功的一般性企业。作为以营利为目的的一般性企业在给社会企业融资的时候一般都会有宣传或合作的要求，[16] 这严重影响社会企业自身发展的独立性和自主性。另一方面，许多社会企业的典型代表合作社，会通过社会购买的方式实现就业和发展。但这些大型合同一般都需要经过政府的审查，并存在延迟交付的现象，使得大型工程承包后的社会企业资金链短缺，自主性严重受限。

第二，专业人才短缺，内部决策机制不合理。虽然大多数的社会企业都是由优秀的中青年知识分子创办的，但是个人能力毕竟有限，社会企业家不足以支撑整个社会企业发展的需求。尤其在后期扩大发展的过程中，社会企业需要更加专业的人才，但社会企业自身社会性使命导致对许多专业人才的吸引力不足。同时，民主参与管理社会企业的模式既是社会企业能够一直发展的优势，也是后期阻碍社会企业进一步发展的劣势。社会企业民主参与管理带动村民的积极性，是促进村民积极性和满足感的重要方式，但社会企业在农村参与发展治理的过程中最主要的服务对象普遍都是知识水平和能力不够高的普通民众，由于自身能力的限制，他们的决策也不尽合理。

第三，品牌意识不足，社会形象经营不善。社会企业在发展初期普遍性地忽略了自身的品牌打造，在发展过程中也一定程度上因为追求社会效益而忽视企业品牌的建设。加之我国社会企业的社会认知度比较低，一般都会被看作公益组织。[17]一些社会企业消费过程中甚至会出现道德绑架的现象，导致社会公民在还不了解社会企业的情况下就有了不好的印象。反观“老爸测评”重视自身的品牌建设和社会形象，严格把控检测的每一项产品并实现了检测结果的透明性，使消费者普遍认为经过“老爸测评”的检测的产品又有了多一重的安全保障，从而放心购买。所以社会企业在经营过程中忽视自身品牌意识导致自身社会形象不佳是目前许多企业的发展弊端。

2. 社会层面：社会企业发展环境差

第一，社会普遍性的认知程度低。首先，社会企业在我国发展较晚，整体上数量也比较少，社会企业对社会的贡献还没有被普通大众所熟知。社会企业的概念是为解决政府失灵、市场失灵、志愿失灵的社会问题而被引入中国的经济体，部分社会群众对社会企业还存在较大的误解。其次，发展社会企业的氛围不够浓烈，媒体和民众关注度也比较低，而且一些从事社会企业工作的人本身也不够了解社会企业的内涵和外延。[18]最后，甚至存在一些企业利用社会企业概念不被社会熟知的现状进行炒作和虚假宣传，骗取社会各界的支持和援助，以此来获取不法收入，严重影响了社会企业的认知度和公信力，也影响了社会企业的整体发展和社会形象。

第二，缺乏相应的人才培养机制。社会企业经营人才和专业人才都严重缺乏，已经深远地影响到社会企业的发展。当前国内的社会企业虽然都是优秀中青年高级知识分子，但个人能力有限，而且许多社会企业的发展除了需要社会企业家的热情还需要有社会创新。例如韩国一些社会企业将被废弃的鱼内脏收集起来做成肥料和鸡饲料，不仅解决了废弃鱼内脏污染环境的问题，而且有了低成本的制作原料。这个想法很重要，把鱼内脏做成村民需要的饲料和肥料的过程也很重要，需要通过相关人才的技术才能真正实现。因此，社会企业的社会创新和实现社会创新都需要人才。

3. 政府层面：整体支持不足

第一，角色和法律地位模糊。社会企业作为近些年才引进国内的新形式，社会影响力比较小、社会认知程度低，且以社会效益为中心兼顾追求社会效益和经济效益，如果不能很好地协调二者之间的关系，更容易导致社会普遍的概念模糊。尤其是国内关于社会企业还没有明确的法律法规。[19] 社会企业与社会各机构的关系定位难以明确，严重影响了社会企业社会目标的实现。中国社会企业的倡导者徐永光在对于“是否要声明自己是企业”和“是否要声明自己的公益性”两个关于社会企业的问题，答案都是否定的。[20] 没有明确的角色和法律地位，过多地强调社会企业的公益性只会导致社会公众对社会企业的误会更深，更不利于社会企业的发展。可以说这也是当前中国社会企业发展的恶性循环，越不声明影响力越小，越没有发展社会企业的氛围，中小型社会企业发展越困难。

第二，相关的规章制度缺位。一方面，社会企业缺乏法律法规的约束和指导。在社会企业建设过程中没有相关法律法规，社会企业家只凭自己的一腔热情创办社会企业。但在发展过程中难免会因为其经济效益而忽略了社会效益的发展。另一方面，针对社会企业发展的监督缺失，导致市场混乱。一些社会企业在发展过程中由于缺乏监督而做出有损社会企业整体形象的行为，比如社会企业的利润并没有用于社会的建设中；社会企业过多强调自己的社会责任，甚至通过道德绑架牟取经济利益等。[21] 因此，社会企业的相关规章制度缺位不仅不利于社会企业的建设和发展，也不利于整个行业的发展。

第三，政策的扶持力度不足。社会企业作为市场经济体符合整个社会创新发展的趋势，如果没有政府、市场以及社会的支持，社会企业很难得到发展。政府的政策支持短缺在一定程度上加重了社会企业角色和法律地位模糊的现状。社会企业在发展初期最大的困境就是没有资金支持，承担政府公共服务的项目是部分社会企业能够维持的重要方式，但由于政府审批程序和工程检验较慢等问题，导致一些小型社会企业资金周转困难。[21]

第四，缺乏规范的发展研究指导和模范建设。当前中国国内仅有少数大学开设了关于社会企业和社会经济的课程，严重缺乏相关研究指导。而且国内目前有影响力的关于社会企业的表彰只有中国慈善展会评选的“金牌社会企业”，导致社会企业发展缺乏成功经验借鉴和模范引领。

三、优化社会企业促进农村发展治理的路径探究

（一）企业层面：坚守服务社会的初心，优质发展

1. 坚守企业的初心，保证独立自主

坚守企业的初心，其首要任务就是加强企业内部的价值认同，相同的价值认同可以增强社会企业的内部凝聚力，也有利于形成内部监督体系。根据社会企业的基本原则不难看出，社会企业最重要的初心和使命就是解决社会问题、服务社会。因此，虽然社会企业以商业模式解决社会问题，要兼顾社会效益和经济效益两方面目标，但社会企业建设的最终目标是要解决社会问题、服务社会。不仅要找准社会企业自身的社会定位，[22] 避免社会企业由于过度追求经济效益而忽视社会效益以致影响社会形象，还要保障社会企业在融资或扩大发展过程中，保持其发展的独立，实现自主优质发展。

2. 增强人才吸引力，优化决策模式

由于社会企业参与农村发展治理的目标和使命是解决社会问题，这其中重点就在于人才，无论是社会企业参与社会创新寻找发展方向还是将一些创新想法付诸实践，抑或是社会企业的日常运营，都需要相关人才的支持。因此社会企业有相同价值取向的人才的加入，是社会企业得以持续发展的重要基础。一方面，社会企业可以通过工作价值、工作氛围、薪酬等手段增强企业对人才的吸引力；另一方面，有专业的人参与以后，企业的管理模式可以在坚持民主管理的基础上加强专业人才的话语权，优化企业决策模式，实现社会企业健康发展。此外，还应加强社会企业和高校间的合作。[23] 高校能为社会企业的发展和研究提供智库支持，有效改善决策模式，提高社会企业的发展能力和水平。

3. 树立品牌意识，增强社会影响力

社会企业在解决社会问题的过程中要实现创新发展，不仅要解决还要有尽可能完善的解决方案，以此来培育社会企业的核心竞争力。尤其从长远来看，社会企业要实现长远发展不能过多依赖外部支持，更重要的是建设专有品牌。即使在社会企业缺乏资源的情况下，也要将资源整合放在品牌建设方面，培育自身核心竞争力。例如“老爸测评”从一间化验室开始，打造儿童

养护的放心检测中心；“绿康医养”专注于养老服务，不断完善自身优势，注重打造自身品牌而深得群众的信赖。

（二）社会层面：改善发展环境

1. 扩大宣传，提高对社会企业的认知

第一，正确传播社会企业的理念。社会企业是一个较为复杂且容易被误解的新概念，正确解读社会企业的理念，明确社会企业存在的初心，才能促使村民正确认识和了解社会企业。可以通过与媒体合作加大社会企业的宣传力度，普及相关专业知识，用事实宣传其发展理念，增加村民的价值认同感。第二，弘扬社会企业家精神。社会企业家以一腔热情，放弃原本更好的机会，投身到社会企业的建设中，致力于帮助他人、解决别人不能或不愿的社会问题，这本身就是令人敬佩的。可以通过荣誉评选和社会企业家培训机制加强其精神文化的弘扬，在促进村民了解的同时提高社会企业家参与实践的能力，也吸引更多优秀人才参与社会企业的建设和发展，[24] 以期在农村发展治理的参与中实现更好更快的发展。

2. 完善人才培养机制和社会企业家培训

在社会企业发展较好的英、美、韩等国都在高校广泛开展社会企业或社会经济专业的建设，为我国社会企业人才的培养提供了重要的借鉴。一方面，促进高校开展社会企业相关课程，甚至设置社会企业向专业教育体系。在“大众创业、万众创新”思想的指导下与高校协调合作开展社会企业的实践调查研究。注重培养年轻一代的社会责任感和社会企业家精神，培养新一代社会企业家。另一方面，协调政府、社会和企业，开展企业家培训活动，促使其更好地运用社会创新力量解决社会问题、满足社会需求。

（三）政府层面：加强支持力度

1. 明确社会企业的角色定位和法律地位

正确认识社会企业作为市场经济主体的角色，把握社会企业发展的现状和特点。在宪法的指导下制定适宜社会企业发展的法律法规，明确社会企业的性质、区分社会企业的权利和义务、确立其法律地位。对社会企业运行的基本程序、资金来源与去向、监管机制等方面均作出一定的规定，促使社会企业便利地参与社会经济活动，协调与社会组织的关系。在此基础上，出台

社会企业的认定标准。[25] 目前，部分企业或社会组织自称是社会企业，但其发展理念明显与社会企业的理念相背离，只是借宣扬社会公益谋取同情，甚至道德绑架败坏社会企业的社会形象。由此，需要针对社会企业的资格认证，从社会目标、组织类别、业务类型、治理结构、收入来源、利润分配等方面，研究制定符合我国发展实际的认定标准。

2. 建立完善的规章制度

截至目前，我国仅有北京和成都等极少数社会经济最为发达的超一线城市针对社会企业出台了地方性的指导意见，在绝大部分地区，社会企业这一概念没有被相关官方文件所提及。与英、美、韩等社会企业发展较好的国家相比，我国社会企业的相关立法还处于空白状态。借鉴这些发展经验，结合中国当前发展实际，建立完善的规章制度促进社会企业的发展有十分重要的意义。此外，建立完善的监督制度有助于成功检验一些鱼龙混杂的企业，有效防止这些企业打着社会企业的幌子大肆宣传所谓的公益而谋取经济利益。有益于整顿社会经济，改善社会企业的社会形象。

3. 加强政府的扶持力度

首先，创造良好的发展环境。社会企业在发展初期总会遇到各种困难，尤其是在“大政府，小市场”的中国，社会企业在发展初期离不开政府的大力支持。就社会企业发展先进的欧美国家的经验来看，社会企业的发展需要政府的帮扶。其次，改革税收政策，解决资金困难。借鉴英、韩两国社会企业发展初期的共同经验，可以发现政府向社会企业购买服务、加快审批速度、给予税收优惠政策对社会企业初期的发展大有裨益，不仅可以增加社会企业的社会影响力，也可以有效减缓社会企业的资金压力。最后，打造优秀社企，发挥模范引领作用。根据中国社会企业现阶段的发展水平来看，社会企业作为一种新兴的经济发展模式缺乏发展经验，国内社会企业也没有领军式的人物和典范。因此，可由政府支持打造优秀企业，发挥带头引领作用，为国内社会企业提供经验借鉴，保证社会目标不偏离。

参考文献

[1] 时立荣，王安岩．中国社会企业研究述评 [J]. 社会科学战线，2019（12）：272-280.

[2] 袁彦鹏，鞠芳辉，刘艳彬．双元价值平衡与社会企业创业策略——基于创业者身份视角的多案例研究 [J]. 研究与发展管理，2020，32（3）：36-49.

[3] 刘玉焕，尹珏林，李丹．社会企业多元制度逻辑冲突的探索性分析 [J]. 研究与发展管理，2020，32（3）：13-24.

[4] 王珍．社会企业偏向行为下的合法性背离 [J]. 中国中小企业，2020（2）：93-94.

[5] 刘志阳，王陆峰．中国社会企业的生成逻辑 [J]. 学术月刊，2019，51（10）：82-91.

[6] 张再杰．发挥“龙头企业＋合作社＋农户”各自优势推动农村社会生产力发展 [N]. 贵州日报，2019-09-11（09）.

[7] 章佳瑶．社会企业参与农村扶贫困境研究 [D]. 上海：华东政法大学，2019.

[8] 胥思齐，李会军，席酉民．可持续的社会企业商业模式运行过程及实现机制——基于公益性小额信贷行业的多案例研究 [J]. 管理学报，2020，17（6）：802-813.

[9] 时立荣．非营利组织运行机制的转变与社会性企业的公益效率 [J]. 北京科技大学学报（社会科学版），2003（4）：1-7.

[10] 潘穗琳．社会影响力投资的中国实践与国际比较 [D]. 上海：上海外国语大学，2019.

[11] 吴维锭．我国社会企业型公司的融资困境与破解 [J]. 金融与经济，2020（5）：74-80.

[12] 章佳瑶．社会企业参与农村扶贫困境研究 [D]. 上海：华东政法大学，2019.

[13] 金世斌．英国社会企业的发展历程、规制体系与启示 [J]. 中国发展观察，2020（Z4）：121-125.

[14] 卢雅琴．关于社会企业资本成本决策研究 [J]. 全国流通经济，2020（9）：

95-97.

[15] 时立荣，闫昊．提升社会治理效能：社会企业生产要素社会性变革及其制度优势 [J]. 理论探讨，2020（2）：171-176.

[16] 李庆．韩国社会企业发展脉络、新动向与启示 [J]. 经济论坛，2020（3）：124-133.

[17] Le T T, Nguyen T, Quan H. When giving is good for encouraging social entrepreneurship[J]. Australasian Marketing Journal, 2020,28(4):253-262.

[18] 葛琳．社会企业参与社区治理的困境与思考 [J]. 党政论坛，2020（1）：41-45.

[19] 谭馨海，尔古玛玛．发挥市场监管职能作用营造社会企业发展良好环境 [J]. 中国市场监管研究，2020（1）：40-43，64.

[20] Samuel A, White G, Mason Jones R. The evolution of the social enterprise[J]. Strategic Change, 2020,29(4):415-416.

[21] 김형돈．사회적경제 단일유형 조직과 복합유형 조직의 경제적 · 사회적 성과에 관한 연구 [J]. 한국사회복지행정학회 ,2020,22(2):81-113.

[22] 徐永光．公益向右，商业向左：社会企业与社会影响力投资 [J]. 大社会，2019（9）：76.

[23] Allen R A. Sources of expertise in social enterprises[J]. Strategic Change, 2020,29(4):447-458.

[24] 刘虹楠，朱江，张芳，等．发展社会企业推进社区社会治理现代化——以成都市武侯区为例 [J]. 社会治理，2019（8）：35-39.

[25] 姚瑶．公司型社会企业的中国化：法律定位与监管逻辑 [J]. 河北法学，2019，37（7）：78-88.

社会企业的监管：一个基本框架的构建

——基于对中国社会企业使命漂移的防范

李卷书

摘要：使命漂移是社会企业产生和成长过程中普遍存在且需要时刻警惕的一个问题。尤其是中国社会企业引入和发展的时间较短，大量的社会企业正处于刚刚建立或仍处于向真正意义上的社会企业探索发展的阶段，绝大多数的社会企业内部的监管制度并不完善，且面临着生存和对扩大发展的追求，使得大部分社会企业在发展过程中已出现一定程度的使命偏离；中国内地和社会企业相关的法律和政策极少，对社会企业概念的界定也具有模糊性，导致了社会企业自身没有一个精准的自我规范的依据，外部的监管者也缺乏准确评估社会企业运营状态的标准。使命漂移的产生是社会企业长期背离其建立初衷的体现，也是对社会企业使命偏离长期放任不加以约束和纠正的结果，这不仅会给社会带来较大的负面影响，也会进一步加剧公众对于社会企业的不信任，使得社会企业难以在中国继续发展壮大，因而有必要思考如何对社会企业进行有效规范和监管的问题。在借鉴国内外一些国家和地区社会企业监管经验的基础上，结合社会企业的内外部监管，为我国社会企业监管体系的构建和完善提供一些政策性的建议。

关键词：社会企业监管；使命偏离；使命漂移；政府政策；法律法规

引言

随着北京、成都等地关于社会企业政策的正式出台，在我国发展了 10 多年的社会企业正式得到了政府官方的认可，开启了社会企业发展的新篇章。但是作为一种正处于发展初期的新型组织形态，社会企业正面临着相当多的问题，而这些问题也成了抑制其健康发展的因素。社会企业兼具经济价值属性和社会价值属性，这既是社会企业的优势所在，也是其所面临的最为重大挑战所在。价值取向双重性之间的矛盾使得社会企业本身并不太容易在两个价值取向之间保持一种动态平衡的关系，尤其是在面临经济危机、经营困难等内外部环境动荡的情况下，更是容易产生使命的漂移。我国虽然在 2015 年和 2016 年两年间，相继颁布了《中国慈展会社会企业认证办法（试行）》《中华人民共和国慈善法》《民办非企业单位登记管理暂行条例（修订草案征求意见稿）》等文件，其中部分内容在一定程度上为社会企业的内外部监管提供了实施的指引。但由于我国社会企业还处于初步发展阶段，企业内部自我监督机制正处于探索阶段，而这些过于宽泛且没有针对性的法律和制度远不足以我国对社会企业形成强有力的外部监管及问责。因而在这样的情况下，“社会企业极易成为一个合法的伪装者，在法律的保护下利用社会角色或绿色声誉为私人牟利，进而破坏其公共职能”。①

由于我国长期以来慈善公益类组织的信用形象欠佳，近年来还持续不断地出现了一些丑闻事件，使得公众对具有公益性质的组织和企业等产生了严重的信任危机。在这样一个信任缺失的社会环境下，中国新兴的社会企业“利用商业手段来解决社会问题”这一创新模式，更是难免陷入“以公益谋利”的舆论困境。尤其是我国绝大多数社会企业在凭借自身社会身份能够较易获得政府的政策支持和外部资源的帮助的情况下，其社会和商业的两个目标实际达成绩效均不如人意；② 甚至还出现了假借公益之名而进行私人逐利的社会企业。③ 这些情况的出现不仅进一步削弱了社会企业的公信力，还严重扰

---

① Hemphill T A, Cullari F. The benefit corporation：corporate governance and the for-profit social entrepreneur[J]. Business & Society Re-view, 2014,119(4):519-536.

② 刘振，乐国林，李志刚 . 双重驱动因素与社会企业成长绩效——市场合法化的中介作用 [J]. 科学学与科学技术管理，2016，37（9）：114-128.

③ 张晓峰，刘静，沈喆 . 儒家义利观视角下的社会企业系统治理研究 [J]. 山东社学，2017（2）：129-134，192.

乱了市场秩序。况且对于任何一个不被社会大众认可、不被投资者和利益相关者信任的社会企业而言，可以说它是失去了使其能够持续运营从而实现其社会使命的关键条件。因此，我们应当思考，如何才能让同时具有社会性和营利性的社会企业在逐利的过程中保持对社会性的优先考量，以及如何确保社会目标在其寻求可持续性运营办法的过程中不偏离。学者们研究发现，建立一个完善的监管体系既是推动社会企业持续健康运营的重要保障，也是防范社会企业在发展过程中产生各类风险最基本的条件。鉴于当前我国在社会企业的监管的研究和实践方面均存在着极大的不足，因此本文将从宏观监管体系的角度来探讨如何预防和规避社会企业使命漂移的产生，并提出相关的建议。

一、理论基础

近几十年来，被称为推动社会发展的“第四推动力”的社会企业，[①] 正在逐渐受到更多国家的重视和推广，但事实上，社会企业的概念由来已久。有学者认为它最早可追溯至 17 世纪的英国贫民习艺所，[②] 也有学者认为它源于 18 世纪中后期的英国合作社。[③] 虽然不能确定社会企业起源于何时何处，但能肯定的是社会企业具有悠久的历史渊源。

1. 社会企业的概念及特征

虽然国外对社会企业的探索和发展已有 30 多年甚至是更长的历史，但由于各国和各地区社会企业兴起的社会环境、历史背景等不同，以及对社会企业认识及实践上的差异，导致无论是在学术界还是实务界都没能对

① 刘志阳，金仁旻 . 社会企业的商业模式：一个基于价值的分析框架 [J]. 学术月刊，2015，47（3）：100-108.

② Polanyi K, Moiseev N A, Von Gadow K, et al. The great transformation: the political and economic origins of our time[J]. Proceedings of the National Academy of Sciences, 2015,104(14):5953-5958.

③ Matthew F Doeringer. Fostering social enterprise: a historical and international analysis[J]. Duke Journal of Comparative & International Law, 2010(20):291-329.

社会企业的界定达成共识。[①]也导致了社会企业有着多个不同的名称，包括社会企业、共益企业、第四部门企业等。虽然社会企业的定义存在差异，但不同地区还是对社会企业作出了区域性的统一界定。在欧洲，大多数国家都倾向于从社会经济的范畴来定义社会企业，其中欧洲委员会的界定获得了欧洲国家的普遍认同。根据委员会的界定，社会企业是非营利组织与劳动合作社相互交叉、混合而产生的一种新的组织形式。正如安东尼奥·托马斯所说，社会企业属于第三部门，它是一种社会经济的另类形式。而社会企业在美国，由于深受国家普遍倡导的社会企业家精神、创新创业精神以及浓郁的商业文化的影响，使得社会企业在美国的界定更倾向于“为社会利益而实践的企业行为”。[②]正如丹尼斯所说，社会企业是指那些依靠商业计划来实现其促进社会进步或为公共财政作出贡献等目标的组织；英国政府认为社会企业的社会性目标替代了股东和所有者的利益最大化目标成为社会企业发展的动机，因此社会企业的所得利润应再投于企业本身运营或社会之中。[③]在韩国，政府直接在《社会企业育成法》中给出了社会企业的界定。韩国的社会企业首先必须根据该法第七条的规定获得正式认证，其次它的特征是在追求社会性目标的同时也从事着各类营业活动，最后它的目标是为社会弱势群体提供就业岗位、社会服务或者是为社区作出贡献以提高当地居民生活质量。[④]除了上述官方给出的界定，一些研究社会企业的学者也对社会企业有着独特的见解，杰弗里·罗宾逊的观点则更倾向于强调社会企业的公益性，认为社会企业应当将其所获盈余再投资于企业或社区发展。而戴维·伯恩斯坦的社会企业界定则更偏向于肯定社会企业的作用。他认为“社会企业是对解决各种变革所致社会问题的所有创新方式的总称，是解决公共部门或依赖商业手段无法应对的社会问

---

① Janellea A Kerlin. Social enterprise: a global comparison. Lebanon[M]. NH: Tufts University Press, 2009.

② 杨光飞，马晓浔 . 本土社会企业发展的困境与契机：实践观察与理论思考 [J]. 广州公共管理评论，2013（1）：129-143.

③ 于晓静 . 国外社会企业的发展及其启示 [J]. 社团管理研究，2011（5）：46-49.

④ 劳动部社会科《韩国社会企业育成法》（2012）第二条第一款。

题的有效途径。①

在中国，虽然对社会企业的研究在逐年增多，但对社会企业概念的界定以及相关基础理论认定尚未达成共识。过去，中国政府将社会企业界定为具有一定“造血功能”的非营利组织，并将其视为民办非企业单位的替代概念，但随着学界对社会企业的深入研究，此种观点逐渐被中国政府摒弃。目前，我国不同学者站在不同的角度提出了社会企业的不同定义。比如：潘小娟在强调组织使命的基础上给出了界定，认为社会企业是一种介于民间非营利组织和传统营利性企业之间的组织形态，它受到社会责任感而非利润的驱动并为实现既定的社会、环境以及可持续发展的目标而进行商业交易；② 张宇则在强调运作模式的基础上提出了社会企业的定义，认为社会企业是一种利用商业创新的办法来解决社会问题的模式，它通过对内建立起科学的治理结构，对外进行资源的高效整合和利用，在保证其基本商业目标的同时完成其社会使命。③ 虽然不同国家和地区对社会企业的定义不尽相同，致使后来的研究者们对社会企业的“真实面貌”产生了一定的困惑，但我们不必纠结于此，只需要把注意力集中在所有界定的共通之处，就能勾勒出社会企业的大致轮廓：一是，社会企业的根本使命是实现社会效益；二是对利益追求是社会企业实现根本使命的手段；三是社会企业是完全独立的组织形式；四是社会企业运营必须受到相关的法律约束；五是社会企业的界定受到不同国家和地区的实际情况的影响。

2. 社会企业使命漂移及监管

使命漂移是指社会企业发展的首要目标从实现社会使命向追求经济效益最大化转变的现象。④ 由于社会企业是一种介于营利性企业和非营利组织之间的混合组织形态，⑤ 其使命的二元性导致其在成长过程中始终面临着对社会价值

---

① 戴维·伯恩斯坦 . 如何改变世界：社会企业家与新思想的威力 [M]. 吴士宏，译 . 北京： 新星出版社，2006.

② 潘小娟 . 社会企业初探 [J]. 中国行政管理，2011（7）：20-23.

③ 张宇 . 我国社会企业的发展现状、问题及对策 [J]. 经营与管理，2019（1）：7-10.

④ Battilana J, Dorado S. Building sustainable hybrid organizations: the case of commercial microfinance organizations[J]. Academy of Management Journal, 2010, 53(6):1419-1440.

⑤ Dees J G. Enterprising nonprofits[J].Harvard Business Review, 1998(76):54-69.

的追求与对商业价值追求之间潜在冲突的挑战，[①] 因此对于社会企业而言，发展过程中的核心问题就是要平衡好双重价值追求之间的关系，既要寻求有效途径维持企业的可持续发展，又要保证在“自我造血”的过程中社会使命不产生偏离。对于使命漂移发生的原因，学者们普遍认为商业化是其最重要的来源。[②] 一方面，由于补贴和捐赠资金的有限性和不稳定性，一些非营利性质组织在向营利性质社会企业转型的过程中，希望吸纳更多的商业资本来增强其可持续发展的能力，但这样的行为也增加了它们为追求更高的财务回报而偏离社会使命的风险。[③④] 另一方面，社会企业在扩大经营规模以及想要或被要求实现更大社会效益的过程中，往往会伴随着对更高效率（人才和技术的专业化）、更高利润（更低成本和更高价格）的追求，这也使得社会企业的服务重心逐渐从企业的受益群体转向能够为其创造更高利润的客户群体，从而产生了使命漂移。[⑤⑥] 在讨论如何应对这一挑战方面，大部分学者关注组织治理在其中的作用，主要依赖于社会企业本身对于使命漂移的解决。[⑦] 很少关注外部监管或者

---

① Dawson S, Dargie C. New public management: a discussion with special reference to UK health[C]//K O Mc, Laughlin S P, Ferlie E. New Public Management: Current Trends and Future Prospects, 2002:34-56.

② Copestake J. Mainstreaming microfinance: social performance management or mission drift?[J].World Development, 2007,35(10):1721-1738.

③ Ault J K. An institutional perspective on the social outcome of entrepreneurship: commercial microfinance and inclusive markets[J].Journal of International Business Studies, 2016, 47(8):951-967.

④ Zhao E Y, Grimes M G. Staying true to purpose: how commercial pressures affect mission drift among social enterprises[C]//Academy of Management Proceedings. Briarcliff Manor. NY 10510: Academy of Management, 2016.

⑤ André K, Pache A C. From caring entrepreneur to caring enterprise: addressing the ethical challenges of scaling up social enterprises[J].Journal of Business Ethics, 2016, 133(4):659-675.

⑥ Wry T, Zhao E Y. Taking trade-offs seriously. examining the contextually contingent relationship between social outreach intensity and financial sustainability in global microfinance[J]. Organization Science, 2018, 29(3):507-528.

⑦ Eikenberry A M, Kluver J D.The marketization of the nonprofit sector: civil society at risk?[J]. Public Administration Review, 2004, 64(2):132-140.

将内部治理和外部监管结合起来探讨社会企业使命的防范措施。有学者指出使命漂移是由长期性的使命偏离累积形成的最终结果表现，只要能在日常活动中及时发现使命偏离并进行适当调整，就可以避免使命漂移的发生。[①] 特别是在我国内地社会企业面临外部制度和法律缺失、内部监管制度建设情况参差不齐、各社会监管主体发育不成熟的情况下，应研究如何联合社会企业内外部主体力量，加强对社会企业日常活动的监管，及时发现并纠正社会企业的使命偏离行为，以促进社会企业的双重目标的达成。

相对于国外，我国在社会企业各方面的研究上都稍显不足。通过对目前国内社会企业研究的文献整理可知，现有研究主要集中于以下四个方面：一是对社会企业概念和模式的探讨；[②③④] 二是对社会企业的介绍和推广；[⑤⑥⑦] 三是对社会企业内部治理的研究。[⑧⑨] 四是为培育和促进社会企业发展而从微观层面、中观层面和宏观层面提出相关的政策建议。尤其是随着我国社会企业实践的不断深入，各种问题的逐渐暴露和增多，我国学界在社会企业监管方面的研究相当匮乏，难以对规范我国社会企业的发展形成系统性的指导。且现有研究绝大多数是在分析我国社会企业监管面临的法律困境基础上，建议引介国外关于社会企业的法律法规。倡导在立法上给予国内社会企业合法性

---

① 刘志阳，庄欣荷，李斌 . 地理范围、注意力分配与社会企业使命偏离 [J]. 经济管理，2019，41（8）：73-90.

② 夏绪梅 . 社会企业——一种社会创新的企业形式 [J]. 企业活力，2009（9）：5-8.

③ 余晓敏，张强，赖佐夫 . 国际比较视野下的中国社会企业 [J]. 经济社会体制比较，2011（1）：157-165.

④ 陈雅丽 . 社会企业研究：理论探讨与实践观察——近十年来中国社会企业研究综述 [J]. 社科纵横，2014，29（5）：94-98.

⑤ 田蓉 . 超越与共享：社会企业研究新进展及未来展望 [J]. 南京社会科学，2016（12）：53-58，64.

⑥ 蒯华伟 . 我国社会企业发展动力来源与模式探究 [D]. 桂林：广西师范大学，2018.

⑦ 沙勇 . 社会企业发展演化及中国的策略选择 [J]. 南京社会科学，2011（7）：49-54，64.

⑧ 洪令家 . 社会企业之治理架构初探：英美规范为基础 [J]. 全国律师，2015（9）：62-74.

⑨ 梅锦萍，杨光飞 . 论社会企业的自主治理——域外经验及其对中国的启示 [J]. 南京政治学院学报，2017（5）：85-89.

身份，并对其依法进行监管，保护其承诺与使命不受侵蚀。①②③ 目前相当缺乏从监管政策、措施等方面给予的监管建议，也缺乏从宏观角度探讨我国社会企业监管的整体的框架构成和运行逻辑。

二、中国社会企业发展现状和监管现状

1. 中国社会企业发展现状

虽然各个国家社会企业诞生的背景和原因并不完全一致，且各国政府所期望社会企业解决的社会问题也不尽相同。但总体而言，社会企业是随着各国社会问题逐渐增多且日益复杂，而政府（政府失灵）和市场（市场失灵）乃至非营利性组织（志愿失灵）均难以有效地解决这些问题或者由于解决所花费的代价极其高昂而不愿意去解决的情况下应运而生的。

社会企业的概念诞生于西方国家得到了充足的发展。这一概念在 2002 年才第一次被引入我国学界，其后在英国文化教育协会及友成基金会等组织的支持和推广下（主要是 2008 年以后），这一概念才逐渐受到我国更多学者们的关注；之后随着尤努斯的自传《穷人的银行家》以及戴维·伯恩斯坦的《如何改变世界——社会企业家与新思想的威力》两本书在中国的出版发行，促进了学者们对社会企业的进一步了解，由此我国对社会企业的研究才开始进入了较快发展的时期。④

随着我国学者对社会企业研究的逐渐深入，一些企业家和组织领导者们也开始注意到了欧洲社会企业这一现代社会的新组织形式，在他们自发地尝试转型和探索社会企业模式的过程中，大量社会企业以及相关的组织也相继出现和成立。例如：2008 年，中国内地第一家社会企业研究中心（SERC）成

① 赵莉，严中华．我国社会企业发展面临的法律困境及其对策 [J]. 社团管理研究，2012（4）：28-30.

② 潘晓．第三部门法的“社会企业”运动——欧美两种路径下的制度演进 [J]. 北大法律评论，2012，13（1）：221-240.

③ 郑夏蕾．中美社会企业法律规制比较研究及对中国的启示 [J]. 科学经济社会，2015，33（3）：126-131.

④ 王名，朱晓红．社会企业论纲 [J]. 中国非营利评论，2010，6（2）：1-31.

功创建。[①] 2014 年，随着广东顺德社会创新中心的全国首个地方性社会企业认证工作的发起，诞生了中国第一家具有认证资格的社会企业——深圳残友集团。紧接着在 2015 年，中国内地慈展会发布了《中国慈展会社会企业认证办法（试行）》，并联合多家机构正式开启了我国全国性的社会企业认证工作。[②] 迄今为止，我国经过慈展会认证的社会企业从 2015 年的 7 家已经增加到 283 家，除此之外，我国还存在着大量的类社会企业，它们也在纷纷努力地寻求转型并争取获得认证。这说明随着时间的推移，社会企业的形式在我国社会逐渐得到了认可，同时也体现了我国公民参与社会治理、帮助解决社会问题的意愿正在逐步增强。

除了学者们和社会各界人士的推动，我国政府也在努力为社会企业发展创造较好的外部环境。一方面，党的十八大和十九大报告里对逐步建立起共建共治共享的社会治理格局的强调，以及我国2015年《国务院政府工作报告》中对驱动经济发展的“双引擎”的提出等，均为社会企业的建立和发展提供了利好政策。另一方面，各地政府也相继展开了对推动社会企业发展的政策和实践的探索。例如：2011 年，北京市委对扶持社会企业发展，大力发展社会服务业的积极倡导。从 2012 年开始，广东省的部分市县通过创设社会创新基金和中心以及开展社会资本投资公益项目等，来传播社会企业理念、培育社会企业发展。尤其是在 2018 年《成都市人民政府办公厅关于培育社会企业促进社区发展治理的意见》颁布之后，吸引了当地大量的资本，它们支持社会企业的发展并且愿意为其提供各方面的支援，一时间社会企业发展的势头迅猛。

虽然近年来在政府、社会各界和学者们共同的推动下，社会企业在中国得到了极大的发展，但是一些问题也正逐步显现。根据中国社会企业服务平台官网数据可知，中国的社会企业主要分布在广东、四川、北京三地，其他地区存在的社会企业少之又少，而且多以地方性的社会企业为主，全国性的

① 社会周刊：https://www.socialworkweekly.cn/thingking/2156.html.

② 大陆地区目前由深圳市中国慈展会发展中心、北京大学公民社会研究中心、中国人民大学尤努斯社会事业与微型金融研究中心、億方公益基金会、国际公益学院、中国公益研究院多家机构联合发起，由深圳市社创星社会企业发展促进中心具体执行。

社会企业屈指可数。再从中国慈展会发展中心已认证社会企业2020年的年度审核情况来看，在通过认证的283家社会企业中有95家逾期未进行审核，且从笔者搜集到的这些社会企业相关新闻和企业公开信息来看，大部分企业经营状况令人担忧。不仅如此，多家机构对我国社会企业的调查研究结果均表明，虽然近年来我国社会企业总体数量有所增长，但由于其自身缺乏充足资金（中国的社会企业主要以社会捐赠、自有资金及有偿服务收益为主）和实际的运营能力，导致当前中国大部分社会企业普遍存在机构规模小、收入低、资产总额小、融资水平差和资金匮乏等情况。由此可见，当前中国缺少有代表性的、十分成功的社会企业，大量的社会企业不仅没有在社会价值方面作出可观的成绩，还面临着最基本的生存问题。

除此之外，我国社会企业以及正处在转型中的类社会企业（部分学者认为这些企业就是社会企业）已经频繁出现使命偏离的现象。例如，一些学者对中国国内部分地区的农村公益性小额信贷公司展开了调查和研究，[①②③] 发现这些被研究的小额信贷机构均已呈现两种发展趋势：一是它们越来越倾向于向更"富裕的穷人"放贷，而不愿意向真正贫困的人放贷；二是它们日益倾向于对更高的利率和收益的追求，逐渐偏离了帮助真正困难的人的使命。同样的问题也大量出现在其他行业的社会企业中，如学者研究的我国残疾人帮扶C公司，由于自身经营问题，C公司正在逐渐排斥需要帮助的经济困难的残疾人士，转而只接受出价较高的残疾人等等。[④] 随着我国社会企业的逐渐发展和不断增加，在相关法律法规不完善、监管制度不健全的社会环境下，社会企业使命偏移这类问题将会越来越多，甚至会演变为因使命漂移而造成恶劣的社会影响。不仅如此，产生的这一系列后果也将转而成为制约中国社会企业发展的重要因素。

---

① 刘西川，黄祖辉，程恩江．小额信贷的目标上移：现象描述与理论解释——基于三省（区）小额信贷项目区的农户调查 [J]. 中国农村经济，2007（8）：23-34.

② 张世春．小额信贷目标偏离解构：粤赣两省证据 [J]. 改革，2010（9）：63-68.

③ 何剑伟．小额信贷商业化中的目标偏移——一个理论模型及西部小额贷款公司的经验研究 [J]. 当代经济科学，2012，34（4）：73-79，127.

④ 朱健刚，严国威．社会企业的内部治理与社会目标达成——基于C公司的个案研究 [J]. 理论探讨，2020（2）：177-184.

2. 中国社会企业的监管现状

我国社会企业之所以呈现出以上特征和上述的问题，与我国缺乏社会企业相关政策、法律以及监管制度等是密切相关的。一方面，我国社会企业没有获得正式的合法地位也缺少较大的组织机构等作为其信用背书，在二者共同的作用下，我国社会企业获得政府的补贴与社会支持的可能性被极大地降低了，一定程度上造成了社会企业前期运营的困难。[①] 另一方面，由于社会企业本身具有实现商业价值和社会价值的双重使命，导致了社会企业在发展过程中很难实现二者之间的平衡；尤其是在面临经营困难又监管缺乏的情况下，社会企业极易出现道德风险或发生使命偏离，久而久之则会产生社会企业的使命漂移。这种结果的产生既会导致社会企业的信用进一步恶化，使之更难在中国立足和发展，而且也会对利益相关者甚至整个社会造成较大的负面影响或造成较大的损失。从社会企业发展所面临的监管环境来看，中国目前尚未出台专门针对社会企业的法律法规，大多数地方政府在培育和规范社会企业方面仍采取观望的态度，因此各地出台的政策总量较少。通过中国政府网公开数据显示，中国各地方政府一共出台了 21 条社会企业相关政策，[②] 其中 20 条均为对社会企业的扶持政策，仅有一条是对社会企业的监管政策，由此可看出我国对社会企业的政策整体呈现“重扶持、轻监管”的特征。而

① 金仁旻，刘志阳 . 使命漂移：双重目标压力下的社会企业治理研究 [J]. 福建论坛（人文社会科学版），2016（9）：15-21.

② 《顺德区社会企业培育孵化支援计划》《深圳市福田区打造社会影响力投资高地的扶持办法》《第三届顺德社会企业认证手册》《昌平区回天地区社会企业认证与扶持试点办法》《北京市社会企业认证办法（2019）试行》《温州区关于利用城乡社区发展治理专项激励资金培育发展社会企业的办法（试行）》《郫都区社会企业培育扶持办法（试行）》《简阳市社会企业扶持办法（试行）》《成都市社会企业章程模板》《金牛区促进社会企业安防展的若干政策（试行）》《成华区社会企业培育扶持办法（试行）》《成都市武侯区社会企业扶持办法（试行）》《关于加强社会组织综合监管的实施意见》《成都市社会组织管理综合执法暨社会工作专业人才队伍建设联席会议制度》《社会企业培育发展工作目标任务》《关于发挥工商行政管理职能培育社会企业发展的实施意见》《成都市社会企业评审认定管理工作试行办法》《成都市人民政府办公厅关于培育社会企业促进社区发展治理的意见》《成都市工商行政管理局关于征集观察社会企业的通知》等。

中国当前社会企业存在着的诸多问题都在提醒我们需要重视对社会企业的监管，尤其当下大量社会企业在法律法规不健全、监管机制不健全的情况下正在以公益之名谋一己之私，如果政府再不加强对社会企业的监管，势必会导致更多损害公共利益的事情的发生，也会进一步让公众失去对社会企业的信任，最终导致中国社会企业的发展举步维艰，因此加强对我国社会企业的监管的研究是十分有必要的。

三、防范中国社会企业使命漂移的监管建议

我国社会企业在发展过程中存在着诸多风险和障碍，需要我国政府在法律、政策上给予支持以减少其发展的阻力。虽然近年来北京、成都等地在推动社会企业发展的过程中积累了一定的经验，但总体而言还是以对社会企业的培育为主，缺乏从社会企业监管方面的推进，对社会企业的监管的体系和机制等方面内容亟待进一步研究。相对而言，英、美、日、韩等国家在长期的社会企业发展过程中积累了较多的监管经验。有鉴于此，本文将基于对国内外社会企业监管实践经验的借鉴和总结，从监管的理念、政策和法律、监管的监管主体和监管内容以及监管方式五个方面，提出我国社会企业监管的相关的政策建议，整体建议框架图如图 1 所示：

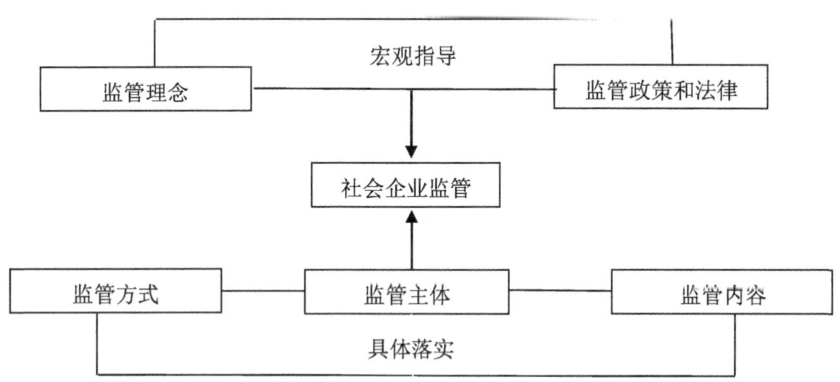

图 1　我国社会企业监管建议框架图

1. 转变对社会企业监管的理念

在我国积极引导和培育社会企业发展的背景下，我们必须先转变促进社会企业发展的指导思想并进行理念上的创新。第一，树立加强对社会企业监管的理念。对社会企业进行一定程度的规制并不意味着会抑制社会企业的发展，我国长期对社会企业“重培育、轻监管”的做法反而造成了诸多社会企业在发展过程中偏离了其社会使命的正轨，对其自身和社会均产生了不好的影响。西方国家大量的监管实践也证明了，政府对社会企业政策和法律上的规制反而给社会企业提供了一个安全健康的内外部运营环境，在一定程度上能够加速社会企业的发展。第二，树立全局、统一、协调的监管理念。近年来，各地方政府虽相继开展针对社会企业发展的政策和监管方面的探索与实践，但由于缺乏全国范围的统一的政策和法律的规范等，导致各地政府对社会企业的管理都不尽相同，在企业的认定、培育和监管办法以及负责机构等方面呈现出“五花八门”和“相互分割”的特点。因而对于社会企业的监管，我国政府应转变监管思路，要树立全局的、统一的和协调的监管理念：首先要重视顶层设计和地方政策之间的结合，避免由于标准不统一等情况带来的管理混乱；其次要重视不同监管主体的力量，利用其不同的监管优势来划定监管责任，使之各司其职、各负其责、相互配合，形成合力；最后要打破“重门槛，轻运营”的监管理念，建立包含全方位和全过程的监管制度，形成社会企业准入、运营和退出监管并重的监管意识。第三，树立公开透明的监管理念。社会企业信息的公开透明，是实现对其有效监管的前提。因此，应当树立整个社会重视监管和参与监管的良好氛围。一方面，应当采取各种办法充分调动公众对社会企业监管的积极性和主动性；另一方面，应当保障公众监管渠道的畅通，其中包括公众获取社会企业信息的渠道，意见投诉和信息反馈渠道，等等。例如：逐步推进社会企业信息公开的工作（可采取分类管理的办法），提高社会企业信息披露的标准并加强其信息披露的规范性，以保证公众获取的社会企业信息的及时性、真实性和完整性；建立社会企业监管的公共信息平台，实现公众获取和传递监管信息的便捷性和畅通性。

2. 制定对社会企业监管的政策和法律

从国际经验来看，政府政策和法律的支持是规范社会企业发展的基石。

然而我国出台的和社会企业相关的政策和法规极少，没有构建起一个完整的政策和法律监管体系，在很多环节上均存在监管的空白，例如：中国刚刚实现了社会企业的直接登记，但至今对社会企业的新身份都没有政策和法律可参照。这也导致在实践中很多所谓的“社会企业”名不副实，而是假以社会企业的名义来敛财牟利。从借鉴国外的经验来看，为了长期性地促进社会企业和类社会企业的创新发展，我国也必须制定和完善专门针对社会企业的监管法以防范、控制社会企业发展过程中产生的各类风险，确保社会企业稳健、高效地运行。然而介于当前我国已认证的200多家社会企业多处于最为艰难的起步阶段，包括社会福利企业和以民办非企业单位在内的大量类社会企业仍处在积极地探索转型的过程，在原有法律上进行修改和补充以及建立具有整合性与灵活性的政策支持体系可能更能满足当下对于监管的迫切需求。[①] 例如：日本政府目前尚未设立专门针对社会企业的法律或制度，但是日本政府修改后的《中小企业基本法》《特定非营利活动促进法》《公益认定法》等还是为社会企业提供了一个合法、多元且高效的行动框架；[②] 新加坡政府更是没有将社会企业纳入立法体系，通过采取更加宽松的规制办法来认可各种类型、各种名称的社会企业存在，并激励更多社会企业的创新方案的产生以解决更多的社会问题。[③] 近年来我国北京、成都、深圳等多地政府也相继在监管政策上作出了探索性的成果，例如：成都构建了以信息公示为核心的社会企业信用约束的办法；北京出台了《北京市社会企业认证办法（试行）》，完善了社会企业认证分级和评价体系；等等。但总体而言，由于顶层设计的缺失，各地政府缺乏对社会企业相关管理部门的整合，同时也缺少对社会企业发展和监管的统一规划与协调。因此，应该根据我国社会企业实际发展的情况进行合理的监管，其中首先应当出台统一的政策对社会企业监管形成全国范围内的统筹规划，然后再尽快修改或出台相关法律让社会企业在法律范围内有效

① 郑胜分，刘育欣．社会企业政策支持系统之初探 [J]. 社区发展季刊，2013（9）：28-38.

② 金仁仙．中韩日社会企业发展路径比较研究 [J]. 社会治理，2018（4）：48-52.

③ 李健．政府如何促进社会企业发展？——来自新加坡的经验 [J]. 经济体制改革，2016（5）：19-24.

运行。一定要在培育和监管并重的理念下，逐步加强对社会企业的监管，防止部分社会企业在发展过程中产生或继续存在严重的使命漂移问题。

3. 完善对社会企业监管的主体结构

对社会企业的监管涉及政府、社会企业本身、内外部利益相关者、第三方机构以及广大公众等各类主体。他们一方面既是社会企业发展过程中政策、资金、运营或公众等方面的支持者，同时也是帮助社会企业规范运营的监管者（见图2)。整体上来讲，我国社会企业的监管主要存在两大问题：第一，我国绝大多数社会企业尚未建立起成熟的内部监管制度；第二，我国社会企业的外部监管环境过于宽松。这也直接导致了我国社会企业在发展过程中产生了各种不规范甚至违法的行为。社会企业的监管需要社会企业的外部监管与内部监管有效配合、共同作用才能够真正提高社会企业运营的透明度和可问责性。首先，完善社会企业的内部监管是风险控制的第一道防线。长期以来，我国一直倡导各类社会组织应该自觉进行自我管理、自我服务和自我监督，因此社会企业应在明确自身使命的基础上，完善内部的各项规章制度并优化内部治理结构，制定相关行为准则和诚信守则并让内部的各个相关主体充分参与社会企业内部治理，以便及时发现和自纠错误以预防使命偏离或漂移的发生，逐渐提高自身的社会可信度。[①] 其次，巩固我国社会对社会企业的监管则是风险控制的第二道防线。政府应与社会多方的力量联合，建立以政府为主导、多元合作的外部监管体系。第一，政府应积极推动社会企业行业协会的成立，引导行业协会制定相关标准和规范，并充分发挥其与社会企业近距离接触的优势，动态监督社会企业的日常经营和行为。其中，我国可以借鉴韩国劳动部成立的“社会企业促进委员会”的构成及其对韩国社会企业进行监管的经验。第二，重视第三方独立机构的力量。加快建立起全国统一的且具有权威性的社会企业第三方评估机构、认证机构等，完善与之相关的配套政策、措施以及管理制度。例如：美国公益公司在其章程里必须写明其公益价值，即在公共利益方面的社会影响。且企业必须接受第三方机构对其

① Chisung Park，Mark Wilding.Social enterprise policy design: constructing social enterprise in the UK and Korea[J].International Journal of Social Welfare, 2013(22):236-247.

产生的实际公益价值的审计并每年公布企业的年度公益报告。第三，充分发挥新闻媒体和社会公众等在社会企业监管方面的作用。我国应创新设计符合我国实际的社会企业影响力指标或价值指标，并创建社会企业的信息公开平台，为媒体、公众评估和监管社会企业公益目标实现状况以及企业运营状况提供可参考的标准和真实资料。最后，政府运用经济和法律手段对违法违规的社会企业进行处罚是风险控制的第三道防线，这道防线是不能随意动用也不希望会动用到的一道防线，但这道防线的构建必须要对试图触犯底线的社会企业和个人起到震慑的作用，因此要在一定程度上加大惩处力度，时刻提醒社会企业要合法合规运营。

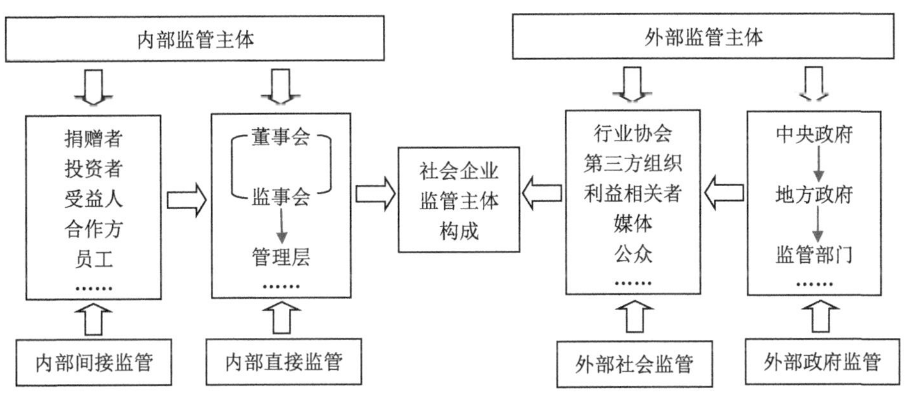

图 2　社会企业监管主体构成框架图

4. 明确对社会企业监管的具体内容

除了明确对社会企业进行监管的多元主体的构成以外，还需要厘清多元主体的监管内容以更好地形成整体性的监管合力。根据社会企业的双重目标来分，对社会企业的监管可以分为对其经济性活动的监管和对其社会性活动的监管。对其社会性活动的监管主要是指对社会企业的公益性和利润分配的有限性等方面的监管，这主要是为了对社会企业是否能得到公众的认可和支持并有效实现其社会使命，以及对社会企业长期的经营性活动是否的确服务于其社会目的作出一个较为准确的判断；对其社会性活动的监管主要由政府带头，引导行业性组织执行并鼓励社会大众等主体参与，通过对社会企业章程、业务领域、惠及人群以及服务的内容、数量和质量等的审核和评估来实现。对其经济性活动的监管主要是指对社会企业的整个运营过程的监管以及对其财务状况和产出质量等方面的测评，这些监督内容反映的是社会企业是否真的能够成功独立地运营、当下运营的实际状况以及未来持续发展的可能性等。而对于社会企业的经济性活动监管主要需要政府市场监管部门联合各类组织、机构等通过公开的真实数据和科学化的指标对社会企业经营行为进行评估和判断。也有学者根据我国社会企业的实际发展现状指出，在当前政府希望最大化激发社会企业的活力和创新的要求下，对社会企业监管重点应放在对社会企业的风险监管上，而对其进行合法性监管应放在其次。其中合法性监管是指对社会企业执行政策和法律法规等情况进行监管，由于我国针对社会企业监管方面的各项政策和法律法规的不健全，且这种方式本身具有风险反应的低敏性和方式调整滞后性，因而难以及时、准确地映射出社会企业存在的各类风险的实际状态；而风险监管则是指对社会企业内生和外生风险进行的综合性监管，这样可以同时启动社会企业内外部的两道监管防线，从而实现由内部的预防和自我纠正到外部的控制和事后处罚及调整的全过程监管。这样也能够在避免产生较大社会风险、保障社会财产相对安全的同时，又兼顾对社会企业的独立运营权的保护。

5. 创新对社会企业监管的方式

由于我国社会企业正处于发展初期，且具有与纯粹的公益组织和营利性组织迥异的组织属性，因此在对社会企业监管过程中需要考虑到我国社会企业发展的实际状况和其特殊属性，对既有监管方式（针对类社会企业）进行适当调整与创新，使监管方式既能够兼具鼓励社会组织创新和防范社会风险的功效，又能够与社会企业的特殊属性更为契合以提升监管有效性。例如：在社会企业信息公开化建设方面。西方大多数国家都非常重视社会监管的作用，主要体现在：第一，对社会企业信息公开方面都设有相应的法律法规或者政策办法。第二，建立起了比较完善的信息公开与披露机制，其中最具代表性的国家是英国与美国。我国同样可以借鉴上述两种途径来实现我国社会企业的信息公开，可在社会企业监管方面大力推行监管的互联网技术，建立起全国统一的社会企业信息披露平台，公开社会企业的基础信息（组织章程、宗旨和内部结构等等）和运营状态信息（财务状况、年度报告、审核情况以及处罚信息等等）。同时加大对该平台的宣传力度，提升社会各主体对社会企业监督的参与度和监管力度，以社会监管的力量来提升社会企业自我约束的自觉性。在对社会企业进行违法问责和处罚方面，必须首先建立起社会企业中个人的问责和处罚制度，因为社会企业领导者的选择对于企业的发展走向起着相当重要的影响作用。这点可以参考我国对盈利企业的业务主要负责人建立起的“黑名单”制度，一旦发现负责人存在违法违规的行为，不仅要立即免除其现任的职务，同时还要对其进行经济上的处罚和法律上处罚；而对于社会企业整体出现了问题的情况，则需要我国政府建立起完善的规范和处罚条例，并采取各种措施（例如，社会企业的吹哨人保护法/制度）鼓励社会企业内外部各监管主体及时将发现的社会企业的违法行为报告给政府监管部门，由政府监管部门对其进行处罚并公示。除此之外，还应该根据我国实际情况和社会企业发展的不同阶段等，在对社会企业的经济监管、评估体系、检查审核等监管方式上进行不断地调整和创新，以更好地配合和促进我国社会企业的发展。

四、结论及研究展望

本文在分析我国社会企业存在的主要问题和所处的外部政策、法律环境等基础上，针对我国社会企业最为需要重视和防范的问题之一——使命漂移，通过结合社会企业内部治理和社会企业外部监管两方面内容，提出了防范我国社会企业使命漂移的一个宏观的监管框架，主要由五方面的内容构成；本文也提出了一些具体的监管建议，这些建议的提出不仅能防范社会企业的使命漂移，同时对社会企业整体的规范以及促进社会企业的健康长效发展也起着相当重要的作用。因此，本文的研究在一定程度上为我国在社会企业监管方面的研究作出了些许贡献，同时本研究也为促进我国社会企业的发展以及社会企业监管的实践提供了理论上的指导，可以说本文的研究具有学术和实践方面的双重价值。

与此同时，本文仍存在一些不足之处。首先，本研究缺乏调研数据和定量分析。本文的研究是通过整理相关文献资料，即相关学术研究成果以及相关政府部门、机构的公开资料等来分析的我国社会企业的现状和存在的问题的，并没有亲自去调研收集数据，也缺乏用数据模型进行证实性的分析，未来的研究可以通过对具体的案例等对某个或某区域社会企业现状进行更深入的考察。其次，本文所提出的监管只是一个宏观的框架，虽然能够在一定程度上抑制社会企业产生使命漂移，但是对于监管者、法律、政策、措施等对使命漂移的影响程度、影响机制、如何配合实现效果最大化等方面均没有进行进一步的研究，相信这点也是未来研究的一个方向。最后，本文研究没有考虑到社会企业的不同类型及其发展的阶段性。由于不同地区、不同类型的社会企业以及在不同阶段的社会企业，它们所呈现的特点、拥有的资源和面临的外部挑战等各个方面都是不一样的，这也决定了对其进行内部和外部监管的手段应该也是不同的，以后的研究应该考虑到这些差异性，进一步探究对于在不同环境下成长起来的各种社会企业每个发展阶段最为适宜的内外部监管组合策略。

参考文献

中文期刊论文

[1] 陈雅丽 . 社会企业研究：理论探讨与实践观察——近十年来中国社会企业研究综述 [J]. 社科纵横，2014，29（5）：94-98.

[2] 何剑伟 . 小额信贷商业化中的目标偏移——一个理论模型及西部小额贷款公司的经验研究 [J]. 当代经济科学，2012，34（4）：73-79，127.

[3] 洪令家 . 社会企业之治理架构初探：英美规范为基础 [J]. 全国律师，2015（9）：62-74.

[4] 金仁旻，刘志阳 . 使命漂移：双重目标压力下的社会企业治理研究 [J]. 福建论坛（人文社会科学版），2016（9）：15-21.

[5] 金仁仙 . 中韩日社会企业发展路径比较研究 [J]. 社会治理，2018（4）：48-52.

[6] 李健 . 政府如何促进社会企业发展？——来自新加坡的经验 [J]. 经济体制

改革，2016（5）：19-24.

[7] 刘西川，黄祖辉，程恩江 . 小额信贷的目标上移：现象描述与理论解释——基于三省（区）小额信贷项目区的农户调查 [J]. 中国农村经济，2007（8）：23-34.

[8] 刘振，乐国林，李志刚 . 双重驱动因素与社会企业成长绩效——市场合法化的中介作用 [J]. 科学学与科学技术管理，2016，37（9）：114-128.

[9] 刘志阳，金仁旻 . 社会企业的商业模式：一个基于价值的分析框架 [J]. 学术月刊，2015，47（3）：100-108.

[10] 刘志阳，庄欣荷，李斌 . 地理范围、注意力分配与社会企业使命偏离 [J]. 经济管理，2019，41（8）：73-90.

[11] 梅锦萍，杨光飞 . 论社会企业的自主治理——域外经验及其对中国的启示 [J]. 南京政治学院学报，2017（5）：85-89.

[12] 潘小娟 . 社会企业初探 [J]. 中国行政管理，2011（7）：20-23.

[13] 潘晓 . 第三部门法的“社会企业”运动——欧美两种路径下的制度演进 [J]. 北大法律评论，2012，13（1）：221-240.

[14] 沙勇 . 社会企业发展演化及中国的策略选择 [J]. 南京社会科学，2011（7）：49-54，64.

[15] 田蓉 . 超越与共享：社会企业研究新进展及未来展望 [J]. 南京社会科学，2016（12）：53-58，64.

[16] 王名，朱晓红 . 社会企业论纲 [J]. 中国非营利评论，2010，6（2）：1-31.

[17] 夏绪梅 . 社会企业——一种社会创新的企业形式 [J]. 企业活力，2009（9）：5-8.

[18] 杨光飞，马晓浔 . 本土社会企业发展的困境与契机：实践观察与理论思考 [J]. 广州公共管理评论，2013（1）：129-143.

[19] 于晓静 . 国外社会企业的发展及其启示 [J]. 社团管理研究，2011（5）：46-49.

[20] 余晓敏，张强，赖佐夫 . 国际比较视野下的中国社会企业 [J]. 经济社会体制比较，2011（1）：157-165.

[21] 张世春 . 小额信贷目标偏离解构：粤赣两省证据 [J]. 改革，2010（9）：

63-68.

[22] 张晓峰，刘静，沈喆 . 儒家义利观视角下的社会企业系统治理研究 [J]. 山东社学，2017（2）：129-134，192.

[23] 张宇 . 我国社会企业的发展现状、问题及对策 [J]. 经营与管理，2019（1）：7-10.

[24] 赵莉，严中华 . 我国社会企业发展面临的法律困境及其对策 [J]. 社团管理研究，2012（4）：28-30.

[25] 郑胜分，刘育欣 . 社会企业政策支持系统之初探 [J]. 社区发展季刊，2013（9）：28-38.

[26] 郑夏蕾 . 中美社会企业法律规制比较研究及对中国的启示 [J]. 科学经济社会，2015，33（3）：126-131.

[27] 朱健刚，严国威 . 社会企业的内部治理与社会目标达成——基于 C 公司的个案研究 [J]. 理论探讨，2020（2）：177-184.

翻译著作

[1] 戴维・伯恩斯坦 . 如何改变世界：社会企业家与新思想的威力 [M]. 吴士宏，译 . 北京：新星出版社，2006.

学位论文

[1] 蒯华伟 . 我国社会企业发展动力来源与模式探究 [D]. 桂林：广西师范大学，2018.

外文著作

[1] Janellea A Kerlin. Social enterprise: a global comparison[M]. Lebanon, NH: Tufts University Press, 2009.

[2] Zhao E Y, Grimes M G. Staying true to purpose: how commercial pressures affect mission drift among social enterprises[C]//Academy of Management Proceedings. Briarcliff Manor.NY 10510: Academy of Management,2016.

外文论文

[1] André K, Pache A C. From caring entrepreneur to caring enterprise: addressing the ethical challenges of scaling up social enterprises[J].Journal of Business Ethics,2016,133(4):659-675.

[2] Ault J K. An Institutional perspective on the social outcome of entrepreneurship: commercial microfinance and inclusive markets[J].Journal of International Business Studies,2016,47(8):951-967.

[3] Battilana J, Dorado S. Building sustainable hybrid organizations: the case of commercial microfinance organizations[J].Academy of Management Journal,2010,53(6):1419-1440.

[4] Chisung Park,Mark Wilding. Social enterprise policy design: constructing social enterprise in the UK and Korea[J].International Journal of Social Welfare,2013(22):236-247.

[5] Copestake J.Mainstreaming microfinance: social performance management or mission drift?[J].World Development,2007,35(10):1721-1738.

[6] Dawson S, Dargie C. New public management: a discussion with special reference to UK health[C]//K.O.Mc Laughlin S P, Ferlie E. New Public Management: Current Trends and Future Prospects, 2002:34-56.

[7] Dees J G.Enterprising nonprofits[J].Harvard Business Review,1998(76):54-69.

[8] Eikenberry A M, Kluver J D.The marketization of the nonprofit sector: civil society at risk?[J]. Public Administration Review, 2004, 64(2):132-140.

[9] Hemphill T A, Cullari F. The benefit corporation: corporate governance and the for-profit social entrepreneur[J]. Business & Society Review, 2014, 119(4):519-536.

[10] Matthew F Doeringer. Fostering social enterprise: a historical and international analysis[J]. Duke Journal of Comparative & International Law, 2010(20):291-329.

[11] Polanyi K, Moiseev N A, Von Gadow K, etal.The great transformation: the political and economic origins of our time[J].Proceedings of the National

Academy of Sciences,2015,104(14):5953-8.

[12] Wry T, Zhao E Y. Taking trade-offs seriously.examining the contextually contingent relationship between social outreach intensity and financial sustainability in global microfinance[J]. Organization Science, 2018, 29(3):507-528.

其他

[1] 社工周刊：https://www.socialworkweekly.cn/thingking/2156.html

附录Ⅰ：本文引用法律法规规章表

[1]《北京市社会企业认证办法（2019）试行》

[2]《昌平区回天地区社会企业认证与扶持试点办法》

[3]《成都市工商行政管理局关于征集观察社会企业的通知》

[4]《成都市人民政府办公厅关于培育社会企业促进社区发展治理的意见》

[5]《成都市社会企业评审认定管理工作试行办法》

[6]《成都市社会企业章程模板》

[7]《成都市社会组织管理综合执法暨社会工作专业人才队伍建设联席会议制度》

[8]《成都市武侯区社会企业扶持办法（试行)》

[9]《成华区社会企业培育扶持办法（试行)》

[10]《第三届顺德社会企业认证手册》

[11]《关于发挥工商行政管理职能培育社会企业发展的实施意见》

[12]《关于加强社会组织综合监管的实施意见》

[13]《简阳市社会企业扶持办法（试行)》

[14]《金牛区促进社会企业安防展的若干政策（试行)》

[15]《郫都区社会企业培育扶持办法（试行)》

[16]《社会企业培育发展工作目标任务》

[17]《深圳市福田区打造社会影响力投资高地的扶持办法》
[18]《顺德区社会企业培育孵化支援计划》
[19]《温州区关于利用城乡社区发展治理专项激励资金培育发展社会企业的办法（试行)》
[20] 劳动部社会科《韩国社会企业促进法》(2012) 第二条第一款

山西省社会企业政策与法律规制探究

李林洁

摘要：社会企业作为一种新型企业，致力于通过商业手段来解决长期困扰人类的社会、经济和环境问题。山西省正处于转型发展当中，需要社会企业的支持。统计山西省2008年至今社会企业的数量变化，从政策、法律等方面分析山西省社会企业发展较其他地区相对缓慢的原因。

关键词：社会企业；山西省；政策；法律规制

在山西省，随着改革开放的深入，从前依靠煤炭资源发展的经济社会开始寻求转变。在转型的过程中，社会问题凸显。社会企业是通过商业手段实现社会目的，并能够推动解决社会问题的组织。[1] 民办非企业单位作为一种社会企业，近年来在山西省发展迅速。在此背景下，山西省迫切需要与社会企业相关的完善的政治法律制度。然而，以往对山西省社会企业的研究较少，大多考察整个中国或中国其他城市的社会企业。因此，本研究旨在找出山西省社会企业近些年来的发展趋势，以山西省社会企业的相关知识为基础，着重对山西省社会企业的政策、法律等方面进行考察，探讨山西省社会企业政策法规的特点以及未来的发展方向。

一、社会企业的发展及内涵

在经济领域中，企业的形式多种多样。社会企业是近年来广受关注的一种新型企业形式。第一家社会企业是穆罕默德·尤努斯（Muhammad Yunus）于1976年创立的格莱珉银行，总部位于孟加拉国。他最初的想法是通过向孟加拉国贫困村庄的妇女提供贷款来帮助她们脱贫。之后，尤其是在欧美，社会企业越来越多。不同于非营利组织和传统的利润最大化企业，社会企业可以分为两类：第一类，Ⅰ型社会企业，是对投资者来说零损失、零分红的公司，致力于解决诸如饥饿、疾病等等的社会、经济和环境问题。Ⅰ型社会企业由投资者持有。投资者只能收回他们最初的投资资金，并将利润用于扩大和改善业务。第二类，Ⅱ型社会企业，是营利公司，但其所有者是穷人。这样就可以看成是解决了社会问题。[2]

1. 与社会企业相似的概念

第一，社会企业家。在过去的几年里，世界各地关于社会企业家的研究有所增加。[3] 许多研究者对社会企业家给予了不同的定义和解释。[4]

经合组织认为："社会企业家的主要目标是解决紧迫的社会问题，以创新的方式满足社会需求，同时为社会的普遍利益和共同利益服务。简而言之，社会企业家的目标主要是社会影响，而不是利润最大化，以努力惠及最弱势群体，为包容性和可持续增长作出贡献。"

穆罕默德·尤努斯将社会企业家定义为发起非经济慈善事业的人，或是发起包含或不含个人利益的商业活动的人。此人可能在传统的非政府组织或营利性企业中具有主动性。一个社会企业可能会追求一些社会企业家所追求的目标。[2]

第二，非营利组织。非营利组织是被美国国税局（IRS）授予免税优惠的组织，因为它促进了社会事业，创造了公共利益。向非营利组织的个人和企业捐款通常是免税的，而且非营利组织本身不需要为收到的捐款或其他通过筹款活动赚来的钱纳税。非营利组织有时被称为NPOs或501（c）（3）组织。

第三，非政府组织。非政府组织是一个非营利性的、以公民为基础的组织，独立于政府运作。非政府组织，有时被称为公民社会，在社区、国家和国际层面上组织起来，为特定的社会或政治目的服务，本质上是合作性的，而不是商业性的。

第四，企业社会责任。企业社会责任是将环境和社会问题纳入公司规划和运营的行为。这些项目的中心思想是，企业可以让世界变得更美好，或者至少可以减少他们对世界的社会和环境的负面影响。

2. 社会企业的定义

明确社会企业的定义是制定社会企业政策法规的基础。

国外关于社会企业有两大学术流派。

第一个学派是美国思想学派[3]或称社会创新学派。[4]这一学派认为社会企业与具有社会使命的市场导向活动相联系，[5]并将社会企业家视为处于社会企业中心的人。[6]根据波恩斯坦（Bornstein）的系统性社会变革理论，[7]社会企业是非营利性的，遵循正式（法人资格）、私人、独立、成员不分配利润、自愿参与的原则。

第二个学派是欧洲思想学派或“社会经济”，社会企业思想学派[5]。社会企业是社会经济的主体，包括合作社、社团等。基于欧洲的长期传统[8]，并植根于19世纪，[9]社会企业是基于对公众的考虑来提供商品和服务的组织，涉及保健、饥饿、无家可归、文化等领域。社会企业的目的不是营利，而是服务公众。自国家机构不得不削减预算起，社会企业就帮助塑造了不同的社会政策模型。[8]欧盟委员会发起的社会企业倡议将社会企业具体定义为“经营者是在社会经济方面的主要目标是产生社会影响而不是盈利的所有者或股东。它以创业和创新的方式为市场提供商品和服务，并将其利润主要用于实现社会目标。通过开放和负责任的方式管理雇员、消费者和受其商业活动影响的利益相关者”。

欧洲思想学派的门德尔（Mendell）和诺加利斯（Nogales）认为社会企业是“一个私人和自治的组织，其提供商品或服务的明确目标是造福社会，拥有或管理的公民群体，其中投资者的物质利益受到限制。关注广泛或分散的民主治理结构和多利益相关者参与也很重要”。[10]

在欧洲思想学派下，根据欧洲2020战略，欧盟委员会将社会企业视为欧盟经济和社会转型的重要工具。在欧洲，社会企业的概念最早出现在意大利。社会合作社作为一种新的法律形式，于1991年在意大利一个新的法律框架下诞生。[3]欧洲的许多其他国家，如法国和西班牙在20世纪90年代创立了社会合作社，英国和比利时创立了其他更灵活的社会企业形式。

受欧洲思想学派的影响，欧盟委员会于2011年创建了社会企业倡议（SBI）。印度国家银行进行了分析研究，认为SBI将有助于进一步加强社会经济企业与以利润为导向的传统企业之间的商业合作。也就是说，SBI 促进了社会企业的发展。SBI 由一组咨询专家组成的社会企业家专家组作后备支持力量。通过 SBI，欧盟可以制定更好的政策和法律，让社会企业的未来更加美好。

国内的社会企业在很多地区如山西省都仍处于起步阶段。20 世纪 90 年代中期，社会企业的概念被引入中国。2004 年，第一批英国社会企业来访中国，这让中国人对社会企业有了更好的理解。中国近 50% 的社会企业都成立于 2013 年至 2015 年间，并且呈现逐年增加的趋势。2014 年，第一个社会企业联盟成立。2015 年，举办了多届全国性社会企业大会。同年，5 家学术机构联合发布了《中国慈善社团和社会企业认证办法》，7 家社会企业完成了认证。2016 年，中国慈善协会设立并颁发首届中国社会企业奖。[11] 评奖的核心标准是社会企业对解决社会问题的贡献，特别是社会企业的发展方向。目前已经有一些成功的社会企业，如上海救要救信息科技有限公司、深圳“喜憨儿洗车中心”、声活 App、金太阳老人等。虽然上述案例涉及不同的社会领域，但也有一些共性。第一，这些企业家正在探索社会价值和商业模式的融合。第二，他们的动机是满足社会需求或解决社会问题。

在中国，不同的学者从不同的视角对社会企业进行了界定。

有学者将社会企业视为“第三部门”，强调非营利组织利用商业模式来解决社会问题。社会企业是一种具有社会创新理念，能够产生社会效益和经济效益的组织形式。可以理解为，非营利组织在资金的压力下，通过商业创收来解决社会问题，进而发展成为社会企业。

少数学者认为应该从企业的角度来研究社会企业，将其视为一种企业组织形式。[12] 然而，社会企业并不包括在中国的企业分类中。[13]

大多数学者认为，社会企业是介于非营利组织和传统企业之间的创新型组织，它兼具两者的特点。社会企业将商业手段与解决社会问题的社会性质相结合，成为一种“混合型组织”。[14-17] 在我国的法律体系中，没有“社会企业”这一术语。中国的社会企业主要被视为社会福利企业和民营非企业单位。[18] 第一，社会福利企业是指依法在工商行政管理部门登记注册，雇佣的工人中 25% 以上是残疾人且残疾员工不少于 10 人的企业。第二，民办非企业单位是指社会组织建立的企业、机构、社会团体、其他社会力量，以及公民个人利用非国有资产从事非营利性社会服务活动。

本文将采取国内大多数研究者的观点，将社会企业分为两大类：社会福利企业和民营非企业单位。

二、社会企业的政策和法律规制

政策支持和法律完善是社会企业发展的基础。为了满足社会企业发展的需要，许多国家都制定了专门针对社会企业的相关法律。通过立法规范社会企业的设立和运作，可以增加其灵活性，促进和鼓励社会企业的创立。立法后，其国家社会企业的数量和质量都得到了较好的发展。表 1 列举了一些国家颁布的社会企业法、颁布时间和具体的社会企业法律形式。

表 1　各国社会企业的法律规制

<table>
<tr><th colspan="2">国家</th><th>法律</th><th>颁布时间</th><th colspan="2">社会企业的法律形式</th></tr>
<tr><td colspan="2">意大利</td><td>第 381 号法律</td><td>1991</td><td>社会合作社</td><td rowspan="6">合作社</td></tr>
<tr><td colspan="2">法国</td><td>第 624 号法律</td><td>2002</td><td>集体利益合作社</td></tr>
<tr><td colspan="2">波兰</td><td>《社会合作社法》</td><td>2006</td><td>社会合作社</td></tr>
<tr><td colspan="2">葡萄牙</td><td>《社会团结合作社特别法》</td><td>1997</td><td>社会团结合作社</td></tr>
<tr><td colspan="2">西班牙</td><td></td><td></td><td>社会倡议合作社</td></tr>
<tr><td colspan="2">芬兰</td><td>《社会企业法》</td><td>2003</td><td>社会企业</td></tr>
<tr><td colspan="2">英国</td><td>《社区利益公司规章》</td><td>2005</td><td>社区利益公司</td><td rowspan="10">公司</td></tr>
<tr><td colspan="2">比利时</td><td>《公司法》</td><td>1995</td><td>社会目的公司</td></tr>
<tr><td rowspan="4">美国</td><td>福蒙特州等</td><td>《有限责任公司法》</td><td>2008</td><td>低利润有限责任公司</td></tr>
<tr><td>马里兰州、福蒙特州等</td><td>相关法案</td><td>2010</td><td>共益公司</td></tr>
<tr><td>加利福尼亚州</td><td>相关法案</td><td>2012</td><td>弹性目标公司</td></tr>
<tr><td>华盛顿州</td><td>相关法案</td><td>2012</td><td>社会目的公司</td></tr>
<tr><td rowspan="2">加拿大</td><td>不列颠哥伦比亚省</td><td>《商业公司法》</td><td>2012</td><td>社区贡献公司</td></tr>
<tr><td>新斯科舍省</td><td>《社区利益公司法》</td><td>2012</td><td>社区利益公司</td></tr>
<tr><td colspan="2">韩国</td><td>《社会企业促进法》</td><td>2006</td><td>社会企业</td></tr>
<tr><td colspan="2">日本</td><td>《特定非营利活动促进法》</td><td>1998</td><td>特定非营利公司</td></tr>
</table>

一些国家推出特殊政策来支持社会企业。例如，芬兰有着良好的福利制

度，社会企业可以获得一些优惠政策，如商业企业无法获得的信贷等。在中国，福利企业的优惠政策是根据某一福利企业招收的残疾人数量来确定的，而私营非企业单位的优惠政策一般由行政法规规定。[18] 国内关于社会企业的政策研究还较少。大多数学者在研究我国社会企业发展现状的基础上，借鉴国外社会企业的法律形式，提出了社会企业发展的政策建议。

在中国社会企业关注的五大社会问题（教育、助残、就业、扶贫、养老）中，教育、就业和养老的关注比重更高。这与中国人力资源和社会保障部提出的“三大民生领域：教育、就业和养老”是非常一致的。大多数社会企业都在解决当下最紧迫的社会问题。[12] 此外，中国社会企业的发展受到三个相互关联因素的影响：国家的文化和语言历史，国家经济和社会发展的新方法，以及领导人和支持者的社会企业战略框架。[19] 因此合理的政策和法律可以促进社会企业的发展。

三、山西省社会企业政策与法律规制

1. 山西省社会企业数量研究

山西省社会企业包括社会福利企业和民办非企业单位两大类。本研究使用的数据主要来自国家统计局和民政部的官方网站。2016 年起，民政部取消了社会福利企业的资质认定，不再统计社会福利企业情况指标，因此社会福利企业的数据涵盖了 2008 年至 2015 年的数量。对于民办非企业单位的数量，本文统计了 2008 年到 2020 年第二季度的数据。

图 1 显示了 2008—2014 年山西省社会福利企业数量。从 2008 年到 2014 年，总体数量呈下降趋势。社会福利企业数量从 2008 年的 634 家下降到 2014 年的 378 家。

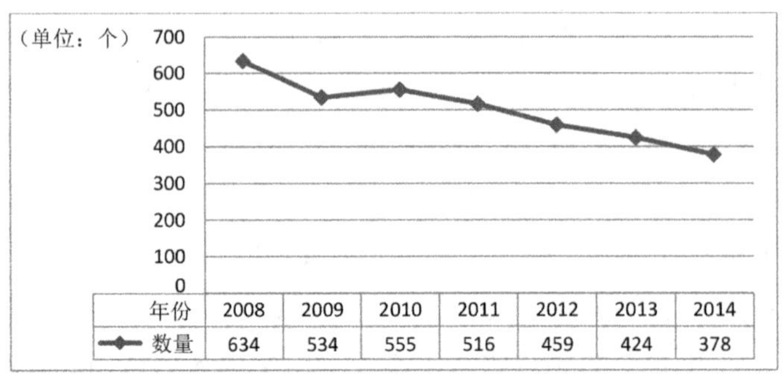

图 1　山西省社会福利企业数量

图 2 为 2008—2015 年山西省民办非企业单位数量。从 2008 年到 2020 年第二季度，总体数量持续增多。2008 年至 2013 年数量变化不大，从 3945 个增长为 4730 个。2015 年至 2019 年涨幅较大，每年平均增加 845 个。这样的增长势头有利于山西省社会企业的良好发展。

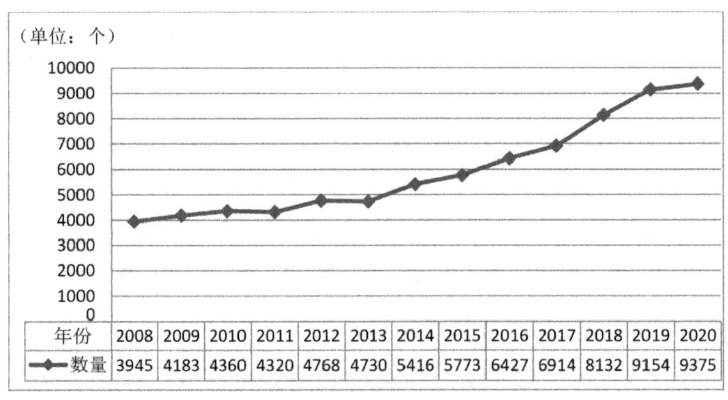

图 2　山西省民办非企业单位数量

图 3 为 2010—2014 年山西省社会福利企业残疾职工人数。这一数字基本稳定，2010 年为 1.8 万人，2014 年为 1.5 万人。总体而言，山西社会福利企业的残疾职工人数并不多。

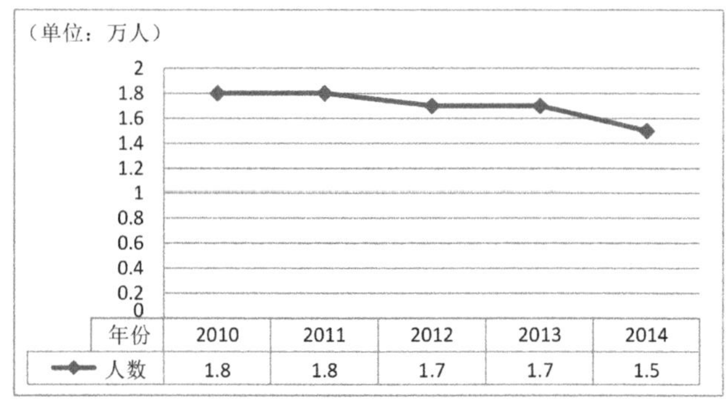

图 3　山西省社会福利企业残疾职工人数

图 4 为山西省社会福利企业 2010—2014 年的利润情况。2010 年为 6000 万元，2014 年为 5000 万元。

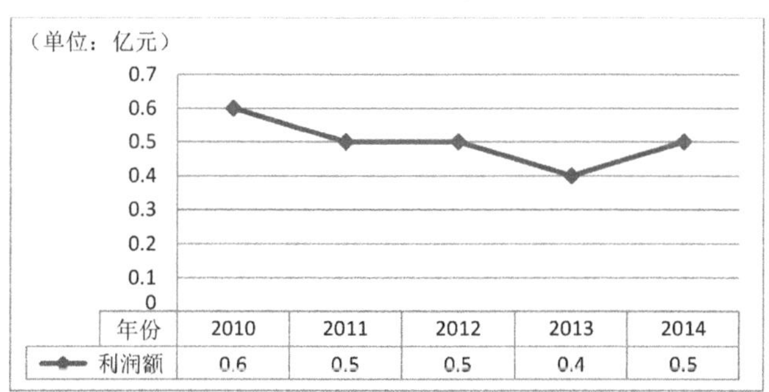

图 4　山西省社会福利企业利润额

数据显示，山西省社会企业的两种类型，社会福利企业和民办非企业单位，在短短几年内有着完全不同的发展。社会福利企业数量逐年减少，其残疾职工人数和利润额并不理想，2016 年起取消了社会福利企业的资质认定。而民办非企业单位数量逐年增加，有着良好的发展态势。这可能与国家对两类社会企业的政策和法律规定密切相关。

2. 山西省社会企业政策和法律规制

山西省正处于经济转型发展的重要时期。欧盟将社会企业视为欧盟经济和社会转型的重要工具。山西省也可充分利用社会企业对经济社会转型发展的重要助推作用，加速实现转型发展。在这过程中，良好的政策和法规必不可少。

第一，关于社会企业的政策。目前，中国政府出台了少数对社会企业的扶持政策，如 2014 年财政部和民政部发布的《关于支持和规范社会组织承担政府购买服务的通知》。在各省市中，只有北京、上海、深圳和河南等几个省市出台了社会企业政策。山西省还未出台类似的政策。作为一种新型的组织形式，社会企业的发展离不开政府的战略规划支持。虽然国家出台了一些政策，但是还需要更多有利于社会企业发展的政策。

第二，社会企业的法律规制。通过分析社会企业发展较好的国家，可以发现这些国家都有专门针对社会企业的法律。但在我国，还没有形成对社会企业统一的规定。对于民办非企业单位，《登记管理暂行条例》设置还不完善，监管部门无法对其进行有效监督。这可能是民营非企业单位数量不断增加的原因，但也在一定程度上影响了民营非企业单位的质量。社会福利企业在国内可以享受比较优惠的税收制度。在山西省，社会福利企业数量逐年减少，发展到 2014 年只剩 378 家。其原因可能是社会福利企业认定的法律标准过于严格，导致很多想成为社会福利企业的单位达不到标准，影响了社会福利企业数量上的发展。

由于政策和法律的缺陷，山西省社会企业的发展并不尽如人意。为了促进山西省社会企业的良好发展，我国应借鉴其他国家社会企业政策和法律的先进经验，完善我国的社会企业政策和法律体系。在我国，山西省社会企业发展势头相对较弱，应向北京等社会企业发展较好的地区学习。

结语

本研究列出了不同国家社会企业的发展情况，介绍了一些国家成功的社会企业立法实例，阐述了我国社会企业的概念及相关信息。中国社会企业主要分为两大类：社会福利企业和民办非企业单位。本研究对山西省近年来社会企业数量进行了调查。通过对山西省社会企业现状的分析，试图找出造成这种状况的原因。通过本文的研究可以得出以下结论：社会福利企业和民营非企业单位有着完全不同的发展状况，这是因为这两类社会企业的政策和法律制度不同。山西省应在政策和法律方面做出一些有针对性的调整，推动社会企业的良好发展。

参考文献

[1] 曲宏飞，赵慧慧 . 山西省社会企业发展规模及其经济影响因素探析 [J]. 山西青年职业学院学报，2018，31（1）：89-93.

[2] Muhammad Yunus. Building social business[M]. The United States: Public Affairs, 2010.

[3] Defourny J, Nyssens M. The EMES approach of social enterprise in a comparative perspective[J]. EMES Working Papers, 2003,12(03).

[4] Weerawardena J, Mort G S. Investigating social entrepreneurship: a multidimensional model[J]. Journal of World Business, 2006, 41: 21-35.

[5] Dees J G, Anderson B B. Framing a theory of social entrepreneurship: building on two schools of practice and thought[J]. Research on Social Entrepreneurship, ARNOVA Occasional Paper Series, 2006, 1(3): 39-66.

[6] Borzaga C, Galera G, Nogales R. Social enterprise: a new model for poverty reduction and employment generation[M]. Bratislava, Slovakia: United Nations Development Programme Regional Bureau for Europe and the Commonwealth of Independent States, 2008.

[7] Bornstein D. How to change the world: social entrepreneurs and the power of new ideas[M]. Oxford: Oxford University Press, 2007.

[8] Borzaga C, Defourny J. The Emergence of social enterprise[M]. London and New York: Routledge, Vancouver, 2001:1-18.

[9] Defourny J. Social enterprise in an enlarged europe: concept and realities[C]. Second Conference on Social Economy in the Central and East-European

Countries: Social Entrepreneurship & Economic Effciency, Krakow, 2004.

[10] Girard J P, Langlois G. The changing boundaries of social enterprise[M]. Paris: OECD Publishing, 2009.

[11] 张红莉 . 中国社会企业发展的政策探究 [D]. 济南：山东大学，2019.

[12] 时瑞青 . 社会企业概述 [J]. 现代商贸工业，2010（23）：32-33.

[13] 梁爽 . 社会企业法律规制研究 [D]. 哈尔滨：哈尔滨商业大学，2017.

[14] 王名 , 朱晓红 . 社会企业论纲 [J]. 中国非营利评论，2010（2）：1-31.

[15] 王世强 . 社会企业概念解析 [J]. 武汉大学学报（社会科学版），2012，5（14）：495-500.

[16] 高传胜 . 社会企业的包容性治理功用及其发挥条件探讨 [J]. 中国行政管理，2015（3）：66-70.

[17] 肖红军，阳镇 . 多重制度逻辑下共益企业的成长：制度融合与响应战略 [J]. 当代经济科学，2019，41（3）：1-12.

[18] 金锦萍 . 社会企业的兴起及其法律规制 [J]. 经济社会体制比较，2009（4）：128-134.

[19] Meng Zhao. The Social enterprise emerges in China[J]. Stanford Social Innovation Review, 2012(10):29-35.

参考资料

①经合组织网站 the OECD website, Social Entrepreneurship in Europe- An OECD-European Commission Project, https://www.oecd.org/cfe/leed/social-entrepreneurship-oecd-ec.htm。

②美国国税局 Internal Revenue Service. “Exemption Requirements -- 501(c)(3) Organizations,” Accessed Dec. 2, 2019. https://www.investopedia.com/terms/n/non-profitorganization.asp。

③ Jean Folger. “What is an NGO (Non-Governmental Organization)?” Accessed Feb 18, 2020. https://www.investopedia.com/ask/answers/13/what-is-nongovernment-organization.asp。

④Brian Edmondson, 2020. “What is corporate social responsibility?” [Online] at https://www.thebalance.com/corporate-social-responsibility-csr-4772443。

⑤欧盟官网 “Social Business Initiative aims launched in 2011, aims to: introduce a short-term action plan to support the development of social enterprises, key stakeholders in the social economy and social innovation, prompt a debate on the avenues to be explored in the medium/ long term.” http://ec.europa.eu/growth/sectors/social-economy/enterprises/index_en.htm。

⑥欧盟委员会 European Commission (2011), “Social Business Initiative-Creating a favourable climate for social enterprise, key stakeholders in the social economy and innovation” , Communication from the Commission to the European Parliament, the Council, the European Economic and Social Committee and the Committee of Regions, COM(2011) 682 final, https://eur-lex.europa.eu/legal-content/EN/TXT/?uri=CELEX:52011DC0682。

⑦ European Social Enterprise Law Association (ESELA) (2015), “Developing Legal Systems which support Social Enterprise growth”。

⑧民政部《福利企业资格认定办法》2007 年。

⑨《福利企业资格认定办法》第二条和《民办非企业单位登记管理暂行条例》第二条。

企业社会责任对社会企业发展的影响研究

魏　爽

摘要：传统企业以营利为自身发展目标，而社会经济要求企业摒弃以往的营利目的转向以社会福利为其奋斗目标，这与企业社会责任所坚持的企业除营利外应对消费者、环境及社会负责不谋而合。在社会经济发展中推行企业社会责任概念，鼓励企业积极履行企业社会责任，进行有社会责任感的企业活动以推动社会经济发展。通过介绍企业社会责任在社会经济中的发展形势，探讨企业社会责任在推动社会企业发展中的作用，尤其是在中国环境下对社会企业的催生与助力。

关键词：企业社会责任；社会企业；本土化发展

引言

近年来全球化背景下的政府和社会关系转型，社会企业在政府—社会互动关系中的作用日益突出，而企业社会责任是社会企业发生作用的载体和媒介。在社会企业的发展过程中，应追求承担企业社会责任的最大化，要实现这种社会价值最大化，就要厘清企业社会责任与社会企业发展的历史脉络，把握社会企业承担企业社会责任的无限可能，创造社会企业与企业社会责任二者之间更为紧密的互动关系。

一、概念的定义

1. 企业社会责任的概念

以卡罗尔为代表，企业社会责任涵盖了企业的各种责任，包括经济责任、法律责任、道德责任和伦理责任。[1] 另一部分学者认为，企业社会责任应是经济责任、法律责任和道德责任的合称。本文所说的企业社会责任，是指企业在追求利润的同时所应承担的社会责任，即对环境、对消费者和对社会的贡献。不同国家和地区的企业社会责任范围可能不尽相同，但其发展过程大致相同。在发展初期，主要是指企业的社会责任，一般是指企业是否开展慈善活动，是否做了有利于社会慈善福利的发展；后期，企业社会责任体系的发展越来越完善，人们对企业社会责任的理解不仅仅局限于企业是否做过慈善活动，更关注企业在经营过程中是否破坏了生态，是否自觉保护生态环境，是否滥用资源等。企业应承担的社会责任主要包括以下几个方面：

（1）对员工的责任。员工既是企业的一部分，也是社会的一部分。企业对职工的责任大致可以分为保护职工的劳动权、休息权、社会保障、医疗、保险、报酬等。在社会经济发展中，社会企业的职工大多是社会低收入群体和社会弱势群体，他们的权益更加需要得到充分的保护。

（2）对消费者的责任。消费者作为购买商品和服务的个人，是企业提供商品或服务的直接接受者。企业和消费者是相互依存的。在消费者消费过程中，如果企业对消费者存在隐瞒、欺骗的行为，消费者可能对企业的产品或服务失去信心，从而影响企业的可持续发展。特别是在社会经济发展过程中，社会企业的产品或服务大多数依靠企业的社会好感度和消费者的信任进行营销。一旦消费者失去对企业产品或服务的信任，将对社会企业造成毁灭性打击。因此，社会企业更加应该秉持对消费者的社会责任。

（3）环境保护责任。企业社会责任还包括企业对环境资源保护的责任。我们的生活、生产和其他方面都依赖于我们的环境资源。如果企业在产品的生产或服务的提供过程中对环境造成破坏，企业本身也将会被破坏了的环境反伤。因此，作为一个企业，为了追求更长远、更持久的利益，必须合理利用各种资源，保护环境，减少对环境的污染和破坏。在社会经济中发展起来的社会企业的发展目标是提供更多的社会福利，保护环境更应该是他们努力的方向和目标。

（4）公益事业的责任。作为一个企业，在通过社会获得经济利益的同时，也要积极回报社会。这种责任不是强制性的，但它体现了一种道德。与传统企业不同的是，社会经济中的社会企业以实现社会价值为经营目的，其全部利润将用于再投资和提供社会福利，这与企业社会责任的内涵相吻合。

企业是社会不可或缺的组成部分，企业社会责任有助于构建和谐社会，实现社会的可持续发展。企业在生产经营过程中，在追求经济效益的同时，还应兼顾其他责任，如安全生产责任、促进经济发展责任等。企业社会责任建设对我国社会经济的发展具有重要的推动作用。

2. 社会企业的定义

社会企业的概念起源于欧美，由 B. Drayton 于 20 世纪 80 年代创立的阿育王组织首先提出了社会企业家的概念。他们把一些有强烈社会抱负的企业家称为社会企业家，并给予支持。社会企业的政策理念是吉登斯在《第三条道路》一书中提出的，他认为在自动化和全球化的冲击下，如何实现充分就业成为一个难题。政府应积极走第三条道路，把国家的福利投资转变为社会经济投资，用社会企业政策解决社会问题。[2]“社会企业”一词最早由经济合作与发展组织（经合组织）于 1994 年正式提出，指那些利用市场和非市场资源帮助低技能工人重返工作岗位的组织。2003 年，OECD 完善了这一定义，认为社会企业是介于公共部门和私营部门之间的一种非营利组织。它利用交易活动实现目标和财务自主权，采用商业化管理方式，具有强烈的社会使命感。[3] 目前，应用最广泛的社会企业定义是由英国工贸部于 2004 年提出的。也就是说，具有一定社会目标的企业，其利润主要根据其社会目标投资于企业本身或直接投资于社会，而不是为企业的股东和所有者创造最大的利润，这就是所谓的社会企业。这一定义强调利润和非营利组织的再投资，这也是社会企业与商业企业和非营利组织的重要区别。

在中国“社会企业”一词最早出现在施立荣的《非营利性组织运行机制的转变与社会企业的公益效率》一书中，标志着我国社会企业研究正式开始。袁家芳是我国最早关注企业社会责任的社会学家之一。他认为，在企业生产经营过程中，企业不仅要考虑自身，还要考虑社会、政府、消费群体和相关企业的实际利益，要把微观经济发展与宏观经济发展结合起来。张维凡提出，企业要承担起维护社会利益的责任。高伟指出，企业在追求自身利益最大化的同时，也要保护社会和公众的利益，保障社会的发展。经过多年的发展，许多学者对我国社会企业的概念提出了新的见解和观点。然而，无论如何界定社会企业，其共同特征都非常突出——一个以社会价值为首要目标，致力于解决社会问题，同时通过提供产品和服务追求经济效益的企业。可以看出，界定社会企业的概念主要有两个要素：作为企业模式存在和追求社会目标。

二、社会企业的企业社会责任发展背景

1. 企业社会责任的发展历史

根据组织、规范和观念的变化，彼得·埃文斯认为，企业社会责任诞生于 20 世纪 80 年代，是自由市场理论的衍生物，经过 20 世纪 90 年代“制度转型”，已经成熟。[4] 霍利迪、波特和施密海尼认为，各种各样的非政府主体，特别是企业联盟、非政府组织、各类企业的股东和跨企业，都是企业社会责任的主体。特别是在发展中国家发挥重要作用，更有利于实现双赢。目前，主流观点认为，企业社会责任的提出，源于国家调控不利的背景，源于民营企业和民间实体成功解决各种社会问题，以及企业自主活动的成功，有助于解决各种各样的社会问题和环境问题。近年来，在全球化背景下，企业在社会发展中的作用日益凸显，在政府和非政府组织的联合推动下，大型企业、非政府组织、社会团体纷纷加入企业社会责任承担的行列中来。

我国企业社会责任的发展仍处于初期阶段，自中国融入经济全球化后刚刚起步。中国加入 WTO 后，企业责任已成为各国企业综合实力的评价基准。由于一些企业不注重企业社会责任问题，我国一些出口企业遇到了一些贸易壁垒。这些贸易壁垒将直接影响社会企业的利益，威胁社会发展，全面履行企业社会责任是中国企业走向成熟的必由之路。

2. 社会企业的发展历史

“二战”后，西方发达国家普遍经历了经济持续增长、就业率稳步提高

的蜜月期，欧洲主要发达国家纷纷开始进入高福利国家行列。然而，20世纪70年代的石油危机和世界经济的持续低迷，使欧洲大多数福利国家都不同程度地遭受经济危机，政府支出不断减少。此时，欧洲正处于社会经济变革和城市转型发展的转型期，出现了许多新的社会需求，如养老服务、环境保护、生产安全等。此外，社会弱势群体的失业及其引发的贫困等社会问题日益严重，成为社会企业诞生的土壤。由于欧洲福利国家因财政削减或新的社会需求无法满足而退出高福利国家行列，使社会福利支出骤然缩减、社会问题激增，社会企业应运而生。社会企业起源于欧美，他们努力通过商业活动实现社会目标。这一新模式在解决社会弱势群体和低收入群体就业、环境保护、养老等社会问题上发挥了重要作用，逐渐引起世界各国的关注和认可。从20世纪末到21世纪初，社会化产业在日本、新加坡、韩国等国和我国香港、台湾地区日益兴起。这些国家和地区调整原有的法律法规，或直接立法，以期为社会企业的发展创造良好的制度环境，促进社会企业健康发展。韩国是亚洲第一个颁布社会企业特别法的国家。韩国社会企业的兴起可以追溯到20世纪90年代初城市居民运动开始的劳动合作社，1997年亚洲金融危机后，失业成为一个严重的社会问题，韩国开始讨论社会企业问题。危机导致大量中小企业倒闭，失业率大幅上升。[5]为解决失业问题，避免两极分化，1999年颁布实施了《韩国国家基本生活保障法》，以区域自治社区和非营利性公民团体为主体的自主创业项目开始活跃起来。这些个体户项目可以说是社会企业的雏形。2006年12月，韩国国会通过了《社会企业教育法》，并于2007年7月正式颁布实施，为韩国社会企业的发展扫清了法律障碍。

近年来，社会问题日益成为困扰人们生活的日常问题。各种形式的非营利组织蓬勃发展，社会企业数量也大幅增加。但是，我国社会企业存在规模小、经营困难、发展可持续性差等问题。我国社会企业的发展还处于起步阶段。

三、企业社会责任促进社会企业发展的可能性分析

有学者认为，企业活动发展的最终目标是使更多人的福利最大化，这意味着企业未来的发展目标可能会从追求经济效益转向追求社会价值，符合社

会企业的发展方向。促使企业追求社会福利的因素来源于企业社会责任，企业承担社会责任的可能性也将转化为促进社会企业发展的可能性。企业的社会责任主要来自以下几个方面：

1. 企业社会责任的承担源于企业生存的需要

在现代社会，企业与外部环境的关系是动态的。企业资源、利润和成本的降低不仅来自内部，还来自外部。自然提供自然资源和生态环境，客户和合作伙伴为其提供市场，政府为其提供政策支持。但同时，它也得到了社会成员的广泛认可，赋予了企业生存的权利。虽然利润是企业生存的基础，但如果企业为了追求利润而忽视对自然环境的保护，违反商业道德，企业生存的外部环境就会遭到破坏。[6] 资源的枯竭、市场的萎缩，以及政府财政、金融、税收等政策的限制，都会使企业失去生存的土壤。因此，企业必须关注利润之外的自然和社会的全面和长远利益，履行自己应有的责任和义务。社会企业以社会价值为追求目标，贴近自然，服务社会。它的发展与外部环境相辅相成。它正好可以抵消一般企业与生存环境之间的矛盾，解决一般企业的发展瓶颈。因此，一般企业未来发展为社会企业的可能性大大增加，而正是企业的社会责任推动了这一可能性。

2. 企业承担社会责任是企业发展的需要

企业生存和发展的一个重要条件是获得利润。在大多数情况下，企业在从事社会责任活动时，会损失或转移部分当期利润。然而，从长远来看，企业的社会责任和利润并不是不相容的。在一定范围内，企业从事增加员工福利、遵守商业道德、保护环境、慈善救济等社会责任活动，不仅有利于改善员工关系、投资关系和消费关系，同时也为企业创造了良好的内外部环境，以及提升企业进入国际市场的社会形象，乃至股票业绩获取优势，为企业带来各种长期效益。[7] 更有利的是，企业社会责任可以帮助企业吸引和留住人才，从而增强企业的核心竞争力，为企业赢得未来。社会企业不同于传统企业。社会企业的利润不用于分红，而是用于再生产或职工和社会福利支出。这使得社会企业的内部凝聚力和归属感远高于普通企业，员工的积极性和社会声誉也更高，员工的凝聚力高，核心竞争力也会提高，社会企业的可持续发展能力远远高于普通企业。

3. 企业社会责任的承担源于企业自我实现的需要

企业作为社会的基本经济单位，是配置自然资源和社会资源的主要市场主体。企业的这种社会属性决定了企业不仅属于股东，而且属于整个人类社会。因此，企业的价值不仅体现在为股东实现利润和创造个人财富上，而且体现在实现充分就业、公平分配、安全生产、环境保护等社会价值和意义上。为了遵循人类社会自由、平等、人身安全、不歧视等道德价值观，尊重全社会的利益，除了经济责任，企业自愿承担法律责任、伦理责任、慈善责任等社会责任，这是企业充分实现其价值意义的需要。社会企业用社会价值观改造企业创造的价值，使企业在经济活动过程中实现自我价值。个人可以出于道德原因而无私、利他，企业也可以在企业社会责任的驱动下，不隐瞒私利地为社会服务。在这个过程中，企业将转变为社会企业。

四、加快企业社会责任促进社会企业发展的对策研究

1. 鼓励更多的领导者树立企业社会责任信念

领导者是企业发展的舵手。他们的领导风格和领导理念直接反映在企业的发展方向上。也就是说，一个企业要实现自己的社会企业之路，离不开领导者的引领和推动作用。鼓励领导者树立企业社会责任信念，就是要为企业培养一个道德的领导者。道德领导者通过充当道德行为的榜样，就道德进行沟通，并采用强化系统来要求个人对适当的行为负责，从而培养组织中的道德显著性。道德领导的特点是利他主义和广泛的道德意识，因为他们关心的是：更大的利益服务；手段，而不仅仅是目的；长期的，而不仅仅是短期的；多个利益相关者的观点。[8] 他们具有高度的道德取向，确定积极的道德优先事项的重要性，并在作决策时考虑到组织及其所有利益相关者的长期利益，因此道德领导者可以鼓励企业社会责任实践。企业社会责任实践是企业向社会企业发展的过程。通过企业社会责任的实践，不断为社会创造价值，使企业把服务社会的理念深深地刻在企业的价值观中，渗透到企业生产经营的各个方面，从而促进企业向社会企业的发展。

2. 鼓励企业培育企业社会责任文化

企业的组织文化是企业的灵魂。它是由成员的信仰和社会交往而产生的一种集体现象，包括共同价值观、相互理解、信仰模式和行为期望。企业组织文化体现在企业的不同层次，贯穿于企业生产经营过程的各个方面，对企业的行为方式和发展方向具有潜移默化的导向作用。鼓励企业培育企业社会责任文化，等于把企业社会责任作为企业未来发展的一部分。企业社会责任作为企业的组织文化，会随着企业的发展不断完善和更新，实现自我发展。在这个发展过程中，在企业社会责任文化的推动下，企业对社会福利更加积极、全面，实现了向社会企业逐步转型的过程。

3. 建立健全社会责任法律法规，保进社会企业转型

企业将社会责任实践转化为社会企业是一个漫长的过程。在这个过程中，企业承担社会责任的行为应该得到充分的认可。同时，要保护企业的相关权益。社会认可与回报应以法律法规的形式确立，以鼓励更多的企业参与社会责任的承担。虽然企业社会责任要求企业主动为社会作出贡献，但通过社会责任来改善企业的营商环境，还是一些管理者承担社会责任的初衷。在充分发挥法律的导向性和约束力的基础上，企业要在法律规范的保护下承担社会责任，推进企业社会责任的法制化。充分发挥市场机制的调节作用和政府产业、财政、金融、贸易政策的引导作用，建立符合中国国情的企业社会责任评价体系和标准，规定和监督企业的社会责任保障和福利，纠正或处罚企业逃避社会责任的行为，确保企业社会责任的履行，鼓励企业承担越来越全面的社会责任，逐步走上社会事业之路。

4. 加速企业社会责任推动社会企业发展在中国的本土化

企业社会责任和社会企业的概念在中国发展都处于起步阶段，对它们的研究不够深入且缺乏实践结果的检验。企业社会责任和社会企业在中国都属于舶来品，如何将学习借鉴过来的经验和制度体系本土化，是社会企业能否在中国落地生根的关键。目前中国有许多企业在追求经济效益的同时积极承担社会责任，如摩拜单车，以低廉的价格为人们提供便捷的出行方式，缓解了交通拥堵现象的同时也减少了环境的污染；支付宝的蚂蚁森林项目，以积攒绿色出行能量的方式换取植树造林的名额，鼓励人们养成绿色生活方式的同时在沙漠植树上亿棵，真正做到了对环境的保护和防治。他们在某种意义上可以被认为是中国社会企业的先驱。通过以上案例我们可以看出，在中国由一般企业经由企业社会责任助推转化而成的社会企业与传统的社会企业有很大不同。在中国，首先，社会企业并不一定要完全放弃对经济效益的追求，而是在追求经济效益的同时，更加积极、更加全面地去承担社会责任为社会谋福利，实现发展重心的转移而不是整个企业发展目标的转移。其次，在中国发展社会企业，政府的作用更加突出，中国目前尚未出台完善的政策法规保障社会企业的权益，只有一些规范性文件对社会企业的发展起规范作用，因此在此阶段社会企业的发展要紧跟政府的动态，以保证自身福利和创造社会价值的最大化。最后，中国社会企业的社会认可度不高，大部分民众对社会企业一知半解，对企业承担社会责任带来的价值认识也不够深刻，这阻碍了社会企业在民众心中好感度的提升，是目前社会企业本土化应考虑的重要问题之一。

由此可见，在中国，企业社会责任与社会企业的发展更是密不可分的，鼓励企业积极承担社会责任就是助推中国式社会企业的发展，促使社会企业在中国社会环境下生根发芽。

参考文献

[1] Archie B Carroll.Stakeholder thinking in three models of manage-ment morality: a perspective with strate-gic implications[C]//The Corporation and Its stakeholders: classic and contempo-rary readings. University of Toronto Press,1998:139-170.

[2] 安东尼・吉登斯 . 第三条道路：社会民主主义的复兴 [M]. 郑戈，译 . 北京：北京大学出版社，生活・读书・新知三联书店，2000：87.

[3] 丘岳 . 对社会企业概念的理解与思考 [J]. 商业文化，2019（31）：50-57.

[4] Evans Peter. The challenges of the “institutional turn” : inter-disciplinary opportunities in development theory[C]//Victor Nee, Richard Swed berg.

The Economic Sociology of Capital is t Institutions. Princeton, NJ: Princeton University Press, 2005.

[5] 李庆 . 韩国社会企业发展脉络、新动向与启示 [J]. 经济论坛，2020（3）：124-133.

[6] 马贵良 . 强化企业社会责任，创设可持续发展企业模式 [J]. 现代经济信息，2010（23）：43-44.

[7] 邓小峰 . 企业社会责任对社会经济可持续发展推动力分析 [J]. 企业经济，2010（3）：75-77.

[8] Trevin ˜o L K, Hartman L P, Brown M E. Moral person and moral manager: how executives develop a reputation for ethical leadership[J]. California Management Review, 2000, 42(4):128-142.

社会企业参与养老服务问题研究

——以成都朗力养老产业发展有限公司为例

李璟仪

摘要：在老龄化趋势逐步增强的背景下，我国养老服务供给面临挑战。社会企业作为一种新的公益模式和商业文化，成为中国养老服务体系中的新兴力量。随着我国社会企业的持续发展，政府部门和社会公众越来越关注社会企业参与养老服务的问题。以成都朗力养老产业发展有限公司为例，分析该公司的创立背景，服务内容以及运营模式。对此，探究社会企业在参与养老服务过程中出现的问题，给出一些建议，对于社会企业参与养老服务具有借鉴意义。

关键词：社会企业；养老服务；问题；建议

引言

根据老龄化的趋势，全国老龄办公布了相关报告，以 2018 年年底为准，中国 60 岁以上的老年人口数为 249.49 万，占总人口数的 17.9%。据推测，中国老年人抚养比率将在 2030 年达到 25%。中国 60 岁以上的老年人口数将在 2050 年年底达到 4.87 亿，占总人口数的 34.9%。中国人口老龄化具有进程快、数量多、未富先老的特点。老年人服务需求增加的同时，养老服务供给严重缺乏。首先，由于社会和经济水平的持续改善，人们的生育理念与传统理念相比有了很大的改变，家庭赡养压力增加，导致了家庭赡养的缺位。其次，我国政府主要提供以基本需求为主的老年人服务。为解决老弱人群的基本养老服务需要，政府采用养老补贴的形式给予老弱人群精神陪伴，却忽视了老年人的其他需要。再次，老年服务市场的不断扩大导致以老年健康服务为目标的企业数量逐年上升，但是由于缺乏明确的定位，市场上提供的养老服务价格普遍偏高，不面向中低收入人群，养老服务市场出现了结构性失衡的现象。最后，社会组织作为为老年人服务的补充力量日益发展起来，为老年人的服务拓展多种多样的渠道，履行公共服务职责。但其服务在实践过程中表现出规模小、种类少、突发性、非持续性等特点。这导致大部分社会企业提供的养老服务没有专业性和丰富性。在此背景下，我国养老服务面临着的巨大的挑战。

社会企业作为一种新的公益模式，同时又是一种新的商业文化，正在中国崛起。从新兴发展期到市场初创期的经历过程中，社会企业致力于解决中国养老供给不足的问题，为社会问题的改善提供新思路。社会企业一方面，以市场为基础，为老年消费者提供有针对性的服务；另一方面通过自主运营，使政府的养老服务供给压力得到有效缓解。在社会环境日益开放的背景下，社会企业作为一种有着创新性的组织，让企业、政府和社会之间有机会进行互利共赢的合作。因此，由于老龄化趋势逐步增强以及养老服务需求逐步提高，社会企业成为中国养老服务体系中的新兴力量。

一、文献综述

20 世纪 90 年代，社会企业的理念首次被西方国家所提出。1998 年，法国经济学家 Thierry Let Thai 首次提出了“社会企业”的概念。他认为，社会企业的衡量方法不同于资本主义经济的衡量方法，社会企业是社会效果和间接经济效益相互结合的产物。社会企业的概念在深入研究内容的过程中逐步丰富。《变革经济中的非营利部门》对“社会企业”的概念进一步完善，即社会企业不完全属于公立组织，也不完全属于私立机构，而属于为实现经济目标而促进二者之间顺畅交易的一种组织形式。Antonio 指出，社会企业在第三部门中发挥着重要的作用。它起源于从传统福利系统到混合系统的变化历程中。EMES 相信，社会企业可以通过后期完善构成一套完整的理想系统，一方面要树立理想目标，把服务社会和方便民众作为追求志向；另一方面公民们应该自主地组织和运营，其最终目标不应该是利益所得。同时，自发性的社会企业组织者要承担相应的责任和义务。[1]Borzaga 认为，如果社会企业想要实现快速发展，相关政府部门和社会性组织应该持续修改社会企业的相关法律体系，使社会组织能够依靠相应的法律法规进行运营。[2] 此外，应鼓励越来越多的社会部门积极参与社会企业的建设。

对于作为特殊组织形式的社会企业，许多专家学者提出了各自的建议。他们通过参与各种形式的社会养老金和公共服务项目，对社会企业进行了深入的研究。Barraket 等人在研究过程中提出，在经营活动方面，社会企业可以从有关政府部门获得财政鼓励和政策支持的原因之一是其经营内容的目标性和导向性。[3] 因为相关政府部门提供支援的最终目的是为社会服务，促进社会的发展，推动社会的进步。经过调查研究，Meyskens 等人认为，在社会企业的发展过程中，开发、使用无形资源和有形资源发挥了核心的作用，社会企业的经营模式与将营利作为目的的其他传统企业相比大致相同。[4]Stevens 深入研究了在社会企业发展过程中社会对其的关注，同时探究社会对社会企业的影响。他认为，社会企业的影响力和价值观决定了公众对其的关注程度，同时社会企业的内外部资源对社会组织的影响也上升成为社会公众的关注点。[5] 在其他人对社会关注的基础上，Pasricha 发现，社会企业影响力提高的主要原因之一在于社会企业精神文化的发展。[6] 根据其发展内容和经营目标的差异，提供不同水平服务的社会企业根据其经营内容和发展目标的差异拥有不同的精神文化理念。通过精神和文化内涵的不断改善，社会企业在运营过程中更好地认识到了社会大众认可的重要性，并不断提高社会影响力。

在国内，学者们对社会企业的概念进行了探讨，尚未形成一致观点。有学者认为，社会企业的定义通过参考其经营的方式以使其综合性服务的特性得以显现。俞可平（2007）认为，社会企业属于直接或间接地服务于公众的社会第三部门。社会企业经过持续不断地成长推动着社会问题的解决，促进社会经济的发展。时立荣（2006）认为，社会企业是实现企业发展目标和社会发展目标的双向性组织形式，其发展既能促进经济的发展和社会的进步，还可以实现有利的经济效益。[7] 王名、朱晓红（2010）认为，作为营利组织和公益组织间的组织形式，社会企业的特殊性会导致其拥有双重性质。[8]

随着社会企业的持续发展，我国的政府部门和社会公众越来越多地关注社会企业参与养老服务的问题。部分国内的专家学者对该问题进行了相关探讨。杨慧（2016）认为，社会企业可以同时解决政府和市场的失灵问题，同时可解决老弱群体的特殊性问题。[9] 但这些必须以政府、社会企业、市场保持关系的均衡为基础。高传胜（2015）认为，为了鼓励社会企业参与老人护理市场的发展，有必要营造并促进社会企业标准化氛围，推动社会企业规范前进。[10] 李静（2015）通过研究得出结论，将社会企业整合到以家庭为基础的社区养老活动中所能获得最明显的好处在于社区养老活动的个性化发展。[11] 吴宏洛（2017）认为，中国社会主义事业的发展仍位于发展的第一阶段。[12] 我国在学习国外先进技术之余，也要考虑到中国的实际情况，学习适合中国发展之道的经验，找到属于中国的发展模式。

二、社会企业参与养老服务的相关背景

2006 年，“社会企业”在中国流行起来，对社会企业的实践也不断涌现。从政府的角度来看，社会企业的崛起有多种原因。首先，在社会转型的背景下，我国的市场经济体制要求政府转变职能，部分公共服务职能应该转移到社会组织中去，由社会组织承担相应的责任和义务，由此产生了大量的民间组织。其次，政府部分转移公共服务职能的做法为社会企业提供了很多参与公共服务的机会。社会企业不同于传统的营利组织，较少地依靠政府及其他非内部传统资金渠道，通过公共服务采购及其他渠道有效提供服务的同时，为政府节约了大量的财政开支。中国的非营利组织正在努力通过转型来解决资金短缺的困难。与传统的非营利组织相比，社会企业因其组织特征而提供了减少对外依赖并解决财政困难的方法。根据 NPI China Social Enterprise Survey Report 的调查结果，回答者中有 92% 的人认为，中国的社会企业从现存的非营利组织转型中诞生的可能性最高，在这些人中，有高达 90% 的人希望自己的组织能够转型成为社会企业。再次，社会企业的发展和社会公益的慈善精神相互联结、相互促进。最后，通过各种各样的社会创业机构，社会企业可以得到很多支持。我国社会创业支持机构主要包括企业社会创投计划、

基金会等等。这些机构在资金、知识和技术培训方面对社会企业可以进行不同程度的扶持。

在中国，社会企业正在形成一个新的行业。2016 年，英国大使馆文化教育处举办第三届社会投资平台颁奖典礼，有26家社会企业成功得到投资机会。中国慈善会社会企业认证是中国内地首家全国性的民间社会企业机构，由深圳市中国慈展会发展中心、中国人民大学尤努斯社会事业与微型金融研究中心、北京大学公民社会研究中心、国际公益学院、中国公益研究院等团体共同设立。我国积极表彰解决社会问题的社会企业，设立中国社会企业奖，为社会企业树立行业标杆。另外，社会企业也受到了民间的关注。在第二届中国社会企业与社会投资论坛联盟年会上，企业家们积极讨论我国教育、养老、医疗等问题，为相关社会问题的解决提供新方法。与此同时，中国社会价值投资同盟对环境、养老、医疗等领域也保持密切关注。在政府方面，北京、成都公布了有关文件，大力发展社会企业参与到养老服务中去。

三、案例分析——成都市朗力养老产业发展有限公司

（一）公司创立背景

成都朗力养老产业发展有限公司（以下简称“成都朗力”）经朱庆海先生一手创立。历时一年多的准备，在 2011 年成都朗力养老服务信息咨询有限公司成立，属于工商企业性质。接着社区养老服务中心成立，属于民办非企业性质。2013 年成立了成都朗力社工机构。经过社区养老服务中心的不断扩张，截至 2017 年年底，全国共有 36 家服务中心。通过养老服务与社区服务的相互联结，成都朗力形成了一种双轮驱动养老服务业的新型结构。

（二）提供服务项目

成都朗力的每个社区养老服务中心拥有 15 个左右的床位，其收费标准大约在每人每月 2000 ～ 3000 元。中心为社区老人服务，提供相应的日常照料。社工机构可提供如送餐、康复、按摩等日常服务，同时也提供精神慰藉等心理服务。成都朗力发现，卫生、保洁、心理疏导等政府购买的服务并没有满足社区老年人的需求，部分老人对这些服务存在抵触情绪。考虑到这一点，

成都朗力通过给老人们安装相应的助力设施大大改善了老人们在家的独立生活能力，养老服务有了实质性进展。经过与政府的沟通，成都朗力以同样的价格安装适老化设施，代替了政府提供的低效率的采购服务。2016 年，成都朗力社区养老服务中心正式启动适老化改造项目。

（三）运营发展模式

成都朗力的运营发展模式主要有两种：一是养老与社区双轨驱动服务。为了大幅降低成都朗力的初期运作成本，政府为成都朗力第一个社区养老服务中心无偿提供了 300 平方米的场地。目前，每一个养老服务中心配置站长 1 名，护士 2 名，护工 2 ～ 3 名。通过对老人全托、日托、临托照料，维持公司运转。社区服务站积极鼓励志愿者到社区中心来，开展为老人们义诊、关照空巢老人等活动。一方面提高了成都朗力在社区的曝光度，加快社区养老服务中心融入社区的发展趋势，另一方面增强了居民对成都朗力的信任，居民更愿意通过付费的形式获得养老服务。二是大力推进家庭的适老化改造。成都朗力认为，现在养老服务较为单一，通过适老化改造可以使养老服务的集约化运营更为简单，尤其在国内生产可以使成本大幅度降低。适老化产品经过加盟和授权可以在广泛安装及后续服务中迅速实现标准化和大众化，其带来的利润可以吸引更多的个人和组织对老年服务进行资金的投入，加快企业的运转。

四、社会企业参与养老服务的问题

（一）政府缺乏对社会企业参与养老服务的清晰定位

作为新式的范畴，社会企业逐渐发展起来。但是社会企业参与养老服务没有系统的法律条款和实践内容，也没有针对社会企业给予老年人服务相关的政策支持。和朗力一样，这些社会企业积极参与到养老服务中，但其定位仍然不明。朗力把自己定性为营利组织，但在运营方面有着商业模式的特点。另外，也有把重点放在社会价值的养老型商业企业，他们在运营过程中具有一部分非营利组织的特点。因此，大部分社会企业缺乏统一的定位以及专门的注册形式。我国除六种社会企业注册形式类型外，存在一些未注册的社会企业。从中可以看出，我国社会企业未经法律明确界定。虽然，慈展会出台了《中国慈展会社会企业认证办法（试行）》，北京、成都及其他地区均发布了相关行政法规，但是这些文件仅限于非官方层面和地方层面，缺少全国性的政策文件。因为没有统一的细则来规定相关优惠方法，社会企业参与养老服务的发展受到阻碍，社会企业的合法性备受质疑。社会企业在开发初期就面临着不充分市场竞争的压力，同时又没有相关政策的引导，社会企业参与养老服务面临着不小的挑战。

（二）公众缺乏对社会企业参与养老服务的正确认知

在中国，社会企业参与养老服务已经发展起来，但是至今还没有普及到社会公众层面。据相关调查显示，社会企业类型样本中，愿意接受社会企业标签的占60%，不愿意接受社会企业标签的占40%，部分调查样本对社会企业的名称仍然存在疑虑。在养老服务方面，人们的传统观念相对较强，同社会组织相比，人们更倾向于信任政府。同时，76%的社会企业表示很难聘请管理者和专家参与养老服务的管理，可见社会大众对社会企业的认知需要迫切改善。可以看出，社会企业参与养老服务应该重视提高公众对社会企业的正确认识。经过调查问卷的发放，很多老人认为做慈善应该是一种不用付费的行为，作为公益机关的社会企业所花费的支出是很少的，可见社会组织的管理模式很容易与商业企业的公益项目混为一谈。再者，无论非营利组织在具体运作中是否采取了“民办官助”或者“官办民助”，因为双重管理体制的存在，政府自始至终站在主导位置。这导致社会公众对非营利组织的实施行为存在不清晰的认知，不了解非营利组织的活动属于政府救济还是非营利组织自身的公益性慈善行为。公众对社会企业参与养老服务的认识程度较低，对新兴公益形式的了解程度较浅，在理解传统非营利组织方面也存在偏差。结果表明，社会公众对社会企业提供的养老服务缺乏基础的信赖。社会企业在成长和发展中应该重视提升公众的信任感。

（三）社会企业参与养老服务的市场竞争力不足

现阶段，我国社会企业参与养老服务的发展历史不长。我国社会企业仍位于起步阶段，有规模小、人员少的特点。社会企业的核心市场竞争力有待提高，商业化的普遍性有待增强，养老服务的能力有待加强。一方面，社会企业参与养老服务供给较为单一，尽管已经开发了适老化产品，但仍然不能满足市场上需求的多样化；另一方面，社会企业参与养老服务的商业模式存在单一性，导致无法实现社会企业的可持续发展。我国社会企业在参与养老服务发现尚处于初创期和发展期，社会企业在养老服务市场中缺乏竞争力，自身机构没有办法持续运营，如果收益不充分，相关机构又没有足够的支撑，自然不能发展和成长，社会问题也就不能得到解决。朗力的收费服务和产品服务的价格与一般市场价格相比较为低廉，在这种情况下，朗力服务的产品质量和服务质量必然需要其他方面运营的支持。只有在需求和供给保持匹配的情况下，社会企业的社会目标和社会价值才能得到有效实现。

（四）养老服务行业存在利益导向风险

近年来，随着我国社会企业学术研究的逐渐深入，加上老年行业市场需求的逐步增加，有一些受利益驱动的组织，号称为“社会企业”，对养老服务产业进行资金的投入，但是他们从事活动的目标并非帮助老年群体，而是追求利润。本质上，这些组织不属于真正的社会企业，而属于商业企业。由于相关政策的缺失，这些组织乘隙钻营投机，利用政策空隙进行企业发展，企图在社会企业概念模糊之时令组织目标错位，从解决社会问题转变为追求利润最大化。由于养老服务行业缺失标准化的监管，导致社会上出现了大量追求利益现象。为了逐利，部分民办养老机构完全变成了收敛钱财的工具。因此，所谓的社会企业在参与养老服务的过程中并没有实际应该具有的功能。这种混乱的现象不仅损害了我国社会企业的公众信誉度，更为严重的是，由于劣币驱逐良币，该乱象还损害了真正的社会企业的利益。和朗力一样，具有社会企业性质的组织在运营中对产品价格和服务价格有所控制，降低养老服务的价格。社会企业与商业企业追求利润的目标并不相同。由于养老行业的乱象，在经济利润目的为主的市场竞争中，朗力等很多真正的社会企业很难持续发展。

五、社会企业参与养老服务发展的建议

（一）健全社会企业参与养老服务的法律法规

在社会企业参与养老服务的过程中，政府应出台相关的法律法规。这些

制度性保障对社会企业的发展至关重要，是促进其解决社会问题实现社会价值的重要因素。因此，应尽快将相关法律和规章制度正式化。对于没有明确规定的养老服务条例，应尽快进行制定和修改，使之适应社会企业的项目要求。将法律规范作为社会企业运行的基本原则，使社会企业参与养老服务的定位明确化，防止社会目标在参与市场竞争时发生偏移情况。在发展过程中，社会企业市场应形成专门的准入登记，明确注册方法，确立新的注册模式，改变现如今注册方式不清晰导致的政策混乱现象，帮助社会企业不断完善，使其地位合法化。到目前为止，工商部门和民政部门都可进行社会企业的注册，不能单纯地将社会企业的基本原则作为传统非营利组织或以市场为基础的商业活动的原则，对此应进行合理的区分。与此同时，推进制定社会企业参与养老服务的条例细则，加快建立规范措施的步伐，引入规章制度，对养老型社会企业资格认证和运行管理提供全方位的指导。完善相关法律法规体系，形成良好的法律环境，监督和敦促有关优惠政策的实施，保护养老型社会企业的发展和成长。

（二）加强社会企业参与养老服务的推广力度

社会企业参与养老服务的项目应该得到公开。应引导媒体撰写相关报道，筹划各类活动，将社会企业的概念推向社会大众，强化大众的认同感。构建多种多样的老年人论坛平台，积极利用人力资源和信息优势，建立顶级的社会企业品牌，积极宣传社会企业，努力打造优秀的社会养老环境。为了社会企业的宣传，应该大力利用各种媒体的影响力，通过微博、微信、抖音、快手等网络平台或者网络媒体，扩大社会企业参与养老服务的营销队伍。同时，提出多种多样符合公司特点和风格的创意性点子，吸引社会公众的关注。由于传统媒体的资金有限，传统商业促销的方法实际上对社会企业执行销售活动帮助很小，而 Wechat 等 App 给社会企业带来了低廉的营销渠道，便利了社会企业的宣传。新媒体宣传营销最大限度地利用了 App 和互联网的优点，使沟通便利化，反馈及时化，加速信息的更新效果。

以大众力量传播社会企业品牌，支持帮助有能力的社会企业参与到老人护理服务的开发中，从而实现品牌运营。经过社会大众的宣传和推广，采用各种活动形式来补偿社会企业参与老人护理服务的开发支出，宣传社会企业品牌，打造大众所熟知的社会服务品牌，提高履行老人护理服务责任的大众能力。以公众对社会企业参与老年护理服务的广泛认识为基础，进一步发展，更新传统的老年护理概念，形成全社会互信机制。通过社会大众的宣传推广，树立社会企业的品牌，打造公民所熟知的社会服务力量，进一步发展社会大众的养老观念，提升对社会企业参与养老服务的认知水平。

（三）提升社会企业参与养老服务的市场竞争力

社会企业应该采用科学管理方法，促进企业持续健康发展，只有这样才能在养老市场中获得有效的竞争力。一些中小规模的社会企业对养老服务的运营模式更需要有清晰明确的认知，促进管理模式的科学化，推动组织模式的系统化，提升运营模式的科学化，在养老市场中发挥竞争优势。第一，应建立完整的组织结构和管理架构，能够根据组织的形式构建相应的职能结构和层次结构，与养老市场相适应的同时，保证组织的稳定性。实行科学管理，调整组织关系，构建权责到位的管理部门，最大限度地发挥职员的主导权，并根据养老市场的需求最大限度地发挥组织的优点。第二，促进社会企业管理规章制度标准化。社会企业要进行标准化经营，实现社会企业参与养老服务的标准化管理，改善社会企业内部的不科学性。将适老化服务规范化，保障各管理部门有明确的权利和责任，优化激励机制和处罚制度。第三，实现以信息为基础的系统管理。引入专门的服务组织及管理系统，通过互联网平台进行信息化管理，实现高效发展。第四，完善内部监督和外部监督系统。为了最大限度地实现社会企业参与养老服务的社会价值，需要建立完整系统的监督体系，并进行科学有效的评价。第五，提高服务质量以满足老年人的需求。社会企业参与养老服务的过程中，应注意老年人的实际需求，从心理上满足老年人的价值需求，提供丰富多样的生活环境，让老年人更愿意接受社会企业的养老服务。

参考文献

[1] Thomas A. The rise of social cooperatives in Italy[J]. Voluntas International

Journal of Voluntary & Nonprofit Organiz, 2004, 15(3):243-263.

[2] Borzaga C, Santuari A. The innovative trends in the non-profit sector in Europe: the emergence of social entrepreneurship[J]. Proceedings of SPIE - The International Society for Optical Engineering, 2000, 3465:1-4.

[3] Barraket J , Furneaux C , Barth S , et al. Understanding legitimacy formation in multi - goal firms: an examination of business planning practices among social enterprises[J]. Journal of Small Business Management, 2016, 54:77-89.

[4] Robb-Post C , Stamp J A , Carsrud A L , et al. Social ventures from a resource-based perspective: an exploratory study assessing global ashoka fellows[J]. Entrepreneurship Theory & Practice, 2010,34(4):661-680.

[5] Stevens R, Moray N, Bruned J, et al. Attention allocation to multiple goals: the case of for - profit social enterprises[J]. Strategic Management Journal 2215, 36(7):1006-1016.

[6] 马尔特·尼森，尼森，伍巧芳 . 社会企业的岔路选择：市场、公共政策与市民社会 [M]. 北京：法律出版社，2014.

[7] 时立荣 . 转型与整合：社会企业的性质、构成与发展 [J]. 人文杂志，2007（4）：181-187.

[8] 王名，朱晓红 . 社会企业论纲 [J]. 中国非营利评论，2010，6（2）：1-31.

[9] 杨慧 . 社会企业介入农村养老服务供给：现实必要与推进思路 [J]. 辽宁行政学院学报，2013，15（4）：32-35.

[10] 高传胜 . 社会企业的包容性治理功用及其发挥条件探讨 [J]. 中国行政管理，2015（3）：66-70.

[11] 李静 . 福利多元主义视角下社会企业介入养老服务：理论、优势与路径 [J]. 苏州大学学报（哲学社会科学版），2016，37（5）：9-15.

[12] 吴宏洛 . 社会企业提供养老服务的公益逻辑与运行困境 [J]. 福建师范大学学报（哲学社会科学版），2017（1）：57-67.

论中国法律框架下社会企业发展路径、问题及前景

孟广远

摘要：资本主义在经历了产业资本主义、垄断资本主义、修正资本主义和新自由主义后，发现社会问题总是无法得以完美解决，于是在21世纪出现了新的经济模式——社会经济，而这一模式很快被运用于西方国家。在社会经济背景下诞生的社会企业，区别于传统的追求利润最大化的公司，这类新兴的公司在设立之初便立足于在解决某一类社会问题，所以社会企业的存在，不仅惠及了弱势群体的普遍利益，而且作为企业又可以极大缓解政府的救助压力，做到持续且精准的解决社会问题。而中国作为社会主义国家，在面对社会问题时，还是以政府为主导力量，虽然近年来政府有将部分问题交给社会解决的趋向，但政府作为解决社会问题的中坚力量的趋势并没有改变。在这一情形下，导致了中国社会企业的发展速度缓慢。目前，中国已经有了类似社会企业性质的公司或组织，那探讨这类企业如何在中国现有法律框架下进行发展，这类企业将会遇到什么问题以及其前景如何，便显得十分有必要，这也是本文的核心内容。通过对比域外的相关法律以及企业的发展模式，并结合中国现有的法律进行分析，尝试得出社会企业在中国发展的模式，并对将来中国可能出现的“社会企业法”提出一些意见。

关键词：社会企业；社会经济；中国法律框架

引言

在《中华人民共和国慈善法》（以下简称《慈善法》）立法的过程中，有一个议题贯穿始终：是否应当对社会企业进行法律定义并将其如何管理纳入《慈善法》中。在该立法项目启动之前，国内便有学者主张在《慈善法》中将社会企业作为单独一章进行陈述，在草案征求意见过程中，社会各界也多次提出要求增加社会企业的相关条款，在最终表决时，也有人大代表呼吁《慈善法》应该包含社会企业的内容。遗憾的是，出于种种原因，社会企业最终未能出现在《慈善法》中。这导致了目前我国法律层面尚未对社会企业进行明确定义。但中国公益慈善项目交流展示会[①]对社会企业进行了如下定义：

社会企业是指在中国（含港澳台地区）经合法登记注册成立一年及以上，全职受薪团队不少于3人，具有健全财务制度、实行独立核算的企业或社会组织。该组织以解决社会问题、改善社会治理、服务于弱势和特殊群体或社区利益、开展环境保护等为宗旨或首要目标，并有机制保证其社会目标稳定。同时通过市场化运作创新解决社会问题，其社会影响力与市场成果是清晰、可测量的。[②]

中国慈展会的认证工作由深圳市中国慈展会发展中心、北京大学公民社会研究中心、中国人民大学尤努斯社会事业与微型金融研究中心、国际公益学院、中国公益研究院、億方公益基金会6家主办单位共同发起，具体认证执行工作由深圳市社创星社会企业发展促进中心负责。这一认证标准经过7年的实践更加趋于完善，因此本文选择将其认定标准作为本文对社会企业的定义。

根据定义可以划分出4个判定性标准：

标准一：在中国（含港澳台地区）经合法登记注册成立一年及以上，全职

① 中国公益慈善项目交流展示会（简称“慈展会”，CCF），由中华人民共和国民政部、国务院国有资产监督管理委员会、中华全国工商联合会、广东省人民政府、深圳市人民政府、中国慈善联合会共同主办。从2012年开始，每年一届，在深圳经济特区举行。

② 中国慈展会社会企业认证手册（2018）CCF Social Enterprise Certification（2018）

受薪团队不少于 3 人，具有健全财务制度、实行独立核算的企业或社会组织。

标准二：企业或社会组织以解决社会问题、改善社会治理、服务于弱势和特殊群体或社区利益、开展环境保护等为宗旨或首要目标，并有机制保证其社会目标稳定。

标准三：同时通过市场化运作创新解决社会问题。

标准四：社会影响力与市场成果是清晰、可测量的。

这 4 个判定性标准将在后文进行详细分析。但对比《慈善法》后，可以发现《慈善法》的推行不仅是没有吸纳与慈善相关的社会企业的相关内容，反而因为其对慈善组织的定义，使得社会企业无法类推适用《慈善法》的相关内容。

《慈善法》对慈善组织的定义为政府主导（第六条）的非营利组织（第八条、第九条），形式为捐赠财产、提供服务（第三条），组织的资金来源主要为发起人的财产、募捐（第五十一条）、信托（第五章）。

这导致目前社会企业在法律层面只能适用于《公司法》中关于普通企业的相关规定。在缺失相关的实体法律后，中国的社会企业则至少会出现如下两个问题：

第一，社会企业无法通过法律的强制力来明确理事会和股东的权利和义务，这导致社会企业的慈善 - 利润双重目标难以同时实现，资金监管、营利分红问题无法通过法律形式明确时，企业在运行过程中会不可避免地利用慈善的外衣为自己的企业赢取声誉，从而为自己谋取更多的利益。

第二，在缺失相关实体法律的情况下，社会企业的特殊身份无法在市场上凸显出来，同时也会因为其定位导致社会企业在融资、商标品牌、税收方面产生不必要的麻烦。①

根据慈展会发布的数据，该机构截至 2018 年已经对超过 730 家企业和机构开展认证，其中通过认证的社会企业为 125 家，遍布全国 21 个省市自治区的 39 个城市，领域涵盖环保、无障碍服务、社区发展、公益金融、养老、教育、弱势群体就业、农业、扶贫、互联网、公共安全、妇女权益等 14 个社会

---

① 吴维锭 . 我国社会企业型公司的融资困境与破解 [J]. 金融与经济，2020（5）：74-80.

领域。

这些企业或组织是如何发展的？他们又遇到了什么问题？

一、中国法律框架下社会企业发展路径研究

2004 年，社会企业的概念正式引入中国，随着尤努斯博士对中国的访问，社会企业的概念在学术界、非营利组织、媒体界等社会不同范围内成为热门话题。民间组织和企业开始联合创办社会企业发展的平台，很多基层社会组织也借鉴社会企业发展的模式，开始寻求组织管理和持续发展的路径。同时，许多有理想的年轻人更愿意尝试社会创新，去追求将自身价值和奉献社会相结合的目标。随着社会企业的关注度提高，中国内地通过社会企业实践的组织和企业开始增多。但在缺失相关法律支撑的情况下，中国的社会企业发展在很大程度上仍处在一种“野蛮生长期”，社会企业数量少、规模小；从整个行业的生态圈看，资金、人才、政策和能力都非常不足，社会企业发展仍在探索中。

在其探索的过程中，由于不同的组织机构最初的成立目标、服务领域的偏重和社会法律制度的限制不同，社会企业的起点会有差别。所以出现了两种社会企业发展转型的模式，一种是“非营利组织发展为社会企业”，另一种是“商业企业发展为社会企业”。[①]（见图 1）

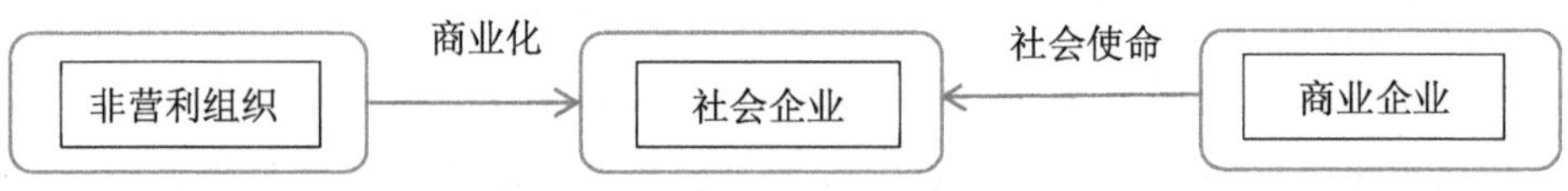

图 1　两种社会企业发展转型的模式

（一）非营利组织向社会企业发展的路径

传统的非营利组织依靠基金会、政府以及社会捐赠的资金获取资源，但是随着社会和政府压力的增大，一些非营利组织受资源困境的影响开始探索

① 张红莉 . 中国社会企业发展的政策探究 [D]. 济南：山东大学，2019.

市场化趋势。这些组织尝试通过商业活动以达到摆脱资源供给者的控制，从而对创收有更强的预测性和稳定性控制。

非营利组织向社会企业转型，采取的应对策略主要是收入渠道多元化和商业收入策略。由于非营利组织生存的关键是获取和保持资源，组织为了抵消风险，通过各种方式拓宽资金来源的渠道，为组织发展提供持续的资金来源。当社会和政府资金来源压力增大，很多组织开始从传统的依赖模式转变为新的模式，非营利组织商业化营收活动，主要包括成本补偿和商业创收活动。成本补偿主要是为弥补组织提供服务或为活动提供资金，如会议费用等，这种模式并不算商业活动，还没有达到社会企业的标准。进而非营利组织进行商业创收活动，如出售产品和服务等，意味着组织通过商业实践获取资源，富有了社会企业家精神。此种路径发展的社会企业组织的目标使命，由追求完全社会目标，到为了组织可持续生存开始追求经济目标，但是整体而言，这类社会企业始终更偏重社会目标。

非营利组织向社会企业转型，其组织模式的发展路径也分为营利结构内置和营利结构分离两种模式。所谓营利结构内置，就是非营利组织提供的慈善项目或服务，逐渐由免费转变为收取服务费，这样非营利组织的服务或产品就实现了自身的可持续性生产。营利结构分离模式主要是非营利组织为了保证资金来源，在非营利组织主体之外，建立具有社会使命的营利项目甚至营利企业，这样营利组织或项目获得的收入用以维持非营利组织母体和自身的可持续性发展。这两种模式不管选择哪一种，最后都会形成以商业模式实现社会目标的社会企业。

（二）商业企业向社会企业发展的路径

与非营利组织不同，商业企业本身就是通过提供产品和服务赚取收入。但是也存在企业在履行社会责任时超出一定的范围和界限，发展为社会企业。简单来说，企业社会责任是为了树立企业良好的形象，最终目的还是企业营利，而如果企业将社会问题置于企业的战略和运营的核心，除了将部分利润用于慈善事业外，还通过市场化运作直接以解决社会问题为目标，超出了企业社会责任范畴。这些组织具有商业运营能力和优势，并且始终追求社会目标，其策略包括雇佣弱势群体员工，将弱势群体（利润用于帮助弱势群体）

作为企业利润受益对象，及以商品营销补偿慈善服务活动。这样的发展路径最终实现追求社会和经济双重目标的社会企业。

同非营利组织转型路径一样，商业企业组织模式的发展路径也分为非营利结构内置和非营利结构分离两种模式。所谓非营利结构内置，就是企业运营的产品或服务直接作用于社会目标，包括雇佣弱势群体和有偿提供产品或服务等。非营利结构分离模式主要是企业在商业活动主体之外设置更多地非营利项目，并给予其资金支持，包括提高服务于企业利润受益对象和商业营销补偿慈善活动。[①]

（三）法律对社会企业发展路径的影响

由于缺乏法律认可，社会企业只能寻找适合发展的组织形式。目前我国主要以企业和社会组织的形式登记。据数据统计分析，目前社会企业登记的类型 66.39% 为工商企业，33.61% 为社会组织，其中，民办非企业单位登记占社会组织的 93%。社会企业若登记为工商企业，组织形式不能体现社会企业的社会使命，不能清晰定位，也缺乏社会认同。同时因为法律制度对企业的约束，也导致社会企业逐渐偏离自身的社会目标；若采取非营利组织形式，不能分配利润，因为市场行为限制，最终导致动力不足，无法可持续发展。因此目前社会企业登记的组织形式，并不适合其自身的发展规律。

同时，对于社会企业来说，社会企业的发展模式对于其自身在市场中的竞争并没有优势，因为没有政策的支持，社会企业只能在市场竞争中选择更适合的模式，继而偏离了组织社会目标或者经济目标，而造成组织的“精神死亡”。

虽然我国在非营利组织方面的发展政策一直在完善，比如政府在原有的《社会团体登记管理条例》《民办非企业单位登记管理暂行条例》《基金会管理条例》三个条例的基础上，制定了社会组织信息公开、税收支持和政府购买的相关政策支持体系，明确了社会组织中长期发展战略规划，社会组织管理的政策体系更加规范和完善，但是一直缺少对社会企业的专项扶持政策，随着《慈善法》的实施，政府对慈善组织的管理更加规范，进一步限制了社会组织向社会企业的转型。这就导致社会企业作为一种介于非营利组织和商业

① 王现普．社会企业：民办非企业单位变革发展的新方向 [J]. 四川行政学院学报，2019（2）：71-80.

企业之间的组织形式，在我国的现有法律体制下，虽然摸索出了两条发展道路，但仍然避免不了其所处的尴尬发展境地。

企业由工商管理部门负责登记和监管，追求利润最大化，是我国社会主义市场经济发展的重要主体。我国非营利组织的发展也有明确的支持机构，《慈善法》明确规定，政府民政部门主管慈善工作，社会组织应向民政部门直接申请登记，并受其监管。但是社会企业作为一个缺少合法性的组织形式，专门管理社会企业的部门设置仍需探索。社会企业同社会组织都是以解决社会问题为目标，开展慈善活动。《慈善法》规定社会组织设立须符合开展慈善活动的宗旨，不以营利为目的，并对慈善募捐和信托制度作出明确规定，财产管理制度必须以慈善目的为核心。完善的慈善服务制度对保护志愿者的权益、开展慈善活动也作出详细的措施。民政部门和政府其他部门对社会组织的进行有序的监督管理，突出各项鼓励、支持慈善事业发展的措施。而社会企业的私人部门属性，通过商业活动以获取收入为社会项目提供资金，偏离了慈善领域的发展机制。财产的使用直接关系到社会目的的实行，传统企业发展中的利润分配和税收压力，不适用社会企业以解决社会问题为目标的初衷，所以，现有的体制机制难以提供对社会企业双重目标的组织形式的发展支持。

二、中国法律框架下社会企业发展问题研究

（一）社会企业身份认证问题

正如前文所述，社会企业作为一种介于非营利组织和商业企业之间的组织形式，在我国的现有法律体制下，虽然摸索出了两道发展道路，但仍然避免不了其所处的尴尬发展境地。而其问题的根源便是尚未在法律层面对社会企业的身份进行认证。而这一特殊身份使得其无法适用《慈善法》，但适用《公司法》《经济法》又无法凸显其竞争优势，反而因为其额外承担的社会责任加大了自身的运营压力。当前学术界对社会企业的定义还没有形成统一的标准，学者们也在不断地进行理论的探索：实践中，各国的社会企业极少是直接以理想的社会企业形态为起点发展起来的。多数社会企业成立之初为了谋求自身的合法性，会以非营利组织或营利组织的形式成立。而各国确定社

会企业的合法地位，多位认证的方式，目前国际上已有的22个国家具备较完整的社会认证体系，而不同的国家也存在着不同的社会企业认证模式，有政府认证模式，也有社会认证模式。

中国虽然尚未对社会企业进行官方的认定，但由于市场已经出现了类似具备社会责任的企业，因此市场中产生了这样的民间组织，他们通过自身的专业性制定出社会企业的认定标准，并进行评选，然后利用自身的影响力提升社会企业的名誉，并利用自己的资源优势为认证成功的社会企业提供创业和办公空间、资源对接机会、域外交流学习机会、金融服务（这里主要指投资）。从一定程度上讲，这类民间机构在法律缺失的情况下为社会企业的生存提供了强有力的支撑。而这其中做得较为成功的便是上文所提到的CCF。

上文所述的4个判断标准在被执行的时候根据企业和组织的不同分别进行了细化。[①]而其细化标准经过了7年的完善，笔者认为以后如果需要从法律层面对社会企业进行定义和制定认定标准，这一细化标准具有一定参考价值。

（二）社会认知压力

目前民众对企业的认知还停留在营利层面，一方面原因是社会企业的概念尚未在国内普及；另一个方面原因是中国在法律层面对企业的分类方式不论是以投资人的出资方式和责任形式划分，还是以股东对公司所负责任的不同划分，其核心都是依据出资和公司结构进行划分，其性质都是为了营利。因此，企业的表现承担社会责任的行为在多数民众眼中，其最终目的依旧是为了“挣更多的钱”。

而民众对非营利组织的认知还停留在慈善层面，多数人认为非营利组织，如基金会，只能通过募集资金等方式（如《慈善法》第五十一条）来进行慈善事业，把非营利等同于非盈利，认为这类组织不可以利用自身的优势地位进行盈利。这给非营利组织的转型也带来较大的困难。同时近年来，非营利组织的丑闻频出，进一步加深了民众对非营利组织的不信任，使的民众更无法理解社会企业这种发展模式。

民众对社会企业这种处于非营利组织和商业企业之间的新事物认识不全

① 详见附录一、附录二。

面，导致这类社会企业的公司大多位于北京、上海、深圳等大城市（数据显示目前通过 CCF 认证的社会企业中，有 42.89% 位于这些大城市），而这样的现状导致了社会企业覆盖地域较窄，受到地区经济、文化因素影响，作用范围有限，难以真正解决特定的社会问题。

（三）发展领域

社会企业因为其本身的特点限制，导致了社会企业的运营风险高。

原因一是社会企业的服务领域多为弱势群体等领域，社会企业的这一职能与政府的扶贫内容高度重合，很容易造成自身无法与成熟的市场主体相竞争，只能依赖于政府的帮助和支持（即政府通过购买社会企业的服务或商品，在完成自身扶贫任务的同时，帮助社会企业持续经营），长此以往，社会企业可能会放弃经济目标，又变成非营利组织。

原因二是缺少法律或政策层面的制度支持，社会企业在市场竞争中很难占有优势，再加上主要服务领域的利润率偏低，这会使得社会企业在发展中为了求生存，过于追求经济目标，进而以传统商业企业的形式继续发展。

三、社会企业发展前景

社会企业的前景需要政策与法律的帮助，才能实现。在我国相关内容还不完善的时候，学习了解国外的政策便显得尤为重要。

如表 1 所示，对于社会企业的政策内容，三国也各有侧重，韩国社会企业对政府的依赖性较强，政府对其认证、财税、运营都有明确的规定和支持，而英国和新加坡对于社会企业的支持更侧重于鼓励和推动，注重社会企业的融资渠道多元化，新加坡对于社会企业人力资源和能力建设的支持更具体。三国的社会企业政策虽然在某些方面的支持具有有限性，但是不可否认政策的实施具有积极的效果，促进各国社会企业的快速发展，在经济和社会层面取得双重收益。

表 1　英国、韩国和新加坡政策对比

<table>
<tr><th colspan="2"></th><th>英国</th><th>韩国</th><th>新加坡</th></tr>
<tr><td colspan="2">政策方向</td><td>化解国家福利危机，促进非营利组织转型，工作整合</td><td>缓解社会就业危机，化解社会矛盾，服务弱势群体</td><td>促进就业，解决社会问题，促进社会创新</td></tr>
<tr><td colspan="2">政策支持部门</td><td>贸工部、社会企业管理部门、社区利益公司管理局、公民社会办公室</td><td>劳动部、第三部门办公室</td><td>社会青年体育部、社会企业委员会、社会企业协会</td></tr>
<tr><td rowspan="3">政策内容</td><td>政策计划</td><td>社会企业发展战略、社会企业行动计划</td><td>《社会企业育成法》</td><td>社会企业基金、青年社会企业精神培育计划、社会企业指导计划</td></tr>
<tr><td>组织形式</td><td>社区利益公司等形式</td><td>社会企业</td><td>合作社、股份有限公司、独资企业</td></tr>
<tr><td>支持措施</td><td>确立社区利益公司法律形式，畅通融资渠道，政府合作，税收支持</td><td>认证制度、财政支持、运营支持、政府合作</td><td>多元化融资渠道、文化认同、人力资源储备、能力建设</td></tr>
</table>

通过对比英国、韩国、新加坡三国的政策，针对我国社企发展现状，可以得到以下启示。首先，从经济和社会角度注重社企发展。我国发展步入了新时代，人民日益增长的美好生活需求和不平衡不充分的发展之间的矛盾成为社会发展的主要矛盾。社会治理的经济性和社会性问题日益突出，贫富差距较大、结构性失业、老龄化、环境污染等社会问题日益严重，与此同时，社会企业在我国已经迅速崛起。因此，新加坡和韩国的做法值得学习，积极开展社企的现状研究，形成对社会企业发展的系统认识，加强与学术界的合作，了解社会企业在解决社会问题中发挥的作用和面临的阻碍，在此基础上，进行社会企业政策设计，形成支持社会企业发展的制度体系。

其次，在体制和资源上形成社会企业发展推力。要形成能动的体制机制，就要明确社会企业的界定，形成社会企业支持平台。结合我国国情，形成我国社会企业的本土化定义，界定社企概念边界，设立专门负责社企发展的主管部门，逐步探索其发展的支持政策，最终形成社会企业发展的良好环境。政府应建立合作平台与机制，促进政府、社会组织、企业、社会企业、学术界等之间的沟通合作。引导社企跨界合作，调动社会各界力量共同推进社企可持续发展。

最后，形成相对宽松的社会企业发展环境。根据目前我国社会企业的发展现状，应该鼓励社会企业更大地发挥社会价值与经济活力。对于社会企业认证制度形成相对宽松的管理制度，保持其创新性和竞争性，使更多的社会企业得到认可，增强社会力量参与度，焕发社会企业活力，还要动员社会力量给予社会企业更多的支持，如采用财税支持，储备人力资源，提高组织能力等。与此同时，为避免社会企业的标签滥用，或偏移社会目标，加强政府的监管力度，是保证社会企业可持续发展的必要措施。

四、结论

相较于西方国家，我国社会企业还是年轻的组织形式，它们在不断地发展和壮大。现有的社会企业在服务弱势群体、社区发展、农村发展、互联网、文化等社会领域已经发挥着重要作用。虽然有民间认证社会企业的方式，但是面临着缺少政策合法性的压力，社会企业只能选择社会组织转型社会企业和商业转型社会企业两条路径，寻求社会目标和经济目标的平衡。社会企业发展还是受到身份认证、社会认知压力、发展领域的影响。要克服社会企业发展的阻力，促进其健康发展，还需要社会企业政策的推动。而我国社会企业的政策设计存在着现有体制机制不完善、社会企业自身界定不清晰和慈善文化固化的阻碍，所以本文在第三部分探讨了英国、韩国、新加坡社会企业的政策，然后结合我国的实际，尝试提出一点建议。

本文有许多不足之处：一是文章是笔者在学习一学期相关知识后的一点个人感悟，认识得还不够全面；二是文献资料受到数量、语言的限制，并没有能够准确地把握社会企业研究现状。本文的研究只是一种探讨的开始，对于我国法律框架下社会企业如何发展，如何解决问题的研究，还需要进一步探索。

附录一：企业指标构成

<table>
<tr><th>一级指标</th><th>二级指标</th><th>三级指标</th></tr>
<tr><td rowspan="5">一、机构资质</td><td rowspan="2">机构资质</td><td>依法登记成立</td></tr>
<tr><td>团队成员为 3 人或以上</td></tr>
<tr><td rowspan="3">规范治理</td><td>管理机制完善</td></tr>
<tr><td>合法纳税</td></tr>
<tr><td>缴纳社保</td></tr>
<tr><td rowspan="3">二、社会目标优先</td><td>社会目标</td><td>明确的社会目标</td></tr>
<tr><td>系统变革活动</td><td>积极改变外部环境来解决社会问题</td></tr>
<tr><td>识别双重失灵</td><td>关注于双重失灵领域</td></tr>
<tr><td rowspan="13">三、社会目标稳健性</td><td rowspan="11">管理机制、政策与行为</td><td>社会目标不漂移机制</td></tr>
<tr><td>多元化决策机制</td></tr>
<tr><td>组织透明性</td></tr>
<tr><td>社会监督机制</td></tr>
<tr><td>招聘机制</td></tr>
<tr><td>培训机制</td></tr>
<tr><td>考核机制</td></tr>
<tr><td>激励机制</td></tr>
<tr><td>产品 / 服务研发</td></tr>
<tr><td>资源获取</td></tr>
<tr><td>组织身份认同</td></tr>
<tr><td>利润分配</td><td>与社会目标相关的利润分配</td></tr>
<tr><td>资产锁定</td><td>与社会目标相关的资产锁定</td></tr>
<tr><td rowspan="5">四、创新模式、市场化运作解决社会问题</td><td rowspan="3">创新性</td><td>技术创新</td></tr>
<tr><td>跨界联合</td></tr>
<tr><td>过程 / 模式创新</td></tr>
<tr><td rowspan="2">财务可持续性</td><td>收入稳定或增长</td></tr>
<tr><td>员工稳定或增长</td></tr>
<tr><td rowspan="2">五、成果清晰可测量与社会影响力</td><td rowspan="2">成果清晰可测量</td><td>明确的社会产出</td></tr>
<tr><td>明确的社会影响力</td></tr>
</table>

附录二：社会组织指标构成

一级指标	二级指标	三级指标
一、机构资质	机构资质	依法登记成立
		团队成员为 3 人或以上
	规范治理	管理机制完善
		合法纳税
		缴纳社保
		理事会机制
二、社会目标优先	社会目标	明确的社会目标
	系统变革活动	积极改变外部环境来解决社会问题
	识别双重失灵	关注于双重失灵领域
三、社会目标稳健性	管理机制、政策与行为	社会目标不漂移机制
		多元化决策机制
		组织透明性
		社会监督机制
		招聘机制
		培训机制
		考核机制
		激励机制
		资源获取
		组织身份认同
四、创新解决社会问题	创新性	有明确的社会企业产品 / 服务
		技术创新
		跨界联合
		过程 / 模式创新
	财务持续性	收入稳定或增长
		员工稳定或增长
		非捐赠性收入占比
五、成果清晰可测量与社会影响力	成果清晰可测量	明确的社会产出
		明确的社会影响力

国外社会企业发展模式比较与借鉴

孙 博

摘要：英国、美国、日本和韩国都是世界范围内社会企业发展较好的国家，其社会企业发展在企业目标、企业类型、政府和民间支持以及融资渠道等方面存在很大差异，中国应充分借鉴国外社会企业的优秀发展模式，进一步发挥政府作用，对其予以支持引导，发展适合中国国情的创新型社会企业。

关键词：社会企业；国外；发展模式比较；借鉴

引言

目前，中国正处于社会转型阶段，贫富分化、失业、养老等社会矛盾显著，不利于社会公平和稳定发展，而社会企业极可能成为解决上述问题的新生力量，为解决我国各种社会问题、稳定社会秩序、促进社会整体发展发挥作用。但是中国社会企业概念引入较晚，即便现在也仍然存在着概念、认知不清等问题，导致其发展迟缓，一直以来难以规模化发展。[1] 因此，亟须借鉴国际先进经验，明确发展方向，拓宽发展渠道和视野。其中，英国作为社会企业发展最好的国家之一，在过去的 20 年间建立起了包括政府采购政策、法律模式及金融产品在内的一个较为完善的社会企业及社会投资生态体系，并通过政策宣传以及研究、推广等手段来帮助众多初生的智囊团和中介组织等发展壮大，其国内的社会企业不仅数量多，且形态多样，可作为英国经济发展和社会创新的支持力量，因此研究英国的社会企业发展模式具有十分宝贵的借鉴意义。此外，作为最发达国家的美国，以及引入社会企业较晚却成为亚洲社会企业发展代表性国家的韩国和日本，其社会企业的发展模式都具有研究和借鉴价值。

一、研究综述

追溯社会企业的发展历史，早在 1994 年 OCEO 就将其从普通企业中区分出来，强调其是利用市场及非市场两种资源，使低技术工人得以再就业的组织。1998 年，法国经济学家蒂埃里·让泰首次明确提出了社会企业的概念，认为它既不是纯粹的企业，也不是一般的社会服务组织，而是最大限度实现经济效益和社会效果的结合的企业。由于各国社会经济及文化发展水平的差异，对社会企业的认知也有所不同。欧洲委员会认为社会企业有着非营利组织和合作社的共同点，倾向于视其为二者的交叉形态；英国政府认为社会企业摆脱了传统企业所追求的利益最大化目的，而是拥有基本的社会目标，并将全部收益投入社会发展的一种企业形态；美国将其归为非营利组织一方，只不过突出其商业化性质。

社会企业实际上是一种社会性和商业性兼具的现代新型企业，[2] 近年来在国内学术领域愈发受到关注。在社会企业概念的界定方面，李晓南 [3]、范明林 [4]、李爽 [5] 等人倾向于将社会企业归为非营利组织一类，虽然运用商业手段，但强调其公益性的特征；沙勇 [6]、杜晓山 [7]、郑娟 [8] 等学者认为社会企业是公益与利润共融的一种企业组织，突出其企业组织的性质；潘小娟 [9]、万希 [10]、胡亦武 [11] 认为社会企业是一种新型组织，既区别于传统营利性企业，又不同于公益组织，是传统社会组织的变革与创新。同时，学者们对于社会企业在我国的发展也进行了一系列研究，主要聚焦于运作模式、必要性以及现实困境等方面，黄悦深 [12]、余晓敏 [13] 等学者认为社会企业的发展运作需要多元产业链条、进行学习型组织建设、创新能动发展等；高传胜 [14]、李健 [15] 等则侧重研究中国社会企业在扶贫、解决社会问题等方面存在的必要性；沙勇 [16]、邓汉慧 [17]、吴宏洛 [18] 等人则进一步分析了中国社会企业面临的困境，例如社会认知不清、投资不足、影响力不够、创新能力及市场能力弱等问题。

我国现处于社会转型的关键时期，亟待解决已浮现的各类社会问题，本文拟通过对比分析的方法，从社会企业目标、企业形式、政府和民间支持以及融资渠道等角度分析英、美、日、韩等国的社会企业发展的经验及策略，以期对我国社会企业的发展模式有所启发，深入探索符合我国国情的社会企业运营和发展模式，从而使社会企业发挥出稳定社会秩序、促进经济发展的重要作用。

二、国外社会企业运营模式比较

国外具有代表性的社会企业发展模式对我国社会企业的发展具有很强的借鉴价值，尤其是英国、美国、日本和韩国的社会企业，在企业目标、企业形式、政府和民间支持，以及融资渠道等方面均对中国具有借鉴意义（见表1）。

表1　国外典型社会企业发展模式比较

	英国	美国	日本	韩国
企业目标	以社区发展和公司成员福利来实现社会利益	运用商业手段实现社会目标或环境目标，满足社会需求	将促进当地就业作为核心目标，利用当地资源，采用商业手段解决当地问题，并将活动收益返还给当地，激活地方活力	为弱势群体提供社会服务和就业岗位，实现提高居民生活水平等社会目标，同时进行商品生产、销售、服务等盈利活动
企业类型	社区利益公司最为典型，还有合作社、信托基金、社区财务等形式	低利润有限责任公司（L3C）、共益公司、社会目的公司及弹性目标公司等形式	主要形式为NPO法人，还有营利法人、一般财团法人、公益社团法人等形式	公司形式占主导地位，还有商法上公司、非营利民间团体、社会福利法人等多种形式
政府支持	成熟详细的立法，财政、税收等政策支持，并建立了完善的立法体系	更多体现民间自治特征，联邦政府支持为辅，并制定了地方性法案进行约和规范束	以相关制度的构建和税收优惠等进行政策引导和扶持，出台了《NPO法》	政府主导，辅之立法保障；建立社会企业认证制度，予以资金支持和财政补贴
融资渠道	内部和外部两种融资途径。社区利益公司、专门中介机构等	主要来自民间各类基金会，联邦政府在有限范围内给予财政扶持	政府主导融资，以及金融机构贷款服务，自主营利性收入占50%以上	政府拨款为主，民间捐赠为辅
利润分配	限制	限制	部分不做限制	限制

（一）以社会企业目标为标准

1999 年，经济合作与发展组织[19]定义社会企业为追求公众利益而进行私人活动的一种企业战略组织，不以追求利润最大化为根本目的，而是追求既定的经济和社会目标，且其进行的私人活动可以为失业及社会排斥等问题提供更具创新性的解决方案。[20]社会企业其成立初衷总体来说都是以包括生产、销售产品或服务等方式在内的商业模式来解决社会存在的问题，秉持着“公益为体，商业为用”的理念，但不同国家的社会企业其企业目标具体来看也有所不同。

例如在英国，因社会企业产生与政府和市场失灵导致的失业率提高及住房困难等背景之下，社会稳定性受到威胁，因此尤其注重社区发展和公司成员福利，将实现社会利益作为企业目标。美国同样由于面临经济危机和环境恶化等问题，不得不重新审视传统企业的经营模式，试图以一种新兴企业模式解决社会危机，后来由于对社会企业定义的分歧而形成了两大派系，尽管其目标都是为满足社会需求，但其中“获取收入学派”强调依靠社会企业所得收入来完成社会目标，而“社会创新学派”则更注重社会企业的创新性发展。日本的社会企业是由欧美传入，受到社会、政府和市场三方影响而产生，[21]并受到民间机构大力支持，以就业率为核心目标，通过商业手段，利用当地资源解决所存在的社会问题，并将所得收益返还给当地，以此激活地方活力，形成了一种地区复合型商业模式。[22]韩国社会企业则与日本类似，亚洲金融危机之后，失业率激增，社会安全秩序受到严重影响，因此向国内引入欧美社会企业形式，在提高当地居民生活水平的同时，进行商品、服务等的生产与销售，通过传统形式的商业活动为弱势群体提供社会服务和就业岗位，从而解决社会问题。

从上述对比可以发现，各国社会企业主要是受到当时出现的一系列经济及社会问题影响，给予了民众和政府一个反思原有企业模式的契机，对社会福利和企业社会责任进行了全新的思考，最终决定建立一种经济性和社会性兼具的新的组织形式，挽救经济和社会危机。因此各国社会企业目标从根本上异曲同工，以回馈和发展社会作为根本方向，有效缓解了政府压力，对社会和谐稳定发展也起到了重要作用。

（二）以社会企业形式为标准

除了企业目标的差异，各国社会企业发展在企业形式上也有所不同。英国有慈善机构的贸易部门、社区利益公司（CIC）、社区发展金融机构、合作社、信托基金、社会公司等，其中以社区利益公司最为典型；[23]在美国主要是低利润有限责任公司（L3C）、共益公司、社会目的公司、弹性目标公司等；日本以NPO法人形式作为其主要社会企业形式，另外还有营利法人、一般社团法人、一般财团法人、公益社团法人、公益财团法人等社会企业形式；韩国的社会企业是公司形式占主导。尽管各国社会企业形式丰富多样，但都存在一种占主导地位的社会企业形式影响着其他类型的社会企业的发展，且这些社会企业形式都体现了经济性和社会性的双重发展目标。[24]

（三）以政府对于社会企业的支持力度为标准

英国政府十分重视社会企业发展，不仅给予了财政、税收等政策支持，还建立了成熟且详尽的立法体系。不仅建立了各种基金会投资社会企业，为其提供物质保障，还利用税收优惠政策进行引导，例如减免社会企业投资方的投资税，扩大社会企业的资金来源，鼓励社会企业积极参与政府购买服务的一系列活动等，并以法案明确规定政府购买公共服务时以社会企业作为候选优先考虑，或直接或间接地支持社会企业发展，不仅社会企业的公众认知度，也为其提供了发展资金和更多的可能性。英国社会企业发展立法较为成熟，制定了明确的战略规划为社会企业营造良好的生存和发展环境，也对社会企业的资质审批、评估、分红等方面都制定了详细的条款，这些规定不仅促进了英国当地社会企业的发展，更在世界范围内起到激励和示范作用。此外，政府还鼓励开设社会企业家等相关课程，并支持中介机构为社会企业提供教育培训等服务，对起步发展的社会企业提供商业指导。

相较之下，奉行自由主义的美国其社会企业的发展则更多依赖民间力量的支持，包括各类科研机构、咨询机构以及基金会等，为社会企业提供各种咨询、培训、调研服务及资金支持等。当然，作为联邦政府，一定程度上也会对美国社会企业的发展提供财政及税收等倾斜性政策和相关法案进行引导支持，比如通过税收补贴或减免等政策扶持雇佣残疾人的社会企业，要求联邦政府从社会企业购买产品和服务等，从而为社会企业提供更广泛的营销渠道，解决资金问题。

同样作为社会企业发展较快的代表性国家日本，其支持力量也更偏重社会层面，日本政府以“新公共”政策给予社会企业制度保障，此外更多引导社会民众及 NPO 法人去充当社会企业服务的主体，这一做法不仅减轻了政府的财政压力，而且更容易增强民众对社会企业的认同感和信赖感，因为在接受公共服务的过程中，长期的习惯使民众更加倾向于信赖政府，而并非某个社会企业，尤其当社会企业在提供社会服务时如果一味迎合政府而忽视人民真实需求，则更容易失去人民信任，不利于其长足发展。法律方面日本较之其他国家有所不同，日本并未针对社会企业发展出台专门性的法律，但以经济产业省牵头发布了《社会化商业推进研究会报告书》，日本政府并以此为核心陆续出台了一系列直接或间接的政策建议，对社会企业的生存发展提供了政策保障，涉及社会企业融资环境的优化、所需人才的培养、项目支援，社会企业在社会和公众眼中的知名度和接受程度，从而推动社会企业在日本的蓬勃发展。此外，经济产业省还与社会企业研究会共同开展多类型项目，致力于帮助社会企业提供针对性指导和帮助，在日本社会企业发展道路上发挥了关键作用。

而韩国社会企业的产生则是受亚洲金融危机影响，骤增的失业人口严重影响了政府管理和社会秩序，此时社会企业的出现大大减轻了政府压力，因此政府不仅投入大量资金，还出台了一系列补贴和扶持政策，为社会企业的发展提供便利。尽管韩国社会企业起步较晚，却是亚洲各国中最早以立法形式支持社会企业发展的国家，出台了诸如《社会企业育成法》等专门法律，并不断加以修订和完善，并成立振兴会，为社会企业提供认证、宣传推广、教育培训等服务。韩国政府在其社会企业的认证及发展过程中起着主导作用，改变了社会企业夭折的局面，使社会企业数量及质量都得到了极大提升，韩国因此成为亚洲国家中社会企业发展的代表。

任何国家的任何企业想要发展都离不开政府支持，社会企业也是如此，更何况其产生和发展的初衷即弥补因政府失灵而无法解决的一系列社会问题，诸如就业、扶贫、环境、社区治理等问题。一般来说，政府往往利用财政和税收等优惠政策以及法律法规等手段对社会企业的发展予以支持和规范，不同国家政府对社会企业的扶持力度及侧重方向有所不同。英国社会企业得到了政府多方面支持以及完善的立法保障，并拥有民间力量作为重要支撑；美国由于体制和文化影响，主要依靠民间力量扶持社会企业发展；日本和韩国由于社会体制及文化背景相仿，二者之间具有更多的共性，社会企业主要依赖政府扶持，尤其是韩国社会企业的认证发展较成熟，发挥了重要的鼓励、引导和扶持作用。

（四）以社会企业的融资渠道为标准

国外社会企业的融资渠道主要有政府出资、社会融资及会员出资等，但任何国家的社会企业都不能仅依靠某单一渠道，一般采取一主多辅的多元方式进行融资。社会企业作为一种社会性和经济性兼具的组织形式，同样需要持续稳定的资金投入，因此各国采取不同措施以满足其正常运营和发展的资金需要。

社会企业发展较为成熟的英国，目前已形成内外部两种融资渠道，所谓内部渠道即社会企业本身的留存，而外部融资则一方面通过增发或转让股权等方式，另一方面则通过购买服务、借贷、发行社会债券等债务形式进行融资，此外还可以接受社会的捐赠与资助，以及中介机构提供的各类资本、基金、证券交易等，摆脱了对政府资金的依赖及捐助的不稳定性，既拓宽了融资范围与渠道，又降低了融资风险与成本。在美国，联邦政府仅出台一些财政及税收政策对社会企业进行一定程度上的帮助，其主要资金来源于基金会等个人组织。

日本长期以来实行政府主导的融资方式，以政府项目所得为社会企业提供资金支持，但有各类金融机构提供的贷款服务以及社会企业本身营利也是其重要资金来源，其自主营利可占 50% 以上。而另一个社会企业发展较好的亚洲国家韩国，与日本类似，也以政府拨款作为主要融资方式之一，另外接受民间捐赠，以规避因受政府资金限制而出现融资不稳定的发生，逐渐形成“政府拨款为主，民间捐赠为辅”的模式。

从上述对比可以看出，英国作为目前社会企业发展最优秀的国家，得益于多样的融资形式，以及“造血式”融资优势，为社会企业的发展提供了坚强的物质保障，同时为其他国家提供了借鉴思路和宝贵经验；美国更强调社会企业的创新性，其融资渠道主要来自民间的各类基金会；日本和韩国都以政府主导的融资方式为主，虽然目前来看发展势头不错，但相比之下融资渠道略显单一，仍需要进一步创新和发展融资方式，充分满足社会企业发展的资金需求。

三、国外社会企业的发展对中国的启示

我国自2004年才接触社会企业概念，自此政府及相关科学研究机构开始推动其发展，但长期以来仍未在社会得到广泛认可和关注，究其原因，既缺乏官方认证标准，也没有专业、健全的法律以及多元的融资渠道予以保障，极大限制了社会企业在中国的发展。

当前，我国正处于经济转型期，如劳动、教育、医疗以及社会福利保障等相关制度还尚未健全，而社会企业作为衔接社会性和商业性的一种创新型组织形式，无论对于我国的经济发展还是社会稳定，都可能成为新的增长动力甚至中坚力量。因此，通过对英、美、日、韩等国的社会企业发展模式进行分析比较，并结合中国的现实情况，拟从以下四方面提出建议，进一步推动社会企业发展，使其成为我国经济和社会和谐发展的新引擎。

（一）界定社会企业概念，明确企业目标

我国社会企业发展的历史较短，且国内学术界对其进行的研究不够深入，尚未形成一致的概念界定及企业目标。清晰明确的界定概念和企业目标不仅为本公司员工指明了工作方向，同时也利于整个社会对其进行更深入的认识和了解，并为想要成立社会企业的公众提供了方向和范例，有利于社会企业数量的增加，获得社会的认同感。因此，政府应与学术界合作尽快对社会企业作出一个官方的、统一的界定，并建立权威机构对其进行认证与公布，为社会企业发展造势，对公众进行引导，使之对社会企业有更清晰明确的认识和信任，为未来社会企业的发展壮大奠定群众基础。

（二）建立健全社会企业相关法律体系

缺乏专门法律法规对社会企业进行官方认证及法律保护，是社会企业难以规模化发展的重要因素。官方的法律认证与保护不仅为社会企业的发展树立标准，为社会企业活动制定了规范，同时也是对社会企业的肯定，引导整

个社会接纳和支持社会企业。

在立法方面，中国可借鉴韩国经验，为社会企业制定专门法律以及配套的法律规章，以建立完备的法律体系，使社会企业的建立、经营和发展等整个过程都得到认可和保护；同时也可借鉴美国联邦政府做法，因地制宜，由各省市根据自身经济发展状况制定更细化、更贴合实际的发展标准和制度，在符合社会企业共性的同时保留不同地区社会企业的特性，使其发展更具针对性。

（三）加强政府和民间对社会企业的扶持力度

社会企业的发展不是单纯依靠政府或者民间某一方的力量就能实现的，需要双方的共同扶持。以日本和韩国为例，在国家层面，政府对社会企业的发展提供了经济与制度保障；在社会层面，两国都有专门的民间研究机构如各类研究会对社会企业的企业管理、人才建设、营销策略以及学术研究等方面提供智力支持。反观我国，一方面政府对社会企业缺乏重视，并未成立专业的管理部门应对社会企业发展初期遇到的难题和阻力，扶持社会企业发展；另一方面，学术界对社会企业的研究成果没有得到普及，社会公众对此知之甚少，社会企业存在人才资源稀缺、产品销售受阻等各类问题，导致社会企业概念混淆，降低了公众对社会企业的认知度。因此，我们可以借鉴日本和韩国的做法，通过政府牵头，成立国家层面的主管部门，主要负责财政支持和制度保障，可寻求具有社会责任感的企业、各类志愿组织及相关研究机构进行合作，搭建专业服务平台，致力于解决社会企业人才队伍建设、产品销售、经营服务、学术研究等具体问题，为社会企业生产和发展提供咨询服务，提升社会企业成长过程中的机会识别、经营及管理能力，扶持社会企业健康发展。

除上述提到的进行认证和立法等制度保障，还需要给予社会企业发展以经济扶持，我们分析国外社会企业发展模式可以发现，不仅政府以财政、税收等手段大力支持社会企业的融资需要，民间机构也积极参与到社会企业融资中来，为社会企业的发展提供捐助、贷款等资金帮助。我们可以借鉴其经验，例如由政府牵头联合相关机构，组成社会企业的专管部门，加大宣传力度，并给予社会企业更多购买政府服务的机会，提高社会企业认知度，鼓励更多的人投身社会企业建设发展，制定相关优惠政策对民间机构进行引导，为社会企业提供咨询、教育、培训等服务，提升其经营管理能力。

（四）加强社会企业的专业人才建设

作为新型组织形式，发展初期的人才支持必不可少，但普通公众可能由于对该行业知之甚少而对进入社会企业发展持观望态度，因此社会企业可与高校进行资源互换，一方面社会企业为高校学生提供实习平台甚至对口工作岗位，为高校学者提供研究方向及行业一手资料；另一方面则要求高校智库为社会企业提供咨询、建议、指导等智囊工作，鼓励高校、科研机构等单位建立产学研基地，设立社会企业专项培训课程，开展理论及实践研究，为社会企业培养专业性人才，不断输送新鲜血液，加强其能力建设，以资源互换的方式为社会企业发展提供专业人才队伍供给与智力支持。[25]

（五）泛活社会企业融资渠道

单一化的融资渠道难以从根本上解决社会企业发展的资金问题，仅仅依靠政府拨款是对政府财政负担的加重，而仅依靠民间贷款、捐助等方式又难以满足资金需求，“输血式”融资仅能解决表面问题，并不能保证社会企业的持续健康发展，在筹集资金方面要花费大量时间、精力和金钱，且这样一种融资形势下，即使筹集到资金，后期也会反复出现资金短缺的情况，导致企业生存不断受到威胁，难以实现社会企业的可持续发展，因此亟须泛活社会企业融资方式，建立多元融资渠道，从全方位、多角度着手降低社会企业融资难度，借鉴成功经验，为社会企业发展“造血”。

首先，明确对社会企业的认定标准，建立认证制度，一方面为制定社会企业相关的债券与股票等相关政策提供便利；另一方面，官方权威的认证有利于夯实社会企业的群众基础，增强公众对新兴社会企业的信任，减轻发展阻力。其次，制定相应财政与税收政策，发挥其调节作用，吸纳社会资本，并以相关倾斜政策鼓励与引导社会企业购买政府服务，拓展资金来源。最后，加强企业文化建设，塑造企业责任形象，提升社会企业自身发展的能力，使公众对其产生更加清晰的认知，增强认同感；同时做到信息透明公开，使公众对社会企业的发展有一个更深层次、更全面的了解，吸引更多意向投资者，增强其投资意愿和放心度，从而完成融资目标。

四、结语

社会企业通过商业模式高效整合社会资源，更具创新性地为社会提供产品和服务，并在实现商业目标的同时兼顾社会效益，已经成为现代社会极具价值和发展潜力的一种企业模式，其生存和发展极具研究价值。[26] 总体来说，综合英、美、日、韩四国社会企业发展的经验来看，中国社会企业的培育与发展需要政府与社会的双重力量协同推动。同时也不可忽视英、美、日、韩四国社会企业发展经验中存在的差异性，是效仿英国和韩国“强政府，弱社会”的扶持方法，还是借鉴美国与日本“弱政府，强社会”的发展方式，如何结合国外经验，扬长避短，取其精华，探索出一套中国特色的社会企业发展模式，仍待进一步研究和商榷。

参考文献

[1] 金仁仙 . 中日韩社会企业发展比较研究 [J]. 亚太经济，2016（6）：99-103.

[2] 金仁仙 . 韩国社会企业发展现状、评价及其经验借鉴 [J]. 北京社会科学，2015（5）：122-128.

[3] 李晓南 . 社会企业全球演进背景下我国的发展策略选择 [J]. 社会科学辑刊，2015（6）：62-66.

[4] 范明林，程金，李思言 . 社会经济理论视角下的社会企业研究 [J]. 华东理工大学学报（社会科学版），2017，32（2）：9-18.

[5] 李爽 . 社会企业：公益事业发展的新动能 [J]. 宏观经济管理，2017（4）：59-61.

[6] 沙勇 . 社会企业发展演化及中国的策略选择 [J]. 南京社会科学，2011（7）：49-54，64.

[7] 杜晓山，宁爱照 . 社会企业——中国公益性小额信贷机构的一个发展方向 [J]. 金融与经济，2013（5）：9-13.

[8] 郑娟，李华晶，贾莉，等 . 社会企业创业的商业模式研究 [J]. 商业时代，

2014（7）：85-86.
[9] 潘小娟 . 社会企业初探 [J]. 中国行政管理，2011（7）：20-23.
[10] 万希，彭雷清 . 基于智力资本的社会企业创新流程研究 [J]. 管理世界，2011（6）：180-181.
[11] 胡亦武，石君煜 . 社会企业概念及发展探析 [J]. 贵州社会科学，2015（9）：126-131.
[12] 黄悦深 . 青番茄网络图书馆：社会企业运营的公益文化服务模式 [J]. 图书馆杂志，2013，32（10）：20-24.
[13] 余晓敏，李娜 . 社会企业型在线慈善商店的创新模式分析——基于“善淘网”的案例研究 [J]. 经济社会体制比较，2017（5）：136-145.
[14] 高传胜 . 社会企业与中国老龄服务供给 [J]. 社会科学研究，2015（3）：115-120.
[15] 李健，张米安，顾拾金 . 社会企业助力扶贫攻坚：机制设计与模式创新 [J]. 中国行政管理，2017（7）：67-72.
[16] 沙勇 . 社会企业：理论审视、发展困境与创新路径 [J]. 经济学动态，2014（5）：49-56.
[17] 邓汉慧，涂田，熊雅辉 . 社会企业缺位于社区居家养老服务的思考 [J]. 武汉大学学报（哲学社会科学版），2015，68（1）：109-115.
[18] 吴宏洛 . 社会企业提供养老服务的公益逻辑与运行困境 [J]. 福建师范大学学报（哲学社会科学版），2017（1）：57-67.
[19] OECD.The Non-profit Sector in a Changing Economy[M].London: OECD Press, 1999.
[20] 郑奎珍，张希先，徐寅锡，等 . 政府驱动的韩国社会企业：首尔市政府社会企业促进项目的经验教训 [J]. 国际行政科学评论（中文版），2017，82（1）：177-194.
[21] 俞祖成 . 日本社会企业：起源动因、内涵嬗变与行动框架 [J]. 中国行政管理，2017（5）：139-143.
[22] 金仁仙 . 日本社会企业的发展及其经验借鉴 [J]. 上海经济研究，2016（6）：28-35.

[23] 韩文琰．社会企业融资：英国经验与中国之道[J]. 东南学术，2017（3）：137-145.

[24] 涂智苹．英美日韩社会企业发展比较研究及其启示[J]. 改革与战略，2018，34（8）：116-122.

[25] 李德．发达国家（地区）发展社会企业对中国的启示[J]. 上海师范大学学报（哲学社会科学版），2018，47（1）：71-77.

[26] 张宇．我国社会企业的发展现状、问题及对策[J]. 经营与管理，2019（1）：7-10.

社会企业参与社区治理的可行性与实践路径

韩　月

摘要：建设共建共治共享的社会治理格局是实现社区有效治理的最终目标，这就需要理顺政府、市场以及其他组织在此过程中的关系，形成以政府为领导，市场、社会组织共同参与的社区治理格局。社会企业是一种全新的组织形态。探索社会企业解决社会问题、参与社区治理的可行性，从理论层面为社会企业参与社区治理的研究提供一些参考。

关键词：社会企业；社区治理；协商民主

引言

20 世纪 90 年代以来，伴随着工业化与城镇化的进程，人们对社区治理领域的关注日益增加，社区治理理论兴起。社区作为中国社会结构的重要组成部分，不仅是社会居民的居住场所，更是我国基层治理的重要领域。构建社区治理共同体关系到群众的切身利益，也关系到我国基层社会治理的稳定性。共建共治共享的社会治理格局的构建离不开多元主体的参与，社会企业作为解决社会问题、提供公共产品和服务的重要主体，承担着一部分本该属于政府的责任，是社区治理的重要力量，并在社区治理中发挥着重要的作用。

一、社会企业概述

（一）社会企业基本概念

一般认为，社会企业是致力于解决社会问题，并以此为组织使命的社会组织。[1]其不同于传统的公益慈善组织，也不同于以利益最大化为组织目标的商业组织，而是兼顾社会与经济双重目标，具有社会、商业双重属性，并以社会属性为先，具有社会使命优先性。社会使命优先性是指这类企业以解决社会问题，实现社会属性为组织活动的基本依据，并在商业价值和社会价值产生冲突时，最大限度地改造现有的商业模式，以期实现社会目标。

（二）社会企业基本类型

对社会企业类型的划分一般是依据企业的收入模式、企业的组织形式和企业所采取的分红政策三项标准进行的，依据此三项标准可将社会企业划分为两大基本类型：公益型社会企业和市场型社会企业。

公益型社会企业是指其运营资金主要来源于民间捐赠或政府资助，这类社会组织在解决社会问题时，具有高度的创新性和责任感，并能产生持续的正面社会影响，例如1946年创建的联合国儿童基金会（UNICEF），其创立的最初目标是满足“二战”后欧洲与中国的儿童的紧急需要。自1950年起，其工作区域从欧洲与中国扩展到了维护所有发展中国家母亲与儿童的权益，保障其生存与发展的权利，满足其长期需求。UNICEF是典型的公益型社会组织，其不以营利为目的，经营资金完全来源于政府投入以及社会企业、个人的无偿捐赠。

市场型社会企业是指完全依靠企业自身参与市场活动所得的经营性收入，或者依靠自身经营收入以及少部分社会资金捐赠相结合来维持企业正常运转的那类社会企业。例如中和农信，中和农信是一家扎根农村的小微金融服务机构，[2]其主要面向县城内的那些中低收入者，这类人群不能完全享受传统金融服务，中和农信则为这类人群提供以小额信贷为主的多元化、多层次的金融服务。中和农信源于1996年世界银行在秦巴山区设立的扶贫试点，并从此扎根农村市场，以市场的方式融入农村地区，为农村扶贫作出卓越贡献。因此说，中和农信是典型的市场型社会企业。

二、社区治理概况

（一）中国社区治理兴起背景

就我国的实际情况而言，随着城市化的发展，社区数量增加迅速，社区成为基层管理的重要领域和组成单元。社区治理的体系和能力是社会治理体系和能力的重要基础，从根本上决定着社会治理的效能。目前，我国正处于经济的转型时期，政府的职能也由管理型职能向服务型职能转变，为了适应经济转型的要求以及社会发展的需要，政府也越来越重视社区治理的问题。[3]

社区治理体系与治理能力现代化是基层治理现代化的重要实现途径，也是社区治理的最终目标。党的十九届四中全会提出“建设人人有责、人人尽责、人人享有的社会治理共同体”，体现了我国在社区治理中的创新性，也为社区治理现代化指明了方向。社区治理共同体的建设关键在于厘清政府、社会、企业在参与社区治理过程中的责任，形成“一核多元”的治理结构。近年来，我国社区治理过程中的复杂因素一直在增加，社区治理的难度也日益升高，存在着社区治理能力不足、主体参与度不高等问题。因此需要对此类问题进行分析并解决，构建符合现代化发展的社区治理格局。

（二）社区治理共同体下社区治理的问题

构建社区治理共同体的关键之一就在于“多元”二字，即政府、政党、社会组织、经济组织、个人等都应该被囊括进社区治理格局中。构建社区治理共同体的关键之二在于“协商”，多元也存在协商之中，这便意味着只有地位平等的治理主体才可能在治理过程中采用协商的方式解决问题。但当前社区治理仍存在着问题，使得多元协商格局不能实现。总体而言，我国社区治理存在的问题主要是社区治理主体意愿不足以及社区治理协商机制不完善两个方面。

社区治理主体意愿不足导致社区治理能力不足。社区治理意愿不足主要表现为治理主体参与治理积极性低，治理热情不高。导致这种现象的原因很大程度上在于激励机制的不完善，这种激励主要来源于两方面：一是社区工作者对工作本身的满意度，自我实现的成就感；二是外在物质激励。而在我国当前社区治理工作中，这两种激励都不足。首先，社区工作者难以在社区工作中获得成就感，社区居民对社区工作者的工作并不完全了解，甚至有时不认同，这种不认同就导致社区治理主体在进行社区治理工作时回应性较低，进而影响其对工作的满意度。[4] 其次，社区工作的外在激励机制不足导致社区治理主体意愿不足。社区治理的复杂性导致社区治理工作的超负荷性，社区治理主体承担的工作量十分大，导致其产生倦怠感。工作量的增加却没有伴随物质奖励的和激励，导致社区治理主体参与社区治理的意愿不足。

社区治理协商意识不足，协商机制不完善。基层协商民主是保障基层人民群众切身利益，维护其合法权益的重要途径，在推进我国治理体系和治理能力现代化的进程中发挥着基础性作用。[5] 在社区治理共同体的构建过程中，基层协商民主的运用和协商系统的引进至关重要。我国城乡社区也存在着协商系统的实践，2017 年，天长市被民政部确认为 48 个首批全国农村社区治理试验区之一，天长市坚持上下联动，内外结合，全面构建“党建引领、多方参与、协商共治”的农村社区治理新机制。[6] 天长市的社区治理实践是我国将协商系统引入社区治理的良好典型，但我国对社区协商系统治理的理解存在一定程度的窄化，主要表现为当前协商主要是正式协商，非正式协商较少，协商系统实际应用较少。

（三）社区治理共同体的实现路径

激发社区治理主体的参与热情。首先，社会治理的基本理念是人民至上，社区治理参与者首先应具备服务意识和奉献精神，在社区工作中寻求自我价值的实现，积极回应居民需求，以此提高自我满足感和工作认同感。其次，建立相应的激励机制，激发社区治理主体的参与热情和积极性。对参与社区治理的主体给予物质奖励，或精神奖励。以社会企业为例，社会企业大部分是公益性质的，对于这类企业，政府可增加对其财政支持，给予一定的政策扶持。最后，探索社区民主治理的新方法，针对参与社区治理的成员设立社区委员常任机制。对于参与社区治理的骨干成员，确立其常任地位，发挥其骨干作用，从而激发其参与社区工作的积极性。同时，发挥社区群众的主动性，以社区骨干带动社区群众，从而形成合力。[7]

加强协商，着力构建社区协商民主机制。多元社区治理主体的协商是现代民主化治理的内在要求，也是构建社区治理多元格局的重要途径。[8] 基层社区治理空间狭小，多元社区的聚集必然会产生矛盾和冲突，但这并不是阻碍民主化进程的因素，相反，冲突和矛盾给协商提供了实操的可能性。就我国特定的政治结构而言，协商的核心在于将党的政治刚性治理与社区治理主体的自主治理结合起来，重塑各主体的凝聚力，使各主体形成有效互动，形成现代社区治理的多元化和现代化，从而达到构建社区协商民主机制的目的。

三、社会企业参与社区治理的可行性及实现路径

（一）社会企业参与社区治理的可行性

首先，社会力量是我国国家治理体系的重要组成部分，当前我国正处于社会转型和经济转轨的特殊时期，传统的社会组织面临着重新调整战略定位、重新分配企业经济利益和社会利益权重的问题。[9] 而社会企业既不同于传统经济组织，又不同于完全利益导向的慈善组织，其以商业手段解决社会问题，能够较好地解决上述问题。尤其在社区治理的问题上，社会企业以商业手段获得利润，再将其投入到公共价值导向的社会事业当中，既能解决经费紧张的问题，又能以创新途径解决社会问题，不失为参与解决社区问题的新力量。

其次，社会企业概念的出现，推翻了企业的首要目标是实现利润最大化的假设，作为一种新兴的组织形式与概念，社会企业的首要目标不是追求企业的利润最大化，而是实现其社会目标，并实现其商业发展的社会效应。[10] 值得注意的是，这并不意味着社会企业不追求商业利润，与传统企业相比，社会企业明显更注重企业的可持续发展，是在追求利润的同时履行社会责任，关注社会导向。社区治理的多元主体治理格局所需要的恰恰就是此类型的企业，即既有营利能力，又有社会责任感，并将实现社会目标作为企业发展的首要目标。

最后，社会企业在参与社区治理时具有显著的优势。对于一个企业而言，要想获得长足的发展，首先必须摆正自己的社会地位。换言之，企业的可持续发展，在于厘清社会目标与经济目标的关系，摆正社会导向和利润导向的定位。社会企业作为新兴的组织类型，在参与社区治理实践过程中具有十分明显的优势。传统企业因其利润导向的特点，在参与社区治理时往往将商业价值放在第一位，而社区治理是关系到基层民主的治理实践，要求各参与主体以实现人民利益为首要目标。在此过程中，社会企业因其社会使命优先性

展现出了参与社区治理的优势。

（二）社会企业参与社区治理的实践路径

社会企业应树立正确的义利观。社会企业本质上是一种企业，在现实的市场经济环境中，社会企业面临的最大挑战就是明确自身的定位。就其社会价值来讲，社会企业承担的社会责任要高于传统企业，因此，社会企业应在实现商业利润与企业自身社会价值之间找到平衡点，同时达成商业目标和社会使命。[11] 但社会企业又与传统的慈善机构不同，为了保证企业的正常运转以及工作人员的正常生活需要，社会企业需要稳定的经营收入，社会企业只有找准定位，制定正确的经营策略和营销模式才能实现企业的持续发展，这是对社会企业作为社区治理参与者的最主要要求。

社会企业应与政府建立合作关系。在当前的经济、制度环境下，与政府建立良好的合作关系是社会企业参与社区治理的核心要素。社区治理始终坚持着“一核多元”的治理格局，政府归根结底是社区治理的主导者。与政府建立良好的合作关系能够最大程度上从政府处获取资源，借助政府公共产品提供者的优势，更好地与公共服务部门沟通配合，在社区多元治理格局中与政府、社会组织等其他治理主体形成合作伙伴关系，并通过建立协商机制，更好地参与社区治理实践。

社会企业应对自身定位加强宣传与普及。社会企业参与社区治理的一大难点就在于普通民众对社会企业定位的误解，绝大部分普通民众将社会企业与慈善机构画等号，并以要求慈善机构的标准要求社会企业，这对社会企业而言极大地增加了他们的发展压力。此外，还有一部分民众认为，社会企业与追求利润最大化的传统企业无差别，因此对社会企业参与社区治理持怀疑态度，这便给社会企业增加了工作难度。因此，社会企业应在宣传与普及上多下功夫，只有在公众中树立正确的企业定位与形象，才能更好地参与到社区治理当中去。

四、结语

综上所述，社会企业参与社区治理的实践是完全可行的，当前的制度环境也为社会企业提供社会服务提供了制度许可。构建共建共治共享的社会治理格局也需要社会企业的参与和配合，社会企业的双重目标导向的特殊性，以及其以商业手段解决社会问题的创新性，都为其参与社区治理提供了可能性。作为一种解决公共问题的社会力量，社会企业的加入更加有利于多元社区治理体系的构建。

参考文献

[1] 赵萌，郭欣楠 . 中国社会企业的界定框架——从二元分析视角到元素组合视角 [J]. 研究与发展管理，2018，30（2）：136-147.

[2] 张维维 . 社会企业与社区邻里关系的重建——以四个社会企业为例 [J]. 浙江社会科学，2020（4）：64-78，157.

[3] 竭红云 . 新时代城市社区治理共同体的建构逻辑与实现路径 [J]. 河北大学学报（哲学社会科学版），2020，45（4）：137-143.

[4] 任克强，胡鹏辉 . 社会治理共同体视角下社区治理体系的建构 [J]. 河海大学学报（哲学社会科学版），2020，22（5）：99-105，109.

[5] 赵玉增，毕一玲 . 基层协商民主与治理能力现代化及其程序规制 [J]. 济南大学学报（社会科学版），2020，30（6）：27-37，157.

[6] 张大维 . 社区治理中协商系统的条件、类型与质量辨识——基于 6 个社区协商实验案例的比较 [J]. 探索，2020（6）：45-54.

[7] 隋永强，杜泽，张晓杰 . 基于社区的灾害风险管理理论：一个多元协同应急治理框架 [J]. 天津行政学院学报，2020，22（6）：65-74.

[8] 韩福国，胡春华，徐晓菁 . 协商式共治："社区共营"的中轴性程序及其创新价值 [J]. 新视野，2020（3）：65-72.

[9] 刘蕾，吴欣同 ."两块牌子"：社会企业的资源拼凑逻辑——对市场环境和制度环境的双重回应 [J]. 东南学术，2020（5）：136-147.

[10] 王曙光 . 社会企业如何平衡义利关系 [J]. 人民论坛，2020（S1）：77-79.

[11] 胥思齐，李会军，席酉民 . 可持续的社会企业商业模式运行过程及实现

机制——基于公益性小额信贷行业的多案例研究 [J]. 管理学报，2020，17（6）：802-813.

社会企业参与社区治理的现实困境及解决路径研究

刘彦君

摘要： 在基层社会治理的背景下，社区不仅是邻居日常的生活领域，更是公共生活空间和基本的社会治理单位。社区是公众社会生活发展的重要区域。实现有效的社区治理与贯彻党和国家重大政策、改善人民的福祉、维持城乡和谐与稳定有关。除此之外，社会企业作为一种崭新的组织形式，创造了一种新的社区服务供给模式，它利用商业策略解决社会问题，实现政府、市场和社会三者的有机融合。但在其发展过程中由于缺乏相应的政策环境和制度环境，导致其作用十分有限。在分析社会企业参与社区治理过程中所面临困境的基础上，着重从提高社会企业合法性、完善相应政策支持、拓宽发展道路三方面提出了解决路径。

关键词： 社会企业；社区治理；困境；解决路径

引言

作为一个新的研究领域，社会企业在社区治理过程中，在提供公共物品和解决社区冲突方面发挥了重要作用。十九大报告指出，建立“共建共治共享”的社会治理模式是十分重要的，社会企业通过商业手段实现社会价值，是践行“共建共治共享”的重要探索。随着社会组织的可持续发展与企业社会责任的融合，社会企业逐渐成为传统组织转型的重要选择。在社会组织的可持续发展与企业的社会责任的融合下，许多地方政府出台了鼓励性政策来支持社会企业发展，使这种特殊的组织形式迎来了广阔的发展空间。尽管在教育、医疗和养老等领域已经颁布了许多政策来积极鼓励社会力量的参与，但是这些行业的政策并未明确提及社会企业的名称，并且尚未得到官方的认可。我国社会企业的发展仍需要明确政府、社会与市场的界限，充分发挥社会多元力量支持社会企业的发展。因此，在未来一段时期，社会企业参与社区治理仍是学界关注的焦点。

一、国内外研究现状

（一）国内研究现状

社会企业起源于19世纪欧洲公民独立活动的社会合作组织。在国家权力之外，公民通过社会协调利用人力资本来提高其社会效率并促进社会经济发展。可以从欧明的《特定社会经济研究》中看到其源流，该项目的成果于2000年以“社会企业”的名义出版。从那以后，“社会企业”得到了政府和学术界的认可，其影响力也不断地扩大。[1] 近年来，社会企业这个概念已经出现在许多学科中，例如管理学、社会学和经济学等。社会企业概念的提出可以追溯到20世纪80年代的“社会企业运动”，该运动最初诞生于英国，然后在美国和欧洲迅速发展。[2] 自20世纪以来，社会企业已经迅速在全球范围内普及。在不断深化改革的背景下，我国的社会企业得到了不断发展。我国的社会企业是在国内外力量的共同作用下发展起来的。2003年，“社会企业”的概念首次出现在“非营利组织运作机制的转变与社会企业的公共福利效率”一文中，标志着我国社会企业研究的正式开始。[3] 中国社会企业形态是多元化的。2019年，《中国社会企业与社会投资行业扫描调研报告》中显示，政府、社会和公众对社会企业的了解有限，他们的认知缺陷影响了我国社会企业的发展。[4] 文章基于前人研究，中国的社会企业分为五种：社会公益组织、民营非企业单位、民办教育机构、农民专业合作社和商业组织。[5] 中国社会企业在借鉴欧美社会企业发展经验的同时，注入了本土元素。

（二）国外研究现状

1994年，欧洲经济合作与发展组织报告中出现了“社会企业”的概念。

1998 年，美国社会学家狄兹从动机、驱动因素、目标的角度，提出“社会企业光谱”的概念。[6] 金·阿特洛（Kim Alter）认为，社会企业在履行其社会责任方面不同于一般的营利性商业企业。社会企业利用其商业模式获得一定的经济效益。[7] 20 世纪 80 年代，英国提出了“福利多元化”的概念。在此过程中，为社会企业提供了各种支持政策。在法律方面，许多西方国家早在 20 世纪末就制定了专门法律来规范社会企业。欧美国家社会企业的发展已经表明了合作治理的重要性。Tomas Antonio 指出社会企业是第三部门的重要构成。随着社会企业解决社会问题优越性的表现逐步显现，日本、韩国等国家也加入对社会企业的研究中。对于“社会企业”的学术研究在不同国家的陆续展开，每个国家对“社会企业”的概念没有得到统一。日本的社会企业在 21 世纪初就有了发展，2015 年日本内阁发布了《关于我国社会企业活动规模的调查报告》，其中将社会企业定义为：“采用商业模式解决社会问题的事业活动体。”[8] 在韩国，《社会企业育成法》中给出了社会企业的定义，社会企业是在追求社会性目标的同时也从事着各类营利性活动，并为社会弱势群体提供帮助或为社区作贡献的组织。[9]

二、社会企业与社区治理的关系

（一）社会企业的概念

“中国社会组织网”对社会企业的定义是：“社会企业不是营利性组织，也不是社会性组织，目标远远大于商业目的。社会企业将实现社会目标作为其价值观念，并将商业模式与社会服务创新紧密结合，这种价值取向也决定了它是适合我国社会治理的一种方法。”[10] 社会企业是社区中的各种资源的集合，通常包括律师、法官、教师、检察官、医生等在专业技术领域中具有经验的人，邀请这些专业人员担任社区中的相关职位。通过社区的认可来激发专业人员的热情并增强他们的责任感。[11] 潘小娟指出，社会企业是一种存在于传统的营利企业和非营利组织之间的一种组织。杨家宁认为社会企业是以达到非营利为目的的组织。从社会学上讲，社区不仅是一个生活空间，还是具有多个领域的社会生活社区。[12] 社会企业已经表现出从“经济人”到“社会经济人”

的社会责任及其在社区治理中的作用。[13] 本文对社会企业的定义是旨在解决社区问题，而不是最大化自身利润，他们比较注重自身的社会价值。

（二）社区治理的含义及现状

1. 社区治理的概念

不同的学者对社区治理的理解不同。有的文献中将其定义为对社区范围内公共事务所进行的治理。阎耀军、李佳佳则将其定义为一个动态的过程，并以完成社区公共事务的共同目标为基础。社区治理不再是自上而下的单向权力运营，它的权力方向应该是多样化的，它强调上下互动、合作等。[14] 社区治理是指协调政府、社区组织和居民以有效地向社区提供公共服务和公共物品的一种动态过程。

2. 社区治理的现状

作为基层社会的重要组成部分，社区的作用不言而喻，随着社会的转型，社区治理也出现许多问题：

首先，社区管理人员趋于行政化。在社区发展的过程中，政府将大量的社会职能交给了社区管理人员。在处理政府分配的行政事务过程中，他们具有普遍的行政化倾向，已变成了基层政府的延伸。在调查中发现，居委会的大部分工作都是政府分配的任务，包括许多类型。在处理这些任务过程中，导致了多数社区管理人员存在挂牌多、事务多的问题。

其次，对社区管理服务的投资不能满足实际需求。大多数居民委员会的工资、日常工作的活动资金的主要来源是政府财政拨款，只有少数居民委员会依靠其他收入来源。目前，大多数社区居委会的其他收入来源很少，并且自身缺乏经营社区的能力，这就意味着社区没有多元化的筹资机制。这使得社区居委会难以建立一个相对稳定的团队，保证社区管理人员的工资收入是今后需要解决的问题。

最后，多元治理模式滞后。目前社区部分居民家庭生活困难，虽然社区居委会拥有社会救助的职能，但是由于其工作人员能力有限，导致这些困难的居民很难从居委会层面获得更多帮助。因此，从社区治理主体的角度来看，基层居民的自治组织或仅靠政府是无法有效满足居民日益增长的需求的，必须建立包括居委会及居民、政府、社会组织、企业、社会企业等在内的多元治理体系。因此，这就需要社区企业参与到社区治理当中。社会企业将社区视为一种进行资源干预的场所，他们寻求承认社区治理的能力。

（三）社会企业参与社区治理的现状

首先，政府为社会企业参与社区治理提供了一些政策支持。随着社会服务攻击体制的深入发展和民办非企业单位管理体制的改革，社会企业将会受到政府更多的关注。2019 年 2 月，国家发展和改革委员会发出通知，“加大力度促进社会部门的公共服务，以弥补不足，提高质量，促进形成强有力的国内市场行动计划”，他们必须充分发挥有效市场和有效政府的作用。对社会公共服务需求的增加和治理中心的下调，要求更多的社会企业参与社区治理。从以上的政策可以看出，政府对社会力量的支持和鼓励是相对明确的，这也是社会企业作为治理单位进入社区的政策基础。此外，自从提出服务型政府概念以来，“小政府、大社会”的治理理念就越来越流行，并且已经成为一种主流。当前的治理趋势充分发挥了社会力量参与社区治理的作用，也为社会企业更多地参与社区治理奠定了良好的基础。社会企业参与社区治理是大势所趋。在中国，随着社会福利体制引入市场机制，再加上政府的政策支持，社区中出现了一些民营福利机构。在全国各地的社区中建立了各种服务组织和社区服务中心。例如：“为老中心”和“日间照料中心”，这些老年人护理机构大多数都是非营利组织，他们由社会力量投资和管理，并通过以市场为导向的运作来赚钱。

其次，社会企业非常重视社会责任。企业社会责任中国互联网上对企业社会责任的定义是：社会企业责任不是公共利益和企业利润的最大化，而是公共利益和企业利益的平衡，特别是在企业生产经营中，每个过程和环节的同时出现，实现了企业社会效益和利润的统一。随着中国经济的发展不断前进，优秀的社会企业或组织自觉拥有承担社会责任的意识。目前，中国社会正处于转型时期，出现了各种社会问题。区域发展不平衡、阶层鸿沟大、社会心态不稳定等都会容易造成社会问题的爆发，而这些社会问题需要社会、市场和政府的共同合作才能解决。党的十九大报告提出，为了增强社会责任意识，社会企业要积极地承担社会责任，这样才会具有竞争力。

最后，社会企业具有自身的优势和特点。社会企业致力于建立可持续发展的治理模式。在关注和回应社会企业问题方面，社会企业的社会价值得到了社会各界的赞同和认可。社会企业是非营利组织实现可持续发展的新模式。社会企业的价值观念符合社区建设的内在要求。社区建设是指依靠社区的力量，利用社区的资源解决社会问题，促进社区的发展，从而持续改进的过程。因此，从社区建设的内在要求出发，将社会企业引入社区治理是非常符合趋势的。随着社会的发展，社会组织在社区治理的过程中遇到了很多问题，例如资金不足、资源利用率低、专业人员缺乏等。但是，社会企业比社会组织有很大的优势，它们可以合理地解决资源分配的难题。

（四）社会企业参与社区治理的意义

作为一个新型的组织形态，社会企业在社区治理方面发挥了重要作用，具有现实意义。首先，社会企业参与社区公共事务的决策中，有利于提高社区治理的科学性与合理性。社会企业作为社区活动的组织者和发起者，有利于提高居民参与社区治理的热情。其次，社会企业是社区治理的主要利益相关者，他们拥有强大的财富和经济实力。社区居民的生活质量与其提供的社区公共服务水平有关。最后，社会企业的活跃有利于增加社区公共服务的资源，这是完善社区必不可少的重要力量。社会企业的发展有利于扩大社会就业。同时，社会企业积极参与社区治理，激发社区活力，以实现承诺和解决社会问题为目标。在社区治安、环境保护、居家养老等社区治理方面可以发挥更多的作用。

三、社会企业参与社区治理的现实困境

虽然社会企业在社区治理过程中发挥了重要作用，但其面临的现实困境仍然不容小觑，具体表现如下：

首先，社会企业在参与社区治理方面面临着合法性困境。目前，中国还没有制定促进社会企业发展的相关法律制度。任何新成立的组织都充满问题与挑战，只有获得组织生存和发展的合法性，才能克服这些问题与挑战。尽管社会企业是一种特殊的组织形式，但是其生存和发展也需要一定的合法性。后来，国内学者开始慢慢关注社会企业的合法性困境。王名等人认为中

国的社会企业发展不佳，是因为目前还没有相关明确的立法，社会企业的责任无法界定。[15] 因为社会企业的地位尚不明确，所以导致其陷入认可度较低的困境。

其次，社会企业在参与社区治理方面面临着制度困境。从制度的层面来看，我国的社会组织具有特殊的管理制度。但是，到目前为止，我国的社会企业还没有在国家一级认可的专用注册渠道。尽管社会企业在逐渐进入人们的生活，但是当前的社会企业认证很难走上正确的道路。总体来讲，在大城市，我国社会企业的宏观政策环境相对较好，但是国家层面颁布的“社会企业”的相关法律政策还不完善。在 20 世纪 90 年代末，西欧许多国家相继颁布了有关社会企业的法规，我国尚未颁布有关社会企业的专门法律。制度上的缺失直接导致对社会企业的了解不足，社会组织的一些从业者、公益事业和其他相关专业人员对社会企业也不是很了解。许多以社会企业模式运作的组织也无法意识到他们属于社会企业，这加剧了社会企业所面临的制度困境。

最后，社会企业在参与社区治理方面面临着竞争困境。社会企业参与社区治理的竞争对手主要是社会组织和少数商业组织。自十九大以来，为加强与社会力量的合作，政府允许第三方社会组织通过项目系统地参与到社区事务的管理，合格的社会组织可以进入政府通过认证的候选人名单。这样，它不仅可以加强自身组织的发展，而且可以为政府购买提供便利。对于社会组织和政府而言，这似乎是双赢的局面。但是，它阻碍了社会企业的发展。没有社会企业本身的官方认证，将很难进入政府的候选人名单。近年来，政府大力推动社会企业进入到社区治理，这就为许多社会企业提供了承担社区社会责任的机会。因此，面对专业的社会组织，社会企业似乎显得有点逊色。

四、社会企业参与社区治理的路径

针对上述困境，要想使得社会企业真正发挥其在社区治理中的作用，应从以下几方面进行努力：

首先，提高社会企业的合法地位。法律制度和相关制度的支持是社会企业生存最基本的“合法性”基础。为了促进社会企业的发展，必须通过一些法律法规的确立，为社会企业创造良好的制度环境，规定社会企业必须有明确的社会目标。目前，社会组织在资金和专业化方面等都存在一些不足，他们会采取商业化的方式来维持组织的持续发展。这就需要政府建立专门的审查和认可制度，当社会组织或商业组织转变为社会企业时，该制度具有了一定的法律基础。通过多元化的评估系统对社会企业参与社区治理活动进行量化，并将社会企业参与社区治理的考核与其在本职单位的年终考核、职业晋升等重要职业生涯活动结合起来，实现了现实层面的激励与约束；社会影响机制是利用公众对社会企业的行为来参与社区治理，通过公开社会企业的身份并阐明其在社区治理中的责任来鼓励公众监督，并利用社会影响力来敦促它们履行责任与义务。

其次，完善政策支持，突破制度困境。政府应该积极建立和完善社会企业制度政策，借鉴发达国家的经验和已经发布政策文件的示范城市的做法，并从中汲取经验。从法律的角度来看，完善社会企业参与社区治理的制度保障。法律制度和相关制度的支持是社会企业生存最基本的“合法性”基础。目前，我国的两个城市——北京和成都都已经发布了有关社会企业认证和参与社区治理的文件。第一，建立专门的注册渠道，加强社会企业的评估认证制度。政府制定一整套的认定标准，严格审准每个想要申请社会企业的组织，最后公布结果，以增强社会认知度和透明度。第二，加强社会企业的培育。社区治理与各个社区的公共事务、公共服务管理有关。它不仅可以为社区进行“输血”，还可以实现“造血”功能。因此，我们必须积极鼓励致力于解决社会问题的社会企业。社会企业不同于传统企业，他们不仅仅是以营利为目的的商业组织，他们是以实现社会的可持续发展为目的的组织。第三，加强对社会企业的资金支持。对于社会企业而言，其可持续发展是基于财政和税收政策的支持。因此，政府必须向社会企业提供相应的税收优惠。但是，在这同时也必须建立专门的管理机构进行监督，防止社会企业出现失信问题。

最后，拓宽发展道路，摆脱竞争困境。第一，政府应该积极拓宽向社会企业购买公共服务的渠道。这不仅拓宽了社会企业进入社区治理的途径，而且增强了社会企业的积极性，形成了与社会组织良性竞争的局面。第二，鼓励专业机构培养和指导专业人才。当前社会组织发展的最大缺点之一就是缺乏专业人才，这是因为社会组织是非营利性的，并且人员薪资待遇对某些专业化人才没有吸引力，因此他们不愿意在社会组织中工作，社会组织已进入“老龄化”的阶段。社会企业是商业运作的一种形式，他们的运营更加灵活，需要专业人才的支持。要根据人才设置职位，选择他们擅长的领域。社会企业是社会专业知识领域的资源整合者，通常包括法官、律师、检察官、工程师、医生、教师等。社区治理的激励机制是挖掘并邀请在行政、法律、财务、工程、医疗等方面具有专业知识与经验的人才，并根据其才能设置职务，这样就会激发他们的热情，提高他们在社区治理中的地位，从而保护了公民的公共利益。因此，政府应该积极鼓励专业机构和社会力量开设专门课程，为社会企业的发展提供人力资源保障。第三，要增强行业协会的竞争力。社会中的各种行业协会是社会组织的服务组织，是向他们提供资源的场所。社会企业也是如此，尤其是在社会企业面临许多困难的情况下，他们也需要行业协会来提供其发展的后备力量。行业协会的成立也可以为社会企业提供合法性支持，并一定程度上促进社会企业合法性的发展。

五、结语

社会企业作为一种崭新的组织形态，是对社区的一种全新的治理模式。在一个社会区域内和一定机制的约束和激励下，引导社会企业实现从传统到现代治理，从僵化到活跃和从异质性社会向多元共同体社会的转型。随着社会主义市场经济的可持续发展，大量关心社区问题的组织将会致力于发展社会企业，那些具有创新能力的社会企业将会引领这类组织的可持续发展，并成为解决社会问题的创新途径。我国的社区治理需要社会企业的参与，但是，我国的社会企业的发展正处于初级阶段，社会企业参与社区治理存在法律法规、制度、竞争等问题。因此，社会企业在有效参与社区治理的过程中，不仅要认识到参与的可行性和必要性，也要考虑到其面临的一些困境，从而结合我国的实际情况，找到切实可行的解决办法，以实现社会企业参与社区治理的最大效用。

参考文献

[1] 甘峰 . 社会企业与社会协同治理 [J]. 中国特色社会主义研究，2014（3）：95-100.

[2] 邓汉慧，涂田，熊雅辉 . 社会企业缺位于社区居家养老服务的思考 [J]. 武汉大学学报（哲学社会科学版），2015，68（1）：109-115.

[3] 时立荣，王安岩 . 中国社会企业研究述评 [J]. 社会科学战线，2019（12）：272-280.

[4] 厉杰，孙瑞杰 . 社会企业创立过程影响因素探究 [J]. 科学学研究，2020，38（9）：1647-1653.

[5] 余晓敏，张强，赖佐夫 . 国际比较视野下的中国社会企业 [J]. 经济社会体制比较，2011（1）：157-165.

[6] 刘蕾，吴欣同 .“两块牌子”：社会企业的资源拼凑逻辑——对市场环境和制度环境的双重回应 [J]. 东南学术，2020（5）：136-147.

[7] 刘小霞 . 社会企业研究述评 [J]. 华东理工大学学报（社会科学版），2012，27（3）：9-22，56.

[8] 俞祖成 . 日本社会企业：起源动因、内涵嬗变与行动框架 [J]. 中国行政管理，2017（5）：139-143.

[9] 刘志阳，庄欣荷，李斌 . 地理范围、注意力分配与社会企业使命偏离 [J]. 经济管理，2019，41（8）：73-90.

[10] 韩照婷 . 社会企业助推社区治理问题的研究进展与未来发展 [J]. 科技经济导刊，2019，27（23）：94-95，130.

[11] 孙璇 . 社会微治理视野下的社区精英治理机制研究 [J]. 广州大学学报（社会科学版），2016，15（12）：59-63.

[12] 葛琳 . 社会企业参与社区治理的困境与思考 [J]. 党政论坛，2020（1）：41-45.

[13] 哈洪颖，马良灿 . 社会力量参与社区矫正遭遇的实践困境与治理图景 [J]. 山东社会科学，2017（6）：102-107.

[14] 王艳 . 以语言能力、思辨能力和跨文化能力为目标构建外语听力教学新模式 [J]. 外语教学，2018，39（6）：69-73.

[15] 王名，朱晓红 . 社会企业论纲 [J]. 中国非营利评论，2010，6（2）：1-31.

环保领域的社会企业

苏泽鹏

摘要：既要有金山银山，也要有绿水青山。在我国，生态环境的保护与经济的可持续发展都具有极其重要的现实意义。因此在我国的发展建设过程中，二者必须兼顾之，但是要想实现二者的协调发展，就必须要考虑两个方面的问题，即在环境保护过程中，如何保证经济稳步发展；在经济建设过程中，如何保护生态环境不受破坏。

在实际贯彻实施绿色发展时，引发了很多尖锐的问题：政府一刀切，为了环境牺牲 GDP；为了保全经济发展，造假环境数据；等等。基于这样的社会大背景，环保类的社会企业应运而生。

关键词：生态环境；经济发展；社会企业

一、研究背景及意义

（一）研究背景

改革开放以来，我国工业化与城镇化率逐年攀升，我国的经济也凭借着丰富的自然资源以及大量的劳动力实现了连续多年的高速发展。[1] 然而如此"奇迹"的代价是自然资源的无限开采以及自然环境的肆意破坏。进入新时代以来，政府强调在建设具有中国特色的高水平的社会主义时，既要金山银山，也要绿水青山。很显然，以牺牲环境为代价的"高投入、高消耗、高排放"的粗放发展已经不能适应现阶段我国经济发展的需要，"绿色发展"成为新时代的必然选择。[1] 政府急需一条能协调环境保护与经济发展的道路来实现环境和经济的双赢。

进入新时代以来，由于政府大力提倡绿色发展，以及多地有关社会企业政策的正式出台，社会上的环保类社会企业如雨后春笋一般出现，经过几年的发展，这些环保类的社会企业正在悄然地改变着环保的方式，也深深地影响着政府的环保政策，它们已然成为绿色发展理念的第一批“实践者”，充分地实现了经济发展和环境保护的双赢。

（二）研究意义

研究环保型类会企业具有十分重要的现实意义。对于政府机关而言，能够通过与社会企业的合作，科学有效地协调经济发展与环境保护之间的关系，优化政府的发展规划，提高政府统筹发展能力，不断地推进“绿色发展”理念的贯彻实施；对于社会而言，环保型社会企业能够最大限度地协调环境保护与经济发展，使得经济发展的同时，更加合理地优化生态环境，在给社会创造更好未来的同时也给子孙后代留下一片蓝天。

二、相关概念界定

要想研究环保型社会企业，首先要搞清相关的概念，了解其中的内涵和外延，有了相关概念和理论基础，才能进行下一步的研究，推进研究的进行和发展。中国的环保类社会企业，经历了从无到有、逐渐壮大的过程。目前正朝着生态文明理念下的环境治理体系和治理能力现代化方向继续前进。[2]

（一）社会企业概述

社会企业最早出现于20世纪80年代的欧美，它们崇尚利用商业手段创造社会变革。社会企业作为一种新的公益模式，它不同于一般意义上的福利组织，它既有福利性质，又有一般企业的商业运作机制。[3]简而言之，它是一种介于社会组织和企业之间的一种组织形式，同时又是一种新的商业文化。创建社会企业的目的在于更好地解决社会问题、增进公众福利，而非追求自身利润的最大化。其运营模式与普通企业相似，通过商业模式运营获取所需资源。企业所有权属于企业投资者，但投资者在收回投资之后不再参与盈利分红，而是将盈余再投资于企业或社区发展。目前社会企业的认定尚无统一标准，但探究社会企业的内涵本质，其共同的创立目标有：履行社会目标、获取商业收入、实现目标群体需求、基于不同的组织形式和利润再投资，即通过市场化、商业化的手段实现社会使命、解决社会问题的组织。[3]

具体而言，社会企业具备特定的商业模式，并依据不同的模式来解决具体的社会问题，它追求更高效地提供社会服务和解决社会问题。一方面，社会企业具有经济性和经营性，即通过参与市场竞争获取所需资源；企业的产出和服务可以流通于市场，进行有偿经营活动。另一方面，社会企业具有非营利性和非政府性。非营利性是指社会企业所获利润主要用于社会问题的解决；非政府性是指社会企业能够实现自给自足，在帮助政府承担一定社会责任的同时，独立于政府之外。总而言之，社会企业扮演着“民生经纪人”的角色，既能触及并解决民生问题，又可利用创新的解决方案实现企业经济利益。[3]

进入新时代以来，国内也涌现了包括专注养老行业的“即刻到家”、专注传媒行业的“甲骨文阅读文化”、专注环境保护的“虎哥环境”在内的多家优质社会企业。从新兴发展期到市场初创期的经历过程中，社会企业致力于解决环保、养老、教育等方面的问题，为社会问题的改善提供新思路。在社会企业的社会认可度日益攀升的大背景下，社会企业作为一种有着创新性的组织，必将在未来的社会中大放异彩。

（二）环保类社会企业概述

一直以来环境治理的重任都是由政府承担，虽然一些社会团体和企业也参与其中，但由于环境治理从制定相关政策、实施各项举措，到最后的经验总结以及措施改进的各个环节都由政府主导把控，他们所起到的作用是有限的。缺乏多元参与的治理体系容易导致治理的低效和责任的逃避，是我国环境保护政策执行效果不理想的重要原因。进入新时代后，政府在贯彻实施绿色发展、可持续发展等理念的同时也逐渐认识到了社会企业参与社会治理的重要性。

进入新时代后，我国政府的环境治理模式逐渐由政府部门采取行政手段全权操作的模式转向多元主体参与的环境治理模式。而且随着社会治理变革的深入，传统的环境监管模式正逐步由政府主导的环境监管，走向社会和公众等多元主体共同参与。[3] 环保类的社会企业在这样的大背景下迎来了一次发展大浪潮。

我国的环保类社会企业，起步晚、规模小，是一个年轻的企业类型。环保类社会企业是“既要金山银山、也要绿水青山”理念的实施者，它在市场上通过商业模式运营获取所需资源及利润，最后再将所获资源和利润投入到环境治理中去，由此形成了一个良性循环。从社会发展大方向上看，社会企业在保证经济发展的同时也很好地保护了生态环境。在未来几年中，我国的环保类社会企业将会在环境保护领域中发挥出它们特有的作用。

三、成功案例

本文使用案例研究方法，并遵循案例研究的步骤和规范开展研究。选择案例研究方法的目的：第一，研究社会企业如何通过模式创新参与环境保护；第二，采用探索性案例研究方法能够较好地发现研究对象的特征；第三，通过案例分析对研究对象进行深入分析，能够更好地归纳研究对象的发展规律。

（一）虎哥回收

1. 公司简介

虎哥回收是浙江虎哥环境有限公司旗下的一个便民、高效的生活垃圾分类和服务品牌。虎哥回收紧紧围绕“数字城市”理念，致力于现代环境治理体系建设，意图打造“无废城市”，目前已经成功建立起“前端收集一站式，循环利用一条链，智慧监管一张网”的生活垃圾分类治理全链条体系。

2. 公司运营模式

传统的垃圾回收模式单一、程序复杂，缺少分类激励机制，仅靠宣传推动和道德自律，因此居民的参与度不高，垃圾的回收利用率较低。而虎哥回收将其自有的小程序推广到居民中，使得居民足不出户便能参与垃圾分类回收。这种垃圾分类回收模式促使垃圾回收站功能与定位迭代，回收流程也逐渐变得便捷化、亲民化。虎哥回收这一结合线上平台与线下物流的商业模式，让其经济效益稳步攀升、经营规模逐步扩大。其整体的运营模式可以细分为两个大类。

（1）数字城市垃圾治理服务

①前端收集一站式：前端收集全品类可回收物，集中度高，避免分散管

理与资源浪费；协同收集有害垃圾、大件垃圾、园林垃圾，降低生活垃圾治理成本。以一键呼叫与一站式收集，实现生活垃圾资源化再生利用，致力于打造美好的人居环境。

②循环利用一条链：以垃圾分类利用与环卫清运体系协同运营的“两网融合”模式，打通从“家庭－服务站－清运车－分拣中心”的再生企业渠道，建立收集、运输、分拣、利用“一条链”的全产业链闭环体系。

③智慧监管一张网：以“上门到户”的信息登记为基础，构建五大板块于一体的智慧化管理平台。过程实时化、透明化管理，对接智慧“城市大脑”，助力“垃圾分类”工作监管标准化。

（2）生活服务

以“以旧换新”的理念，推进各类生活用品制造商实现社会责任延伸，向居民提供快捷、便利、实惠的生活用品和生活服务。

四、环保类社会企业的问题

虽然近几年来环保类社会企业发展势头较好，但其在市场竞争中仍处劣势，竞争压力大、失败率高，尽管在现实中也有不少的环保类社会企业生存并发展了下来，但这些社会企业仍旧面临着复杂多样的外部政策环境与内部财务困境等问题。针对社会企业发展所面临的诸多问题，政府与社会企业自身都应该作出更多的努力来应对这些挑战。[4] 我国社会企业发展所面临的问题主要包括以下几个方面。

（一）合法性模糊，社会认可度不高

尽管我国社会企业的发展势头很猛，但是国内社会企业面临的制度环境仍旧是不完善的。[4] 但时至今日，我国仍未在法律层面明确“社会企业”的性质以及其应有的责任与义务。

我国的环保类社会企业目前主要是以民办非企业单位这样的形式登记注册，而没有成为一种单独的注册单位。首先，虽然其可以享受民办非企业单位的各种福利政策，但是其作为工商企业的一种，不能享受税收减免等政策。其次，作为社会企业的一种，环保类社会企业的投资者在收回成本后将不再进行利润分配。这就加大了资金的吸引难度，也对其市场化进程产生了不利影响。最后，目前社会上形成了一种政府一方主控环保的思维定式，对于环保类社会企业的认可度以及信任度普遍不高。

纵观全国，只有为数不多的城市出台了相应的政策法规和相关认证标准，但是，注册社会企业的门槛较高、程序烦琐，这就导致了只有很小一部分社会企业能通过社会企业认证和评审认定，这在一定程度上打击了社会企业认证的积极性。

总而言之，社会企业目前发展仍旧不完善，仍然面临着诸多的内外部问题，在这些问题得到解决之前，社会企业的社会认可度还将会呈现出一种低迷的状态。

（二）行业可用资源少，发展潜力不足

目前，我国的环保类社会企业多为初创企业，而且普遍具有以下特征：规模化程度低、创立时间短、运营管理经验不足，等等。由于环保类社会企业获利偏低，而且回本后的利益不再进行分配，久而久之面向环保类社会企业的投资就会逐渐缩小，对社会企业的可持续发展构成了挑战。目前，大多数社会企业主要是通过商业手段获取利润，但鉴于企业规模、运营经验和企业自身属性影响，社会企业能获取的利润并不会让其达到自给自足的状态，甚至很多企业在激烈的社会竞争中倒闭。虽然政府购买服务和社会捐助对社会企业的生存发展起到了积极作用，但所占比例并不高，而且若过度依赖两者最终会使社会企业成为严重依赖外部输血的非营利组织。[4]

一个企业的发展离不开稳健的投资与人才。在吸引投资方面，社会企业与其他企业相比总是处于劣势，因为传统投资本身就是一个逐利行为，它会更倾向于投资那些具有一定规模的项目。虽然社会上也出现了一些公益创投类的投资机构，但目前此类投资还处于初期发展阶段，一般的社会企业很难得到这样的投资机会。

在吸引人才方面，社会企业的商业性与社会性的双面属性决定了其对企业员工的要求势必会比传统企业要高，无论是个人素质、技能水平、道德水平都会比普通企业的要求要高。但是，一方面，环保类社会企业多为初创企业，公司薪酬水平低、社会公信力不高、知名度也不高，因此很难吸引到符合自身发展的高素质人才。此外，有些环保类社会企业会忽略对员工的社会责任感的培养，长此以往，员工的个人目标就会与公司的战略目标发生偏移，进而影响整个企业的生产效率。另一方面，虽然近几年来在国家绿色发展理念的影响下，国内大多高校都开设了相关的课程。但是总体来看，环保类人才的供给量还是无法满足社会的需求量；再加之传统企业的竞争，最后留给环保类社会企业的人才完全满足不了需求。

综上所述，环保类社会企业的资金短缺、人才不足、社会认可度不高等因素严重影响了其发展潜力，降低了其可持续发展能力。

五、环保类社会企业发展建议

（一）出台相关法规，规范认证标准

中国对社会企业这一概念的认识相对较晚，2004 年起，国外有关社会企业的概念以及成功经验才通过论坛和研讨会方式在中国传播开来，因此中国的社会企业缺乏配套的政策法规，也没有统一的认证标准。[5] 结合我国实际情况提出有操作意义的统一的社会企业认真标准和全国范围内的政策法规配套是十分有必要的。[6]

要想促进环保类社会企业的发展，就必须在法律层面对环保类社会企业进行明确的界定，确定其合法地位之后，再制定出全国统一的环保类社会企业的认证标准（此认证标准须结合当前社会企业的实际发展状况、发展规模、运行机制等），并根据申请企业所在地的实际情况，适当降低环保类社会企业认证的门槛。

（二）拓宽融资渠道，创新运营机制

社会企业初创期大多处于亏损状态，应在社会企业认证基础上，拓宽社会企业融资渠道。在现实中，环保类社会企业很难吸引到风投、影响力投资等类的以追求经济价值为主的传统型投资。因此环境类社会企业应该三管齐下，首先，环保类社会企业应该极力争取政府的各种补贴，申请各项优惠政策。其次，在继续寻求传统投资的同时争取更加注重社会价值的公益创投。最后，可以与政府进行积极合作，建立起社会企业孵化园并引入专业的社会

企业评估机构，打消投资方的顾虑，为投资方提供正确的投资导向。

要充分吸收成功的环保类社会企业的经验，例如虎歌回收的“互联网 +”线上线下结合的模式，积极的创新运营机制来适应这个快速发展的社会。首先，要积极地进行社会调研以便精准地掌握社会动态，争取达到企业目标与社会目的相统一的状态。其次，要积极地与政府、企业、民间组织进行交流合作，互相交流经验、进行资源互换，提升自身发展水准。最后，要学习虎哥回收的成功经验，强化在企业运营过程中对互联网技术的应用。第一，利用互联网在环保领域建立快速且有效的反馈机制，提高业务效率。第二，加强自身运营模式与互联网的有机结合，例如虎哥回收利用微信小程序调动居民回收分类的热情。

（三）推进人才培养进程，树立企业理念

任何一个企业的建立与发展都离不开人才，社会企业也不例外，而且其更加需求高质量人才。因此环保类社会企业要想获得更好的发展就必须拓宽人才吸引渠道。首先，要积极展开与政府和各大高校的合作，争取建立起跨学科、多层次、全覆盖的学科体系以及成熟的教育体系。其次，要极力推进行业交流合作，让同行业的社会企业家们就运营经验、机会识别等问题进行经验交流，促进社会企业家们共同进步成长。[4]

除了人才培育外，还应该树立起明确的企业理念。每一个环保类的社会企业都应当明确创办企业的目的是保护环境的同时保持经济的发展。要深入贯彻党的绿色发展理念、可持续发展理念。

六、总结

环保类社会企业是对绿色发展理念的实践者，在其发展进程中，既保护了绿水青山又得来了金山银山，目前环保类社会企业依然是我国环保领域不可或缺的一分子，未来中国环保事业的建设越来越离不开环保类社会企业的参与。但同时我们必须意识到，相比于传统商业企业，社会企业所面临的发展问题是更加深刻和复杂的，如何克服这些困难对于我国国民经济的发展有着重要意义。[4]

从本文的研究来看，政府应该尽快出台全国范围的有关环保类社会企业的政策法规和规范环保类社会企业的认证标准，简化其认证程序；社会企业自身应该通过积极创新运营机制、建立高效的人才培训机制、加强行业交流等措施全面提升自身实力，打造自身的竞争优势，以此为我国的环保事业贡献出自己独特而又强大的力量。

参考文献

[1] 宋德勇，于飞. 空气污染与城市经济发展——基于 285 个地级市的实证分析 [J]. 金融与经济，2020（2）：61-70.

[2] 聂国良，张成福. 中国环境治理改革与创新 [J]. 公共管理与政策评论，2020，9（1）：44-54.

[3] 苗青，赵一星. 社会企业如何参与社会治理？一个环保领域的案例研究及启示 [J]. 东南学术，2020（6）：130-139.

[4] 王定宁，王忠平. 我国社会企业发展面临的问题及对策建议 [J]. 中国商论，2020（22）：179-180，191.

[5] 石记伟. 社会企业法律问题研究 [D]. 哈尔滨：黑龙江大学，2018.

[6] 武海媛. 我国社会企业运营模式研究 [D]. 北京：首都经济贸易大学，2014.

疫情暴发下的社会型企业

——基于新冠肺炎等重大疫情事件的思考

高 静

摘要：新冠肺炎疫情的暴发不仅威胁人们生命安全，对全球经济环境也将造成巨大打击，对疫情及其对经济的影响进行深入研究尤其重要。社会型企业肩负社会责任和经济效益，其对社会的责任与企业社会责任有显著区别，对疫情暴发下社会型企业的研究仍属空白。本研究运用事例分析法和文献研究法，通过对相关历史事件的对比，可以发现疫情发生对社会型企业发展有积极的影响。建议对社会型企业建立评价体系，并针对不同的社会问题设计不同的量化标准。通过对疫情暴发全周期的拆解，建立以预防为主的危机应对预案体系。还建议制定社会型企业目标制进入、考核和退出机制，帮助企业快速成长完成社会目标。

关键词：社会型企业；疫情；新冠

引言

新冠肺炎疫情不可避免会对经济、社会造成较大冲击，[1] 这种损失不仅来源于直接医疗成本，更多的来源于次生混乱而造成的衍生型危机。[2] 目前来看，新冠肺炎疫情仍未结束，并且仅仅是近20年来重大流行疫情之一，在可预见的将来还将继续暴发新的疫情。因此，对于历史事件（如2015年中东呼吸综合征事件[3]、2016年寨卡病毒事件[4]）进行深入的研究发现，各国为应对以上疫情对经济的冲击和影响，所提出的应对策略研究较为成熟和完整，可以帮助社会型企业正确定位其在疫情中的角色和发展方向。

Carroll 提出企业社会责任存在四个层次，其中伦理责任（Ethical Responsibility）和自愿性的慈善责任（Philanthropic Responsibilities）为最高层次。前者表现为强调在没有法律约束下，以一种被社会希望和认可的合理公平的手段去经营公司；后者表现为响应社会期望的良好企业形式[5-6]。然而，企业社会责任仍未有明确的定义，主流观点有三重底线理论[7]和相关利益者理论。

社会型企业定义为：运用商业手段、旨在解决社会问题的机构，即以满足社会需求为目标，通过更有用、更高效、更具有可持续性的创新方案、产品和服务，来解决社会 / 环境问题的机构。目前普遍认同的社会型企业的判定标准为“自觉意识”型社会型企业（已认证为社会型企业的企业或非营利组织）和“无意识”型社会型企业（未认证为社会型企业的企业或非营利组织，包括民非和农民合作社）。[8]根据中国社会型企业和社会投资行业扫描调研报告（2019）可知，中国“自觉意识”社会型企业共 1684 家，“无意识”社会型企业共 1750420 家。[9]

本研究旨在以社会型企业视角，讨论其在疫情中的应对模式和具体手段，以及其在疫情中“转危为机”的过程，以期成为未来重大疫情中社会型经济企业成长的理论和实践的补充。

一、企业社会责任和社会型企业

（一）企业社会责任

Carroll 在 1979 年出版的《公司社会绩效的三维概念模型》中定义了四类企业社会责任，[5]并在此后的企业社会责任金字塔模型[6]中指出公司的社会贡献源于不同的动机——感知到的进行经营、获取利润和满足社会消费的经济责任，从事合法经营活动的法律责任，符合道德规范的伦理责任和帮助社会的慈善责任。

John Elkington 提出三重底线理论。他认为企业行为要满足经济底线、社会底线与环境底线，企业不仅要对股东负责，追求利润目标，而且要对社会、环境负责，提出企业的社会责任不应是单纯的捐赠和慈善事业。[7]

Weber 将企业社会责任解释为企业自我监管的一种形式，包括且不仅以遵守法律为前提。[9] Freeman 则提出利益相关方理论。认为利益相关方是“能够影响企业目标的实现或受企业目标实现影响的团体或个人”，企业社会责任实质是企业对股东、客户、员工、供应商、社区等利益相关方和环境的责任。他还指出股东和管理者追求长期利润最大化的同时，也应关注利益相关者对公司的看法，考虑企业在社会经济环境中的社会影响。Ezgi Yildirim Saatci 和 Ceyda Urper 对以上理论进行总结，绘制了基于利益相关方的社会责任金字塔（见图 1），并指出是最消极的社会责任形式是企业慈善，即通过采用指定专项的慈善基金，对贫困儿童或体育项目等捐款。[10]

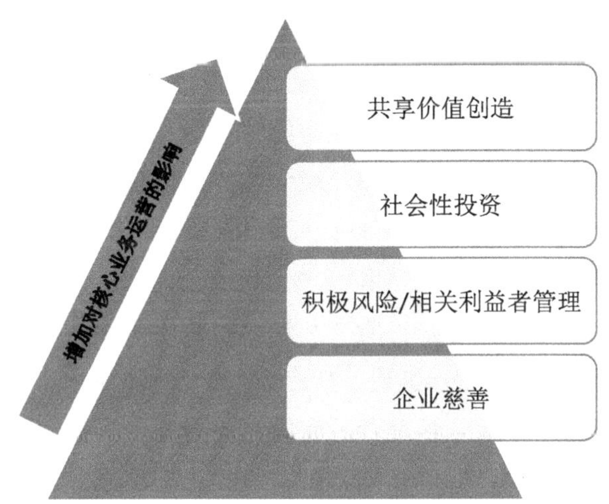

图 1　社会责任金字塔

我国学者关于企业社会责任的研究和解读主要包括企业目标范围的拓展延伸：如股东利润最大化之外所负有的义务，[11] 企业经营目标的综合指标；[12] 以社会公民概念定义企业经济责任、法律责任和道德责任在内的综合责任；[13-14] 将企业社会责任定义为社会义务。[15]

赵黎明和王振源的研究表明，不同规模的企业社会责任存在层次差异，大型企业有能力承担也被社会期待承担更高层次的社会责任，而中小型企业则由于其经济基础较薄，处低层次的经济责任阶段。[16]

（二）**社会型企业**

社会型企业一词由 Muhammad Yunus 提出并应用于扶贫项目。通过向穷人提供小额信贷，鼓励其成为企业家，以解决贫困问题。社会型企业被其定义为不追求利润最大化，而是追求社会利益最大化目标的企业，通过设定可负担的价格用产品和服务解决社会问题。[17] 公司的盈利目标是财政上自我维护，并使其具有独立性和安全感，以便能集中精力长期改善弱势群体的生活。

根据中国社会企业和影响力投资论坛于 2020 年 3 月的调查报告数据显示，被调查的所有社会型企业均已开始正常经营，其中 88.18% 的认证社会型企业存续超过 3 年。大约 1/3 的社会型企业认为自身受疫情影响较小，其中非认证社会型企业中有 5.66% 的社会型企业认为其业务完全不受疫情影响。[18] 表明社会型企业在疫情时期，有较强的自活能力。

（三）**社会型企业和企业社会责任**

尽管社会型企业和企业社会责任都能够兼顾利益相关者的利益，尤其是非股东的利益，同时在解决社会和环境问题方面发挥更大的作用。但是两者仍存在显著的差异。Yunus 在介绍社会型企业时，提议将企业社会责任与社会型企业概念区分开来。[19] 理由是利润最大化的公司只能将利润中的一小部分用于社会目的。社会型企业则将所有利润都将应用于穷人中的穷人，即最贫困者或是最需要的人。Yunus 提出："在当今的经济体系中，企业社会责任会遇到一个基本问题——除非管理者另有规定，否则管理者对其股东负有实现利润最大化的法律义务。他们必须将公司设计为先追求利润，然后添加社会特征——且前提是社会特征不妨碍利润最大化。"[20]

从表 1 可见，公司的目标是满足利益相关者的期望。[21] 就其本质而言，传统公司不具备处理社会问题的能力，而社会型企业（不受股东金钱利益的限制）则只能专注于提供社会福利。最显著的区别是由企业目标的不同而造成的差异。可持续的企业社会责任项目需要增加了公司和股东的成本。一般企业受利润最大化的企业目标影响，股东和企业家难以长期支持社会责任问题的成本支出，责任基于单个项目且附有时间限制。而社会型企业在设立之初的目的是为社会问题提供解决方案的社会效益最大化目标，股东或企业家对将企业利润分配用于社会问题完全支持，[22] 责任基于公司的存续期，并且是可持续。

表 1 社会型企业和企业社会责任

	社会型企业	企业社会责任
资本成本	无股息	需支付股息
利润用途	除企业自我维护成本外，全部用于社会问题	少部分利润用于解决社会问题，大部分用于企业增值或股东分配
企业目标	社会效益最大化	利润最大化
责任期限	基于公司 / 可持续	基于项目 / 时间限制
认知方式	在社会项目中认识到多种社会问题	公司核心业务战略中的社会项目
服务对象	针对穷人（最贫穷的或最迫切需要的）	面向社会 / 满足利益相关者的期望
效果	面向后果的永久解决方案	暂时解决社会问题 / 一般不可持续
道德基础	遵从“无私”从事社会问题	遵守道德规范 / 参与解决社会问题的宗教或法律义务
决策倾向	股东和企业家全力支持社会问题	股东和企业家对社会问题的利润分配存在偏见
企业间合作	与各类社会型企业合作	与利益相关企业合作
责任层次	以完成社会效益为企业责任	大型企业能够承担更高级的社会责任，小型企业履行低层次社会责任

（四）疫情期间的社会型企业

疫情期间，几乎所有企业都面临艰难的经营环境，然而被调查的中国社会型企业在疫情期间持续经营，不仅捐款、筹集物资、普及知识，还发挥其解决社会问题的定位优势，积极参与“特别时期的社会问题”的解决。如成都的“馋爱善食”的社会目标是提供健康餐饮和帮助残疾人就业，在战“疫”期间其 70% 的聋哑员工为金凤社区隔离人员和 70 岁以上老人免费配送健康餐食，[23] 完成企业慈善也实现了共享价值创造。北京汇欣苑社会型企业孵化器本身是社会性投资平台，孵化器内各企业能作出快速和专业的反应，除了募集善款外还快速研发和赠送抗疫设备。[24] 博沃思教育则在 2 月 4 日起开通公益心理咨询热线，为疫情期在家隔离的学生和家长的心理问题提供公益服务。此外还通过直播方式推出系列课程，惠及16万孩子及其家庭[18]。

与一般企业不同，社会型企业的企业规模和经营能力对其提供社会责任的层次影响较小，在其各个领域均可以实现企业社会责任的高层次表现。这可能是由于解决社会问题是社会型企业的创立目标，因而大多数社会型企业在创立之初就以共享价值创造作为企业的核心责任。另一方面，由于其具有解决社会问题的专业性，在应对疫情时更能提出和实施有针对性的支援服务和产品，并且其设计的服务和产品本身属于该社会型企业的主要业务范围，对其未来发展存在积极的促进作用。而一般企业特别是中小型企业由于对社会问题项目不熟悉，其目前的主要业务与社会问题的重叠面极小，因此很难参与到捐款以外的支援活动中。（见图2）

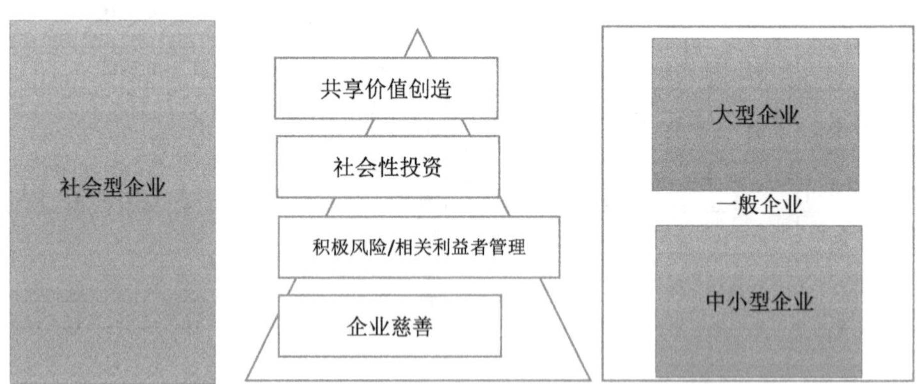

图2　社会型企业和一般企业的社会责任层次对比图

二、疫情五阶段的社会型企业

2016年，据全球健康风险框架委员会（Commission on a Global Health Risk Framework for the Future）的研究估计，重大流行疾病事件将高频率发生。而在Victoria Fan、Dean Jamison和Lawrence Summers的研究中，又进一步估计得出流行病每年造成的直接和间接损失约为5000亿美元，占全球收入的0.6%。[25]

根据2017年世界卫生组织大流行风险管理指南，疫情的研究应该考虑五个阶段，如图 3 所示，包括大流行间阶段（Interpandemic phase）、警报阶段（Alert phase）、大流行阶段（Pandemic phase）、过渡阶段（Transition phase）和下一次大流行间阶段。图中又将五个阶段解释为四段：第一阶段为前期预防准备阶段，而警报阶段和大流行阶段合为响应阶段，过渡阶段进入恢复期，而第五阶段应是本次疫情的总结并成为下一次大流行的预防准备工作的依据。

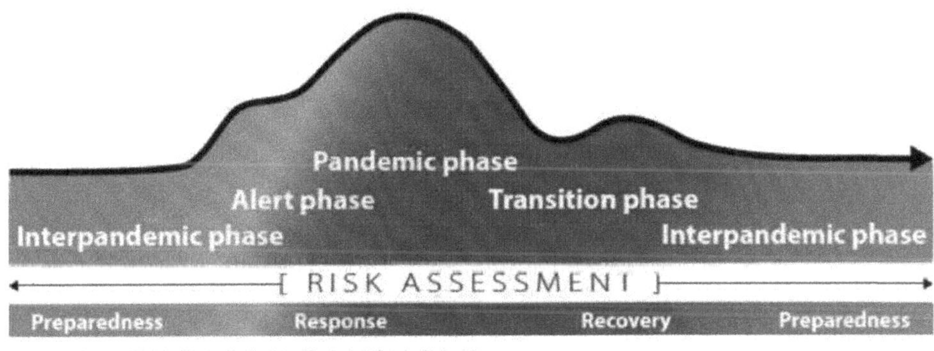

图 3　流行病发展阶段

社会型企业在我国还是一个较新的企业形式，而重大疫情危机存在突发性、不确定性、波及面广等特点。构建重大疫情期间社会型企业模型可以帮助社会型企业和相关部门更快地应对未来可能出现的新的疫情。

（一）**前期预防准备阶段**

由于对新冠肺炎疫情的未知性、信息传导不透明等原因。公众和企业的防范意识薄弱，这一现象在医疗水平高的国家和低水平国家都有不同程度的体现。各国的疫情经验很大程度上提高了该国的抗疫表现，如韩国因 2015 年中东呼吸症在韩国暴发的经历，其国内医疗应急准备和信息反应速度明显优于大多数国家，抗疫成果也较好。因此疫情前期预防准备阶段是整个全周期中最重要的第一环节。这一阶段社会型企业参与的深度越深，预防措施就越充分，社会总体损失就越小。

1. **增强社会型企业内部的防疫意识**

不同的社会型企业有不同的社会性问题解决目标，因而目标群体在面对疫情时也将存在差异化的问题表现。社会型企业作为目标群体的引导者，有责任尽早建立并提高疫情防控意识。不仅可以最大程度降低本企业的运营风险，也可以引导目标群体避免或延缓因疫情而造成的目标背离。

为防止疫情的不确定性，不但要从思想上加强全员和扶助对象对疫情的高度重视，通过疫情预防知识的专业培训，加强对疫情知识的了解和重视。此外，还应启动企业危机应对专业预案 BCP（Business Continuity Plan）来应对未来风险，明确管理中的关键点，把社会型企业和扶助对象联结成多节点的整体，并对包括决策、沟通、实施、反馈、调整等环节落实到岗到人。预案中除对于疫情中感染风险的预防管理外，还应包括心理辅导和预演练习。前者帮助员工和扶助对象化解恐慌和焦虑等心理压力，顺利度过疫情初期阶段；后者能使得预案落地成为有效的可执行计划。

2. 增强信息透明性和信息引导能力

疫情信息的透明性能有效地避免社会恐慌所带来的公共危机损害，因此建立有效的信息引导机制对于化解或减小虚假、夸大信息的衍生危害意义重大。而社会型企业的员工和扶助对象获得信息的渠道来源很可能更为狭窄，正确的信息引导是社会型企业的重要责任。首先，在 BCP 设专人专岗对信息来源进行筛选，保证不确定的信息不随意传播，发现有不负责的谣言时及时辟谣。其次，加强相关信息传递渠道的通畅性，主动传播正确的知识和防控方法，保障紧急时期信息可以及时、准确传递到员工和扶助群体。

（二）快速响应阶段

大流行警报阶段产生波动后，企业应立即进入快速响应阶段。以新冠肺炎疫情为例，感染初期仅发于武汉一地，中国各地企业快速反应，履行社会责任。具体表现为疫情防控物资供应直接相关企业放弃休假，复工生产医疗防护用品；疫情物资销售平台承诺维持价格稳定，坚决不涨价；生物科技企业放弃休假，组织研发检测试剂和疫苗；非相关企业保障市场供应，不哄抬物价等。

1. 加大管理力度和信息通畅度

社会型企业在这一阶段更应该对其员工和扶助对象加大管理力度和信息通畅度。在保障安全的前提下，积极参与社会问题的解决。主要解决的是协调和整理细节问题，统筹本企业主要社会问题的扶助对象特点，设计出针对性的扶助方案，做好最后一公里的调配环节。帮助扶助对象和员工通过社会创新等手段帮助自己和身边人共同度过疫情的暴发期，同时实现社会问题解决的新模式创新。

2. 增强与其他社会型企业的联系

社会型企业是社会网络密集的企业形式，横向和纵向企业合作较多。疫情暴发后，社会型企业之间的互动联系应该进一步加强，以便互通有无，更有助于共享价值创业的社会创新形式的形成。对于应急过程中的成功经验也可能通过交流实现信息共享。

（三）恢复阶段

疫情进入后期，群体免疫形成或疫情已经大幅度缓解，人民的生产生活开始恢复正常。首先，不能就此放松警惕，仍要提醒注意安全。其次，应该对整个疫情期间的危机应对预案进行总结和完善，对于突发的事件进行整理和补充，以利于下一阶段的应对。再次，对疫情期间本企业与外部单位互动过程中发生的问题和创业行为进行记录和整理，以获得应急时期多单位合作的工作经验手册。最后，以上总结需要与其他企业进行交流，以期获得一个完善且易于执行的针对性方案普及于适用群体中，为以后的防疫做好准备。

三、疫情对社会效益目标存在促进作用

在新冠肺炎疫情危机中，中国企业体现了高层次的社会责任感。在一定程度上促进了一般企业向社会型企业转变的可能性，这是由于疫情对社会责任的建立存在促进作用。

首先，疫情改变公众对社会责任的观念。疫情发生推动了边缘者权益保护项目的进展。以巴西为例，寨卡病毒于 2015 年 5 月在巴西发现，并蔓延至 59 个国家构成 PHEIC。该病是来源于伊蚊传播的病毒性疾病，因此展开了一场灭蚊子运动。此次疫情使得巴西全国范围，尤其是贫困地区的饮用水和公共卫生得到较大改善，与巴西的水资源有关的森林砍伐成为公众对社会责任的关注问题。

其次，疫情推进社会型企业公众监督。疫情中各企业和个人的公益捐赠、口罩和防护服去向的透明公开，成为公众的主流诉求。这种透明化的管理，更加有利于民众和投资者以及政府对社会型企业的信任。而许多公众人物和自媒体主持人参与公益活动。这种创新的方式（如口罩正确使用宣传、公益项目监督），将会推动社会影响力、社会经济服务和监督管理的发展。

再次，市场格局的重定义为社会型企业提供了机会。由于疫情所产生的一系列社会问题需要社会型企业提供服务，如监护缺失的儿童的养护、农村学生线上教育、疫情期间养老问题、防疫垃圾处理问题等社会问题。这些新问题和老问题的新表现，都是社会型企业使命所在，正是因“危机”而获得“机会”。

最后，一般企业更多地参与社会责任产品。遭遇疫情这类公众性威胁，公众和投资者发生不同程度的反思，并开始调整得失的判断标准。即不仅仅以直接经济利益来评判得失，而是综合考虑环境影响和经济利益等多方面的得失进行相关决策。这种趋势将有利于社会经济的发展，并进一步推动全社会对社会问题的关注。这种关注在未来将直观地体现在两方面：一方面更多的企业家开始具有社会型企业家精神；另一方面消费者更愿意购买有社会责任的产品。例如圣都装饰公司于疫情开始之初就积极参与捐款援助。2 月 8 日设立抗疫基金，并承诺每成交一单捐款 200 元人民币。该企业通过网络销售，仅仅 8 天完成相当于旺季一个月的销售量，共计 4456 单，计划完成率 222.8%。企业通过积极地社会责任行为和消费者互动，实现社会效益和企业价值的双赢。

四、社会型企业评价体系和扶助机制

社会型企业虽然不是追求合理利润为需求的企业，仍属于基于企业属性并遵守市场支行机制的企业。为了鼓励社会型企业有效、健康的发展，让资方和公众能清晰地选择捐赠或援助对象，更需要建立完善的社会型企业评价体系和相应的扶助机制。

（一）建立并公示社会型企业档案

目前在册认证的社会型企业仅 1684 家，建立社会型企业档案是建立社会型企业评价体系的前提和基础性工作。援助信息的差异化，援助对象真假难辨、核实困难等问题造成公众对社会型企业的认知度和信任度不高。许多企业仅在当地的小范围内受到信任，部分社会型企业为避免信任问题甚至直接拒绝捐款。社会型企业更需要获得信任，以获得足够的资金帮助扶助对象，因此需要政府通过其公信力，对社会型企业的实际履行情况、援助效果、自活性等相关指标进行核实、梳理，并将其系统性地归入档案并向社会公布。

（二）建立社会性企业评价体系

考虑到不同社会型企业解决的目标不同，不同目标的考核标准有所不同。因此，需要为社会型企业设计可量化、可考核、可归档的评价体系，并要求社会性企业进行包括财务信息在内的企业信息公示。鼓励社会型企业为自身服务设计量化考核标准。

（三）建立合理的扶助机制

社会型企业“无私”的利润分配模型，更需要社会和政府设计合理的期待和关注。因此，建议政府设计合理的扶助机制，以帮助其快速成活和成长，产生更多差异化的社会效益；最终鼓励更多的企业和个人积极参与社会效益的产出活动。

第一，建立社会型企业设立鼓励政策，允许以承诺制申报社会问题解决目标或社会效益完成目标。

第二，国家层面出台相关税收优惠、财政补贴等，鼓励企业在完成额定社会问题解决目标或定额社会效益后，可以获得一定量的减免或扶助。

第三，引导市场资源向社会型企业或高社会责任企业倾斜。

第四，鼓励公众和相关利益者根据社会型企业档案和评价体系中完成度高的企业合作。

第五，建立退出机制，对于成立后无行动或长期无法完成目标的社会型企业进行清理。

第六，对于有欺诈、虚假公示等行为的社会型企业股东和管理层等人，应设置黑名单管理等处罚机制，保障社会型企业整体的可信程度。

五、结论

面对未知的疫情，建立“政府 + 企业 + 社会组织 + 民众”全方面防控体系，才能将疫情的伤害降到最低。社会型企业兼具企业和社会组织两种形式，是社会效益中有效的单位。由于疫情体现出许多新的社会问题和老问题的新表现，这些都需要社会型企业的股东和管理者共同应对。本研究发现疫情虽然打击了经济，令许多企业生存艰难。但是作为社会型企业来说，疫情促进了公众对社会责任和社会问题的重视；同时也给社会型企业带来更多的促进作用。为有利于社会型企业的健康发展，本研究建议对社会型企业建立评价体系，并针对不同的社会问题设计不同的量化标准。通过对疫情暴发全周期的拆解，建立以预防为主的危机应对预案体系。本研究还建议制定社会型企业目标制进入、考核和退出机制，帮助企业快速成长完成社会目标。

参考文献

[1] 新华社．习近平：在统筹推进新冠肺炎疫情防控和经济社会发展工作部署会议上的讲话 [EB/OL].（2020-02-24）[2021-05-17]. http://www.gov.cn/xinwen/2020-02/24/content_5 482502.htm.

[2] Niilo L. Clostridium perfringens in animal disease: a review of current knowledge[J]. The Canddian Veterinary Journal, 1980, 21(5):141-148.

[3] Segal L, Maxin D, Eaton L, et al. The effect of risk-taking behaviour in epidemic models[J]. Journal of Biological Dynamics, 2015(9):229-246.

[4] 光大证券 .2020 年疫情宏观分析：百年疫情史，病毒改变了啥 [EB/OL].（20210-02-05）[2021-05-17]. http://www.100ec.cn/detail--6543602.html.

[5] Archie B, Carroll. A three-dimensional conceptual model of corporate performance[J]. Academy of Management Review, 1979,4(4):497-505.

[6] Archie B, Carroll. The pyramid of corporate social responsibility: toward the moral management of organizational stakeholders[J]. Business Horizons, 1991,

34(4):39-48.

[7] Elkington J. Cannibals with Forks[J]. Top Sustainability Books, 1998, 8(1):108-112.

[8] 中国社会企业与影响力投资论坛．中国社会企业与社会投资行业扫描调研报告 2019 [EB/OL].（2021-06-28）. http://www.cseif.cn/file/download/id/8d8b34794c504c2dd3df51e00e69e595.

[9] Weber M. The business case for corporate social responsibility: a company-level measurement approach for CSR[J]. European Management Journal, 2008,26:247-261.

[10] Saatci E Y , Urper C . Corporate Social Responsibility versus Social Business[J]. Journal of Economics Business and Management, 2013:62-65.

[11] 卢代富．国外企业社会责任界说述评 [J]. 现代法学，2001，23（3）：137-144.

[12] 屈晓华．企业社会责任演进与企业良性行为反应的互动研究 [J]. 管理现代化，2003（5）：13-16.

[13] 陈光荣．环境保护法的行政执法解释论 [C]. 中国环境科学学会第三届全国青年学者学术交流会，1996.

[14] 陈迅，韩亚琴．企业社会责任分级模型及其应用 [J]. 中国工业经济，2005（9）：99-105.

[15] 李占祥．论企业社会责任 [J]. 中国工业经济，1993（2）：59-61，71.

[16] 赵黎明，王振源．重大疫情危机中的企业社会责任——基于新型冠状病毒肺炎（COVID-19）疫情的思考 [J]. 华东经济管理，2020，34（4）：1-8.

[17] Yunus M, Moingeon B, Lehmann-Ortega L. Building social business models: lessons from the grameen experience[J]. Long Range Planning, 2010,43:308-325.

[18] 中国社会企业与影响力投资论坛 .2020 年初中国社会企业生存状况调研分析 [EB/OL].（2021-06-28）. http://www.cseiif.cn/file/download/id/e95a13d6bcce8f53622a9cdadd41da1a.

[19] Yunus M, Sibieude T. Lesueur E. Social business and big business: innovative, promising solutions to overcome poverty?[J]. Field Actions Science Reports,

2012,4:68-74.

[20] Yunus M. Building social business[M]. New York: Public Affairs, 2010.

[21] Crowther D, Reis C. Social responsibility or social business?[J]. Social Business, 2011(2):129-148.

[22] Baron D P. Corporate social responsibility and social entrepreneurship[J]. Social Science Electronic Publishing, 2005.

[23] 人民日报 . 使所有社区成为疫情防控的坚强堡垒 [EB/OL].（2020-02-13）. http://cpc.people.com.cn/n1/2020/0213/c431601-31584704.html.

[24] 丰台组工 . 点滴爱心汇聚搞疫一线 四方温暖致敬最美逆行 [EB/OL].（2020-06-13）. https://www.sohu.com/a/404282887_120209831.

[25] Fan V Y, Jamison D T, Summers L H. Pandemic risk: how large are the expected losses?[J]. Bulletin of the World Health Organisation, 2018, 96(2):129-134.